SESSION DE BRUXELLES DE 1929

Le Régime

et

l'Organisation du Travail

des Indigènes

dans les Colonies Tropicales

BRUXELLES

ÉTABLISSEMENTS GÉNÉRAUX D'IMPRIMERIE

14, rue d'Or

1929

Le Régime

et

l'Organisation du Travail des Indigènes

dans les

Colonies Tropicales

BIBLIOTHÈQUE COLONIALE INTERNATIONALE

Institut Colonial International — Bruxelles

SESSION DE BRUXELLES DE 1929

Le Régime

et

l'Organisation du Travail

des Indigènes

dans les Colonies Tropicales

BRUXELLES

ÉTABLISSEMENTS GÉNÉRAUX D'IMPRIMERIE

14, rue d'Or

1929

RAPPORT GÉNÉRAL

par

M. Schumann, *Rapporteur général*

---

§ 1. — Si je comprends bien la tâche du rapporteur
général, celui-ci doit rechercher dans les divers rapports,
qui ne traitent respectivement que d'une seule colonie
ou d'un groupe de colonies, toutes les mesures législatives
communes au sujet de la réglementation du travail. A cet
égard son attention doit surtout se porter sur les principes
juridiques, qui — précisément parce qu'ils sont communs
à diverses colonies — pourraient être incorporés dans des
traités. Ainsi, il serait possible de donner à nos délibérations
futures une base sur laquelle tout le monde pourra se prononcer. Pour discuter, il faut être d'accord.

Je me plais à constater que les excellents rapports rédigés
par mes corapporteurs ont considérablement allégé ma
tâche.

Ce serait contraire au bon sens de mentionner encore
dans ce rapport ce qui a déjà été consigné d'une façon
remarquable dans les différents rapports.

Ceux-ci ont laissé de côté la question du travail forcé et
c'est à bon droit, puisque le travail forcé ne rentre pas
dans la notion du travail que réglementent les diverses
législations du « travail ». Il doit être considéré, en effet,
comme une contribution prenant la forme de prestations
personnelles, qui le fait relever de la législation fiscale.
Il convient donc de l'envisager à un tout autre point de vue
que celui du problème du travail. A fortiori, cette remarque
vaut pour tous les cas dans lesquels le travail forcé doit

être regardé comme un succédané du service militaire (voir le Rapport du professeur Solus). La question de la liberté des indigènes en matière de culture n'est pas non plus du domaine de la réglementation du travail. Elle est du domaine de la politique agraire. Il est à peine besoin de dire que l'indigène est évidemment libre de cultiver ce qu'il veut, réserve faite des plantes dont la culture est généralement interdite, comme par exemple le pavot et la coca. Il s'agit ici beaucoup moins du travailleur que du cultivateur.

Il est inutile de constater expressément une fois de plus que chez les Gouvernements de tous les pays possédant des colonies il existe, — comme le dit dans son rapport notre honoré collègue, le professeur Solus, — une émulation quant à l'amélioration des conditions de travail et d'assistance. Mais il est nécessaire de faire remarquer que dans cet ordre d'idées, certains pays sont plus avancés que d'autres; c'est aussi le cas en Europe. Les législations sont-elles appliquées partout avec une vigueur suffisante ? C'est une question de fait qui échappe à ma compétence.

§ 2. — Le développement de la législation sociale dans un pays déterminé tient à divers facteurs, principalement à ses conditions politiques et économiques.

En général, le facteur politique est de loin le plus considérable. La législation sociale n'est pas la plus avancée, là, où la puissance de la classe ouvrière est la plus forte. Que l'on songe seulement, — pour le présent, — à la Russie et, — pour le passé, — à l'Allemagne, qui sous l'Empire, a réalisé le plus loin la protection des travailleurs. Il va de soi que le conservateur n'est pas partisan du développement de la législation du travail; d'autre part, la population ouvrière doit éprouver elle-même le désir d'être protégée par une bonne législation sociale; sans cette condition, la principale force motrice, au point de vue politique, fait défaut, car une législation du travail développée n'est possible qu'avec la collaboration des travailleurs organisés en syndicats ou en unions professionnelles. On peut donc dire que là où la classe ouvrière n'est pas encore arrivée à la conscience de ses devoirs, si elle n'a pas encore dépassé le stade de l'agitation, il ne peut être question d'une législation sociale perfectionnée.

C'est le cas des colonies. La population ouvrière y est encore dans une situation trop inférieure pour avoir même la notion de la législation sociale, et si de-ci de-là on y constate déjà des rudiments d'unions professionnelles, celles-ci sont encore trop jeunes pour manifester leur puissance autrement que par l'agitation et la grève. Ce que j'ai dit à ce sujet dans mon rapport sur les Indes Néerlandaises est vrai aussi pour les autres colonies. La législation sociale coloniale ne puise pas son origine dans les revendications des indigènes; elle n'a pas été conquise par les travailleurs, elle a été octroyée directement par les Gouvernements qui ont agi sous des influences européennes.

Si le degré d'infériorité des populations intéressées explique pourquoi la législation sociale dans les colonies n'a pas encore atteint le niveau de celle de beaucoup de pays d'Europe, il fait aussi comprendre que le développement ultérieur de cette législation devra s'effectuer à une allure beaucoup plus lente qu'ailleurs. Les impatients qui ont la noble préoccupation de faire progresser la législation sociale coloniale viendront à désirer eux-mêmes une certaine prudence à cet égard.

Une législation sociale moderne ne peut, en effet, se passer de la collaboration de la classe ouvrière elle-même, qui y est la première intéressée.

Une première raison relève de la question des frais.

Sans le concours de la classe ouvrière, l'application d'une législation sociale avancée ne pourrait s'effectuer que par l'entremise de fonctionnaires, ce qui entrainerait des dépenses extrêmement élevées. De plus, ce corps de fonctionnaires, les Etats Coloniaux pourraient-ils le recruter ? Car il devra être bien considérable.

Qu'on songe, en effet, pour apprécier l'ampleur de la mission qu'il aurait à remplir, au nombre de difficultés auxquelles donne lieu l'application de la législation sociale dans nos pays occidentaux, malgré une collaboration, cependant active, des syndicats et des unions professionnelles. Aussi beaucoup de règlements dont les travailleurs n'apprécient pas encore aux-mêmes l'utilité sont-ils rendus inopérants.

L'expérience des Indes Néerlandaises dont la population est d'un niveau supérieur à celui des indigènes de la plupart des colonies a démontré que les natifs ne collaborent que peu en matière sociale à l'œuvre des fonctionnaires et que, même, ils facilitent souvent la violation par les patrons des dispositions prises en faveur des travailleurs.

Ils attachent une certaine importance aux bons ou aux mauvais traitements, aux salaires, à la nourriture, à la durée du travail, en un mot à tout ce qui touche directement et personnellement le travailleur. Mais ils n'ont aucune considération pour des mesures d'une importance non moindre, telles que celles qui se rapportent à l'hygiène, à la protection contre les accidents du travail. En ces matières, ils n'apportent aucun concours aux fonctionnaires chargés d'assurer l'application des lois.

La question de savoir s'il faut introduire dès à présent de nouveaux règlements dans l'organisation est donc dominée par un facteur psychologique. On doit notamment s'assurer que les intéressés ont bien atteint le degré de développement voulu pour assurer à ces règlements le succès recherché.

C'est ainsi, qu'étant donné le niveau actuel de la population indigène de la plupart des colonies, une réglementation de l'assurance contre les accidents ou la maladie, avec tout l'appareil de retenues, de primes et d'indemnités qu'exige une telle réglementation, avec ses services administratifs, entrainerait forcément de graves mécomptes.

Il ne suffit pas d'édifier en fonction d'une nécessité pour que l'œuvre soit efficace, il faut encore que la nécessité en soit ressentie par les intéressés, sinon l'œuvre se mue en une tracasserie inutile et coûteuse.

Les facteurs climatériques ne peuvent pas non plus être négligés. Dans les régions tropicales et sous-tropicales, où toutes les fabriques et chantiers sont presqu'à ciel ouvert, à cause de la température, on ne rencontre pas de ces locaux enfumés et malsains comme il y en a encore beaucoup en Europe. Il ne peut donc être question à leur sujet de mauvaise ventilation et de dégagement de gaz malodorants, etc.

Le travail par les nuits fraîches est beaucoup plus supportable dans les colonies tropicales que le travail de nuit en Europe. Il est même beaucoup plus agréable que le travail de jour. Par contre, le repos du milieu du jour devra nécessairement être beaucoup plus long que dans des pays plus froids.

Pour ce qui concerne le travail des enfanrs, le développement physique des indigènes dans les pays tropicaux permet d'abaisser la limite des prohibitions d'âge.

Voyons enfin l'aspect économique du problème.

Dans la plupart des cas, les indigènes ne sont pas dans une situation matérielle qui leur permette de supporter les frais rapidement considérables de la mise en vigueur d'une législation sociale perfectionnée. Les Etats eux-mêmes ne pourront pas les prendre non plus à leur charge, leurs revenus étant souvent limités. Ce seront donc les entreprises qui devront en assumer toute la charge. Que celles-ci doivent en supporter une partie, rien de plus juste — *cujus sunt munera, ejus sunt onera,* — mais on ne pourra appliquer ce principe qu'avec beaucoup de mesure, car beaucoup d'industries pourraient succomber sous le poids de ces charges. Il s'agit de celles qui sont en concurrence aiguë avec l'étranger. On ne doit en effet pas se dissimuler que les sacrifices qui seront ainsi imposés aux entreprises ne seront pas compensés par un rendement plus grand de leurs ouvriers.

Il n'en est pas moins indéniable que l'on doit s'attacher à améliorer la législation du travail des indigènes dans les colonies. On devra toutefois, dans la réalisation de ce desideratum, envisager de nombreux cas particuliers, car avec de très bonnes intentions, on pourrait jeter le trouble dans la vie interne des indigènes.

Dans aucune colonie, à quelques cas spéciaux près, la législation du travail n'est guère d'application dans les relations du travail entre indigènes, sauf peut-être la législation applicable à la sécurité des travailleurs.

En définitive, on connaît très peu de choses sur les conditions internes des relations du travail entre indigènes. On sait cependant qu'au loin elles ne revêtent pas une forme moderne européenne. Les patrons et les ouvriers, qui ne sont que de petits cultivateurs et des artisans, se traitent pour ainsi dire d'égal à égal et se trouvent les uns par rapport aux autres dans une situation pour ainsi dire patriarcale telle que nous n'en connaissons plus en Europe. Il y a une certaine urgence pour le législateur de s'occuper de ces relations pour régler les cas où les deux parties ne seraient pas également servies.

Il résulte de tout ceci qu'il y a plus de précautions à prendre aux colonies qu'en Europe dans le domaine de la législation du travail.

Toutefois, une réglementation rigoureuse peut intervenir en ce qui concerne la sécurité des travailleurs et leur hygiène. Protéger la génération présente et la génération future contre les accidents du travail et la maladie est une loi humanitaire qui doit prévaloir sur les dépenses considérables que l'application de mesures de sécurité et d'hygiène peut entraîner. Aucun argument d'ordre économique n'est suffisamment puissant pour permettre de transiger dans cet ordre de choses.

Par contre, là, où il serait désirable d'extirper des abus, il n'est pas toujours opportun de mettre la machine législative en mouvement. Ce n'est que là, où la chose est possible qu'on peut donner la préférence à une réglementation légale entraînant inévitablement la contrainte et le fonctionnarisme plutôt qu'à un régime de liberté réciproque basé sur des accords entre patrons et ouvriers. Cette façon de faire a été maintes fois pratiquée avec succès aux Indes Néerlandaises. Elle rencontre l'approbation des patrons, parce qu'ils savent qu'à défaut par eux de trouver la solution des difficul!és, ils se verront imposer la contrainte et l'ingérence d'une législation tracassière.

N'est-il, en effet, pas plus intelligent d'aller quand on le peut, au-devant des légitimes revendications des travailleurs et de procéder par persuasion que de subir l'intervention du législateur.

§ 3. — Jusqu'à quel point est-il désirable d'étendre à ces règlements qui, par leur essence même, sont d'ordre interne, le caractère de réglementations internationales ou de conventions internationales applicables à la communauté des nations.

Une distinction s'impose à cet égard.

En règle générale, pour autant que je puisse en juger, je pense que les nations se garderont de rien précipiter en cette matière, car elles sont trop avisées, mais à quelle allure convient-il qu'elles avancent ?

On ne doit pas se le dissimuler, une réglementation internationaledu travail s'appliquant aux colonies trouvera son chemin parsemé d'embûches et de pièges, car il existe entre les diverses colonies une plus grande différence qu'entre les Etats européens.

Il faut noter en effet qu'une même colonie comporte souvent des divergences profondes d'ordre géographique, climatérique et politique. Il faut ajouter que les populations des diverses colonies sont à des stades de civilisation très différents, et que ce qui peut être un bien pour certaines d'entre elles peut être un poison pour d'autres.

On estime que le moment n'est pas encore venu d'établir une législation internationale du travail uniforme pour tous les pays d'Europe. A plus forte raison cela est-il vrai pour les colonies. En tout cas, une législation internationale devrait tenir compte des exigences et des besoins particuliers à chaque colonie. C'est ainsi, par exemple que la solution de la question des sanctions pénales dans le travail réglementé devra dépendre du développement social des travailleurs intéressés.

S'il y a des matières qui se prêtent à une réglementation internationale ou qui ne peuvent recevoir de solution rationnelle que sur le plan international, il n'y a pas la moindre objection à une intervention internationale dans ces matières. Encore faut-il que les puissances qui négocieront les conventions ou les traités à intervenir ne subissent pas de pression de l'extérieur et aient une pleine connaissance des sujets.

Une grande prudence s'imposera donc lorsqu'une réglementation internationale du travail dans les colonies sera discutée et décidée avec la coopération de puissances qui ne possèdent pas de colonies et sont par conséquent sans expérience coloniale ou qui ont des aspirations à deenirv puissances coloniales.

Il faut toujours compter avec l'incompétence; elle peut provoquer beaucoup de malheurs; et pour les colonies, les suggestions qu'elle inspirerait, même camouflées sous la forme de recommandations ou enveloppées de réserves, pourraient être une source de graves mécomptes tant à l'intérieur qu'à l'extérieur.

On prétend, — mais c'est sans doute une calomnie — que dans les conférences internationales, le bon sens, l'esprit d'humanité, la connaissance des questions ne dictent pas seuls les décisions et que des considérations relatives à la puissance des Etats en cause n'y sont pas toujours étrangères Cela n'est pas sans donner à réfléchir aux petites nations coloniales, surtout si un contrôle international sur leurs affaires intérieures et d'ordre national devait résulter d'une intervention des organismes internationaux.

§ 4. En me basant sur les rapports fournis et sur l'exposé qui précède, je crois pouvoir proposer à l'Institut les conclusions suivantes qui ont un caractère général :

I. — *La législation du travail a atteint, dans la plupart des colonies, un niveau qui convient à leur situation intérieure.*

II. — *Dans les colonies, plus qu'en Europe, où une meilleure organisation des travailleurs, la Presse, les Parlements constituent un contrôle efficace qui empêche bien des abus, une surveillance particulièrement attentive et active sur tout ce qui touche au domaine du travail s'impose pour que la législation soit effectivement et pratiquement appliquée.*

III. — L'évolution de la législation du travail doit se faire à une allure qui corresponde au degré de développement des populations indigènes. La législation du travail ne peut donc être uniforme pour toutes les colonies, cette évolution variant de colonie à colonie.

IV. — Les questions se rapportant à la sécurité des travailleurs, à leur hygiène doivent primer toutes autres.

V. — Dans l'état actuel des choses, il n'y a place pour des accords internationaux que dans une mesure limitée.

Le Régime

et

l'Organisation du Travail des Indigènes

dans l'Afrique du Sud

———

SOMMAIRE

Le Régime et l'organisation du travail des indigènes dans l'Afrique du Sud, par M. Erik Rudstone Garthorne ..   3

Mémoire sur le recrutement de la main-d'œuvre indigène dans le Basutoland   31

Mémoire relatif au recrutement de la main-d'œuvre indigène dans le protectorat du Bechuanaland   43

Mémoire sur le recrutement de la main-d'œuvre indigène dans le Zwaziland   53

Recrutement de la main-d'œuvre indigène dans la Rhodésie du Nord, par M. E. S. B. Tagart   65

Le recrutement de la main-d'œuvre indigène dans la Rhodésie du Sud, par Sir Herbert Taylor   75

Le Régime et l'Organisation du Travail des Indigènes
dans l'AFRIQUE DU SUD

par

M. Erik Rudstone Garthorne

*Sous-Secrétaire du Département des Affaires Indigènes
de l'Union Sud-Africaine*

RÉSUMÉ

Lors de la première occupation du Cap de Bonne-Espérance, Lord Macartney interdit, par une proclamation du 27 juin 1797, l'entrée de la colonie aux Cafres non munis d'un passeport et il ordonna la mise en liberté dans les douze mois de tous les Cafres qui s'y trouvaient en service. En dehors des esclaves, la population de couleur de la colonie, pendant les premiers temps de l'administration britannique, se composait principalement de Hottentots et de Hottentots métissés.

La première réglementation des conditions de travail de ces Hottentots paraît avoir été faite en 1809. Elle empêcha cette peuplade de s'éteindre, à cause du système de travail forcé auquel elle était astreinte. C'était une proclamation du comte de Caledon; elle fut complétée par une proclamation de Sir John Cradock, de 1812, relative à l'apprentissage des enfants hottentots nés « en service ». Il semble que ces proclamations ont été appliquées à toute la population de couleur, y compris les Bushmen, les Cafres, les Bechuans et les nègres libérés à bord de navires esclavagistes.

En 1823, une commission d'enquête constata que les taux des salaires payés dans la colonie étaient inférieurs à ce qu'ils

devaient être et que les métis, nés de colons et de mères hotten-
totes, travaillaient dans des conditions très désavantageuses.

Une ordonnance du Cap, n° 50, du 17 juillet 1828, abrogea
les proclamations de 1809 et de 1812; elle releva de l'obligation
du passeport les personnes de couleur, de condition libre, et
les plaça sur le même pied que les Européens.

Les dispositions de cette ordonnance furent complétées par
un ordre en Conseil du 27 août 1842, mettant en vigueur une
ordonnance de 1841, modifiant et renforçant les droits et les
devoirs des patrons, des domestiques et des apprentis, sans
distinction de couleur, conformément aux dispositions légales
en vigueur en Angleterre depuis des siècles. Elles sont la
base de toute réglementation subséquente du travail des indigènes dans toute l'Afrique Australe.

Aborigènes Bantous.

Une ordonnance de Sir Richard Bourke, du 14 juillet 1828,
abrogea toutes les lois antérieures interdisant les relations avec
les tribus cafres et elle réglementa l'admission dans la colonie
de toutes les personnes appartenant à des tribus indigènes
d'au delà de la frontière, désireuses de se mettre au service
des colons, ainsi que la manière dont elles devaient être employées comme travailleurs libres, soit de mois en mois, soit
par contrat d'un an passé devant un fonctionnaire. Ces
mesures empêchèrent les indigènes étrangers d'entrer dans la
colonie. Elles furent abrogées en 1829, mais elles furent
remises en vigueur par les traités conclus par Stockenstrom
en 1836 avec les tribus indigènes d'au delà de la frontière
orientale. C'est ce qui fit qu'il y avait alors très peu d'indigènes dans la colonie et même, lorsque la Cafrerie fut reprise
par les autorités impériales en 1847, si ce n'est dans l'établissement autorisé et autonome du territoire cédé, situé
entre les rivières Grand-Poisson (Great Fish) et Keiskama.

La proclamation cafre du 7 septembre 1855 prescrivit
que toutes les conventions de service passés avec les indigènes
de la Cafrerie soient enregistrées par un fonctionnaire, à
moins qu'il ne s'agissait de journaliers.

Travail agricole et domestique.

Le Parlement du Cap, par la loi n° 15 de 1856 sur les patrons et les domestiques, abrogea l'ordre en Conseil de 1842 et renforça la législation en vigueur concernant la surveillance et la protection des gens de service employés dans les manufactures, les entreprises agricoles et les maisons. Cette loi fut étendue à la Cafrerie Britannique par l'ordonnance n° 5 de 1862. Cette loi est aujourd'hui appliquée dans toute la province de la Colonie du Cap; elle a été étendue au Griqualand Occidental en 1871 et au Bechuanaland britannique en 1895.

Un acte législatif de 1857 réglementa l'emploi « d'étrangers indigènes » pour un terme ne dépassant pas cinq ans. Il fut remplacé par l'acte n° 22 de 1867 qui valida tous les contrats de service passés conformément à la loi concernant les patrons et les domestiques, soit avec des indigènes, soit avec des étrangers indigènes. Il prescrivit aussi un système détaillé de passeports, qui tomba en désuétude par suite de l'annexion du territoire indigène, qui rendit impropre le terme d'étranger indigène. Dans la suite toute discrimination basée sur la couleur ou la race disparut. Toutefois, une série de lois réglementa l'établissement d'indigènes sur les terres occupées par les Européens et le statut des serviteurs domestiques et agricoles donna une forte impulsion à la recherche de main-d'œuvre indigène ailleurs que dans les villes. Pour les terres de la Couronne louées dans la province Orientale, — y compris, depuis 1866, la Cafrerie britannique, — on établit comme stimulant au service une taxe de travail de 10 shellings par an, payable par les résidents indigènes n'occupant pas des terres et dont ils pouvaient être exonérés moyennant la preuve qu'ils travaillaient depuis trois ans. Cette taxe fut abolie par une disposition législative de 1905.

Au Natal, vers 1840, le Volksraad des fermiers émigrants décida que les établissements indigènes situés parmi les Européens, à moins que ce ne soient des établissements d'indigènes en service, devaient disparaître. Cinq familles pouvaient être retenues comme serviteurs par ferme de 3,000 morgen.

L'occupation anglaise mit en vigueur, en 1850, une loi sur les patrons et les serviteurs, basée sur l'ordre en Conseil de 1842. Dans cette disposition législative le mot « serviteur » est interprété de manière à comprendre sous cette dénomination les indigènes occupés dans les mines et ceux employés par le Gouvernement.

Au Transvaal, des instructions de 1858 exigeaient que les contrats de service des indigènes soient au préalable enregistrés chez le « Field Cornet » du district. D'abord quatre, puis cinq familles, pouvaient être accordées à chaque fermier. Une loi de 1873 exigea que tout indigène devait se munir d'un passeport annuel coûtant 1 livre sterling ; toutefois ce passeport était délivré gratuitement si un « burgher » attestait que l'indigène était à son service depuis six mois. En 1880, la loi en vigueur au Cap sur les patrons et les serviteurs fut mise en vigueur. En 1909 cette loi fut modifiée : on devait considérer comme « serviteurs », des travailleurs, mais cet amendement n'atteignit pas son but. Celui-ci fut effectivement atteint par un acte législatif de 1926 qui plaça définitivement sous l'application de la loi les travailleurs du Transvaal et du Natal.

Les premières lois de l'État libre d'Orange réglementant l'apprentissage d'enfants de couleur (1856) et les devoirs des maîtres et des serviteurs de couleur (1873) figurent respectivement dans la codification aux chapitres XXXV et CXI. L'article 20 de la loi nº 4 de 1895 soumit les travailleurs aux dispositions de la loi sur les maîtres et les serviteurs. Le chapitre CXI fut remplacé par l'ordonnance de 1904 sur les patrons et les serviteurs, dont la IIIe partie s'applique aux serviteurs de couleur. Comme au Natal, la dénomination de serviteur a été étendue, mais avec plus d'ampleur, car elle comprend les artisans de couleur et les gens de couleur occupés par le Gouvernement. L'ordonnance de 1871 relative à la perception d'une taxe de case de 10 shellings prévoit l'exonération de cette taxe pour toute personne pouvant prouver qu'elle a été occupée pendant six mois de l'année. Ce principe n'a pas été maintenu dans le chapitre LXXI de la législation subséquente établissant un impôt de capitation.

On peut dire que les principes primitifs de la législation britannique sur les droits et les devoirs des patrons et des domestiques se sont répandus du Cap à travers toute l'Afrique Australe et ont été appliqués au travail agricole et domestique. Il y a, toutefois, un vaste champ d'action du travail agricole qui, jusqu'il n'y a pas bien longtemps, n'a pas été soumis à cette législation.

Squatting (1).

Sur les terres vacantes ou conquises furent recueillis par les émigrants européens des indigènes expropriés ou fugitifs ou des restants de tribus dispersées restés sur place ou qui, dans un but de protection, ont pénétré dans les zones d'occupation européenne et ont été autorisés à s'installer dans des fermes, généralement en vertu d'un contrat de louage de services. Ces indigènes sont appelés « squatters ». Il n'y a pas de définition statutaire de ce mot, que l'on rencontre avec des significations diverses. Un indigène est dénommé « Squatter », soit qu'il vive sur une ferme occupée ou non, soit qu'il paie un loyer ou prête ses services ou ceux de sa famille, soit qu'il reçoive ou non un salaire, soit que ses services soient occasionnels, demandés, saisonniers ou pour des périodes spécifiées, soit qu'il cultive pour une participation dans la production. Ce terme s'applique donc à une location non définie, au métayage, à des prestations de travail et des services temporairement rendus et finalement à toute condition d'établissement ne comprenant pas un bail déterminé et le louage complet de services.

Au Natal, dans l'Etat libre d'Orange et au Transvaal, la limitation du nombre des indigènes dans les fermes privées a été réglementée par diverses dispositions légales dont la dernière en date est l'acte n° 27 de 1913, qui abrogea toute limitation du nombre d'indigènes pouvant être retenus comme ouvriers de ferme, c'est-à-dire des travailleurs fournissant au moins 90 jours de travail en compensation de leur droit

---

(1) Occupation de terres sans titre de propriété ou bail.

d'occupation de terres. Depuis, les travailleurs ont été soumis à la loi sur les maîtres et les serviteurs par l'acte n° 26 de 1926.

Dans l'Etat libre d'Orange le « squatting » fut réglementé par la loi sur le vagabondage n° 4, de 1895, qui stipule que les travailleurs tombent sous l'application de la loi sur les patrons et les serviteurs. Cette dernière disposition fut reprise dans la section 7 (2) de l'acte n° 27 de 1913. Le chapitre CXXXIII stipule que les vagabonds de couleur seront placés en service contracté pour douze mois.

Au Natal, comme au Transvaal, les travailleurs ont été soumis par l'acte n° 26 de 1926 à la loi sur les patrons et les serviteurs.

Dans la colonie du Cap, le « squatting » a été réglementé par diverses dispositions légales, qui ont été quelquefois modifiées. La matière fut finalement réglée par l'acte sur les locations privées n° 32 de 1909, qui établit une distinction entre les serviteurs continuellement occupés, les travailleurs et les locataires. Il n'y a pas de limite assignée quant au nombre des serviteurs employés: la détention de travailleurs est assujettie à comparution devant le Conseil divisionnaire et au paiement d'une licence annuelle de 10 shellings. Le louage de services tombe sous l'application de dispositions plus draconiennes.

On remarquera que la tendance, pour ne pas dire l'intention avouée, de toute législation concernant le contrôle du « squatting », a été de diriger l'activité d'indigènes non fixés vers le travail agricole. Cette tendance a été renforcée par des dispositions fiscales imposant soit des contributions spéciales aux indigènes, soit les en exonérant.

Travail dans les plantations.

Les premières dispositions légales relatives à l'introduction de main-d'œuvre étrangère sur une grande échelle semblent être l'ordonnance n° 3 de 1856 du Natal, qui régla l'admission de « coolies » originaires des Indes Orientales. Cette ordonnance fut modifiée en 1870, en 1891 et finalement en 1920, par l'acte n° 43. On peut à peine douter que l'introduction au Natal de dizaines de mille de travailleurs identifiés recevant un salaire fort bas puisse constituer une barrière à l'extension des besoins en main-d'œuvre indigène.

L'introduction au Natal de travailleurs (indigènes) par voie de terre fut réglementée par la loi n° 15 de 1871, en vertu de laquelle le lieutenant-gouverneur était autorisé, en cas d'insuffisance de main-d'œuvre, à admettre des étrangers.

Les agents s'occupant d'amener des travailleurs par les frontières de terre devaient être porteurs d'une licence, mais il ne fut pas levé de taxe. Il semble qu'on ne déploya pas une grande activité dans ce sens.

Travail industriel et urbain.

La découverte de diamants dans le Griqualand Occidental fut suivie en 1871 d'une déclaration de souveraineté britannique. L'exploitation des champs diamantifères amena une concentration des travailleurs, en l'occurrence des terrassiers. L'avis du Gouvernement n° 68 du 23 juillet 1872 ordonna l'immatriculation de tous les indigènes, qu'ils soient occupés ou non, et établit pour eux un régime de passeports. Peu après, la proclamation n° 14 du 10 août 1872 étendit au Griqualand Occidental la loi du Cap sur les maîtres et les serviteurs et l'acte n° 20 de 1892 en imposa l'application au district de Kimberley. L'enregistrement des contrats de service fut rendu obligatoire avec paiement d'un droit de 1 shelling par le patron. Les contrats oraux ne pouvaient être valables que pour un mois et les contrats pour une durée plus longue, écrits, devaient être certifiés par un « registrar ». La définition du « serviteur » de l'acte du Cap fut maintenue, mais la proclamation (n° 5) réglementant les affouillements, les cite comme « manœuvres » (hands) au lieu de serviteurs, pour ce qui concerne les litiges. Une ordonnance de 1874 imposa aux patrons le paiement d'une taxe de 1 shelling par mois à retenir sur les gages du serviteur. Ceci dans le but d'organiser des hôpitaux et des accommodations sanitaires pour les « travailleurs indigènes ». Le règlement sur le travail indigène, ordonnance n° 10 de 1876, ne fut pas ratifié par la Législature du Griqualand et *n'entra pas en vigueur ; elle semble cependant avoir servi de modèle à la législation transvaalienne subséquente. Elle avait toutefois l'intention d'améliorer la protection des travailleurs indigènes et d'amender les lois concernant les droits et les devoirs des patrons et des serviteurs. Elle envisageait le renforcement de la loi sur les passeports indigènes, l'organisation hospitalière, la constatation des contrats et le contrôle du recrutement. La Haute-Cour du Griqualand, dans deux cas, a déclaré qu'un « ouvrier mineur » n'est pas un serviteur.*

Dans l'Etat libre d'Orange, l'ordonnance nº 15 de 1882 (chapitre LXX de la codification) ordonne que toute personne du sexe mâle se trouvant dans les mines de diamant doit être immatriculée par un inspecteur gouvernemental. Un droit de 1 shelling est perçu mensuellement en vertu du certificat d'immatriculation.

La découverte et le développement de champs aurifères fit que la République Sud-Africaine devint bientôt un centre de première importance quant au recrutement et la réglementation de la main-d'œuvre indigène sur une grande échelle. Diverses dispositions législatives prises à partir de 1883 jusqu'en 1901 règlent la matière. Elles visent notamment la taxe de passeport, l'enregistrement des contrats, la nomination d'inspecteurs du Gouvernement contrôlant le régime des passeports et réglant les litiges entre employeurs et employés.

La demande toujours croissante de main-d'œuvre, conséquence logique du développement de l'industrie minière, fit que des arrangements durent être pris — la main-d'œuvre venant en ordre principal de la Côte Orientale — dès 1897 avec le Gouvernement de la province portugaise de Mozambique et que des dispositions législatives quant au recrutement de travailleurs furent arrêtées sur l'un et l'autre territoire.

Au Natal l'évasion des travailleurs exigea l'élaboration de mesures législatives (acte nº 36 de 1896) et même l'interdiction du recrutement de main-d'œuvre pour les contrées limitrophes (acte nº 46 de 1901). L'acte nº 6 de 1899 de la colonie du Cap établit l'obligation pour les agents recruteurs de travailleurs d'être pourvus d'une licence et le visa officiel des contrats de travail des indigènes. Une législation simi-

laire fut adoptée par le Transvaal (Proclamation n⁰ 38 de 1901), l'Etat libre d'Orange (ordonnance n⁰ 6 de 1906), après la guerre sud-africaine. L'acte n⁰ 15 de 1911 portant règlement du travail indigène, consolida toutes ces dispositions et les rendit obligatoires pour toute l'Union.

La main-d'œuvre indigène des mines d'or avait été dispersée au cours de la guerre sud-africaine et sa reconstitution se montra lente et difficile. Les travailleurs portugais donnant le plus de satisfaction, des arrangements furent pris pour en recruter avec les autorités portugaises (modus vivendi négocié par le Transvaal en 1901). Cependant, la réadaptation de l'organisation du travail fut excessivement lente; en 1903, une commission (Commission du travail du Transvaal), enquêta sur les besoins en main-d'œuvre et la recherche des sources où on pouvait la trouver. Le rapport principal de cette commission établit que la demande d'ouvriers au Transvaal, pour l'agriculture, les mines, l'industrie et les chemins de fer dépassait de loin l'offre et qu'il n'était pas possible de trouver dans l'Afrique Centrale et Méridionale le nombre de travailleurs nécessaire. Il en résulta qu'on prit l'ordonnance n⁰ 17 de 1904, qui autorisa l'introduction avec des contrats de trois ans de nombreux ouvriers chinois pour les Compagnies du Witwatersrand. Cette ordonnance fut rapportée par les lettres patentes portant constitution du Transvaal du 6 décembre 1906, conférant un gouvernement responsable à la colonie. L'industrie minière dut donc de nouveau compter sur les débouchés africains pour sa main-d'œuvre.

En 1907, l'Administration du Transvaal créa à Johannesbourg un bureau gouvernemental du travail afin de remplacer la main-d'œuvre chinoise, qu'on rapatriait, par de la main-d'œuvre africaine. Les conditions de recrutement et de travail furent améliorées et des arrangements furent pris avec la colonie du Cap et le Mozambique afin de favoriser la venue de travailleurs au Witwatersrand. Le Bureau du Travail réussit dans sa tâche: il parvint, en effet, avant l'été 1910, à remplacer par des Africains les 50,000 travailleurs chinois rapatriés. De 1906 à 1910 le nombre des indigènes du Cap employés au Transvaal passa de 26,000 à 81,000.

L'utilisation dans les mines d'indigènes des régions tropicales (au Nord du 22° de lat. Sud) eut lieu d'une façon spasmodique en 1903, lorsqu'à titre expérimental on introduisit en Afrique Australe des indigènes du Nyassaland Britannique. La pneumonie causa un si grand nombre de décès qu'en 1906 on dut renoncer à continuer le recrutement. Il continua cependant à en venir, car en 1911 il y avait 23,500 de ces indigènes occupés dans les mines d'or. Toutefois, à cause de la mortalité très grande sévissant parmi eux, on y renonça définitivement en 1913.

L'emploi d'ouvriers mineurs dans l'industrie de l'or est réglementé par l'acte n° 15 de 1911, qui contient des dispositions concernant le logement, l'assistance médicale et la nourriture à leur donner. Le taux moyen du salaire est d'environ 2 shellings 2 deniers. L'acte n° 25 de 1926 confère au Gouvernement le pouvoir d'édicter des règlements excluant les indigènes de certains travaux miniers et autres.

Le rapport de la Commission économique et des salaires (1925) U. G. 14-25, fournira des renseignements plus récents sur l'emploi de la main-d'œuvre en Afrique Australe.

Ce n'est qu'au cours de ces dernières années qu'une législation du travail basée sur celle des pays européens et d'autres dominions a été effectivement introduite. Les principales dispositions réglementant le travail sont :

a) Le Workmen's Compensation Act, n° 25 de 1914 (accidents de travail) ;

b) The Miner's Phtisis Act (phtisie des mineurs), renforcé par l'acte n° 35 de 1925 ;

c) The Industrial Conciliation Act, n° 11 de 1924 (Conciliation) ;

d) The Wage Act, n° 27 de 1925 (salaires).

La première de ces dispositions ne s'applique pas aux personnes dont la réparation du dommage est régie par l'Acte n° 15 de 1911, c'est-à-dire les travailleurs indigènes inscrits comme s'occupant chez un patron dans un « Labour District » (district de travail), mais il étend les droits conférés aux ayants droit d'indigènes de cette catégorie.

L'Acte relatif à la phtisie des mineurs confère aux indigènes des avantages différents de ceux accordés aux travailleurs non-indigènes, à cause de la différence des conditions du travail, particulièrement en ce qui concerne sa durée.

L'Acte relatif à la conciliation ne s'applique pas aux indigènes dont les contrats de travail sont réglés par des lois sur les passeports, l'acte portant règlement du travail indigène ou l'Acte de Natal concernant les patrons et les serviteurs (indigènes).

L'Acte concernant les salaires ne fait pas de discrimination, mais il ne s'applique pas aux personnes occupées dans l'agriculture et dans ses services domestiques.

Action concertée.

On a rencontré des cas d'action concertée de la part des indigènes; par exemple de la part des employés municipaux de Johannesburg, en 1918, mais ces cas ne se rapportent qu'à des plaintes déterminées concernant les conditions d'emploi. Le cas cité constituait une protestation contre la loi des passeports.

Le seul mouvement substantiel de la part de syndicats (Trade-Unions) a été celui de I. C. U. (Union des travailleurs de l'industrie et du commerce) formé au Cap par un indigène du Nyassaland sous l'inspiration d'un Européen. Ce mouvement fut très étendu, mais il parut avoir plus pour but de l'agitation que la reconnaissance d'une amélioration de situation économique. Des tracts, surtout politiques, furent distribués et de l'argent récolté. L'I. C. U. toutefois s'intéresse à la situation économique des indigènes et elle leur a fait voir la possibilité de s'organiser dans un but économique. L'adjonction en 1928 à l'I. C. U. d'un conseiller syndical britannique, s'il peut orienter le mouvement vers le bon sens et la modération, s'appliquera à diriger les énergies de la population indigène vers une concentration efficace lui assurant le bénéfice d'accommodations progressives.

During the first occupation of the Cape of Good Hope Lord Macartney, by proclamation of the 27th June, 1797, had forbidden the entry of *Caffers* into the Settlement, unless provided with a Passport, and had ordered the liberation of all Caffers in service within the space of twelve months. The Coloured population of the Settlement other than the slave element was, therefore, during the early period of British control mainly Hottentot or hybrid Hottentot.

Definite legislative regulation as regards the service conditions of these Hottentots appears first to have been made in 1809. Mr. W. Wilberforce Bird, Controller of Customs, is quoted as having remarked that « the Earl of Caledon's Proclamation of the 1st November, 1809, — the Magna Carta of the Hottentots — rescued these people from a system of hardship... which would in a short time have extinguished the race ».

The Proclamation referred to is prefaced with the statement that individuals of the Hottentot nation, in the same manner as the other inhabitants, should be subject, to proper regularity. They must have a fixed place of abode registered by the Landdrost, and they may not move about the country without a pass. No contract of service is valid unless executed before the Field Cornet, and the servant may include his dependents under the contract. Further provisions relate to the withholding of wages, ill-treatment, advances, release upon expiration of contract and diligence in service under penalty of correction. This measure was supplemented by Sir John Cradock's Proclamation of the 23rd April, 1812, providing for the apprenticeship of children born in service. It seems to be the case that these Proclamations were applied in respect of the whole Coloured population, including Bushmen, Kafirs, Bechuanas, and also « prize negroes » liberated from slave ships.

His Majesty's Commissioners of Enquiry, appointed in 1823 to investigate in a comprehensive manner the state of the Cape and other settlements, reported that « in the case of the Coloured classes, whether Hottentots or Negroes, we regret to observe that the rate of their remuneration has been generally very inadequate throughout the Colony », and they added « the mixed race, who are the offspring of the Colonists by Hottentot mothers, labour under the same disadvantages ».

Cape Ordinance n° 50 of the 17th July, 1828, repealed the Proclamations of 1809 and 1812 and « relieved the Hottentots, Bushmen and other free people of colour from the operation of the laws concerning passes... and placed them... om a level with Europeans. » *(Theal Hist.,* vol. 1, p. 442).

Her Majesty's Order-in-Council of the 27th August, 1842, which brought into operation an Ordinance of 1841, for amending and consolidating the law regulating the rights and duties of Masters, Servants and apprentices, repealed Ordinance 50 and introduced or continued provisions of protection and control, irrespective of colour, which had operated for centuries in England, but were there shortly to give place to principles of Labour Legislation more in consonance with the education and development of a progressive European population. This measure is the basis of all subsequent Master and Servant legislation throughout South Africa, which in the circumstances of the country has necessarily applied with special significance, though generally without specific attribution, to the employoyment of Natives.

Bantu Aborigines.

By Ordinance No. 49 of the 14th July, 1828, Sir Richard Bourke repealed all former laws prohibiting intercourse with the Kafir tribes, and made provision (a) for the admission into the Colony of persons belonging to the Native tribes beyond the frontier « desirous of engaging in the service of the Colonists », who were to be furnished with official passes and (b) for regulating the manner of their employment as free labourers, which might be either from month to month or by contract executed before an official for a period not exceeding one year. Any *Native foreigner* within the Colony having no pass was to be indentured for twelve months or repatriated. Heretofore the Bantu Native, within the then narrow limits of the Colony, had been a rare and almost illicit denizen; in fact the Census of 1819 does not se:m to include any of this class. Thenceforward the Native was to be admitted under pass for purposes of service. It is recorded that this measure was so bitterly resented in the Eastern Province that Sir Lowry Cole repealed Ordinance 49 on 25th. August, 1829 (Cory, *South Africa*, vol. II, p. 382), but no such repeal is reflected in the Statute Book. The Stockenstrom treaties of 1836 with the Native tribes across the Eastern border provided for the issue of passes to visiting natives and for the discouragement of the visits of idlers. These treaties were given legal effect by Ordinance No. 2 of 21st June, 1837, which reiterated the provisions of Ordinance 49 in regard to the presence of Native foreigners.

When British Kaffraria was taken over by the Imperial Authority in 1847, there were comparatively few Natives within the Colonial border propre, excepting the authorized and self-contained settlement in the Ceded territory between the Great Fish and the Keiskama Rivers. It was prescribed by the Kaffrarian Proclamation of 7th September, 1855, that all service agreements with Natives in that dependency, unless employed as day labourers, should be registered with an official.

Agricultural and domestic Employment.

The Cape Parliament by the Master and Servants Law No 15 of 1856 repealed the Order-in-Council of 1842 and consolidated then existing legislation as regards the control and protection of servants in manufactures, agricultural and domestic employ. This law was extended to British Kaffraria by Ordinance No. 5 of 1862. It is the law throughout the Province of the Cape Colony to-day, having been extended to Griqualand West by Proclamation No.2/1871 and to British Bechuanaland by Act No. 41-1895.

The Cape Act No.27 of 1857 made further provision for the employment of « Native foreigners » under contract for a period not exceeding five years. It was replaced in 1867 by Act No. 22 which repealed Ordinance 49. Act No. 22 of 1867 validated all contracts of service entered into under the Masters and Servants Act by Natives or Native foreigners, and it also prescribed a detailed pass system, which, however, rapidly fell into abeyance, perhaps owing to the huge annexations of Native Territory which must have rapidly converted the term « Native foreigners » into an anomaly. Subsequently, no overt discrimination was made in the Cape Colony on grounds of Colour or race, though by a series of laws to regulate Native settlement on European owned land an energetic bias was directed to the securing of Natives elsewhere than in the towns, in the status of domestic or agricultural servants. For the Crown locations of the Eastern Province including, since 1866, British Kaffraria, which, it was hoped, would adopt the machinery of the Glen Grey Act No. 25-1894, an incentive to service was provided by a labour tax of ten shillings per annum evitable upon proof of three years total service, payable by Native residents other than landholders. This tax was repealed by Act No. 14/1905 after enquiry by a Select Comittee of the House of Assembly (A. 1/1903).

In Natal about 1840 the Volksraad of the Emigrant Farmers enacted that settlements of Natives among the

Europeans, except as regards those in service, should be broken up. Five Native families might be retained as servants in respect of each farm of 3,000 morgen. The British occupation resulted in a Master and Servants Law, Ordinance 2-1850, upon the lines of the Order-in-Council of 1842, but by Act No. 40 of 1894, specific provision was made as regards Native servants. In this Act the word « servant » was interpreted to include Natives engaged in mining as also those in Government employment, e. g. navvies on the Railways and public works, thus widely extending the scope of the Act.

In the Transvaal it was laid down by the Instructions of the 17th September, 1858, that Native contracts of service should be entered into before the Field Cornet of the Ward. Four families might be allowed to each farmer, a number raised to five households by Law No. 9 of 1870. By Law No. 4-1873 every Native was required to furnish himself with an annual pass at a cost of £1.0.0d, but no fee was to be charged if the Native were certified by a burgher as having been six months in his employ. During the British occupation the Cape Master and Servants Law was introduced textually and, as Law No. 13-1880, is still in force. This Law was amended by Act No. 27-1909 with the object of including labour tenants as servants under the principal law, an object which the amendment failed to achieve. By Act No 26 of 1926, however, Native labour tenants in the Transvaal and Natal were definitely brought under the operation of the Masters and Servants Law.

The earlier laws of the Orange Free State regulating the apprenticeship of Coloured children (Ord. 11-1856) and the duties between Masters and Coloured Servants (Ord. 1-1873) appear in the Codification as Chapters XXXV and CXI, respectively. By section 20 of Law 4-1895 labour tenants were subjected to the provisions of the Masters and Servants Law. Chapter CXI was replaced by the Masters and Servants Ordinance No. 7-1904, Part. III of which applies specifically to Coloured Servants. The usual incidents of this class of legislation in South Africa are

reflected in the Ordinance, though the definition of « servant »
is expanded, as in Natal, but with a still wider ambit and
includes coloured persons engaged in trade and also those
in municipal employment. The Ordinance No. 2-1871
levying a hut tax of ten shillings provided exemption for
any coloured person who could shew that he had been in
employment for six months during the year. This principle was not continued in the subsequent Poll Tax legislation, Chapter LXXI.

It may be said that, radiating from the Cape Colony,
the earlier principles of British legislation as regards the
rights and duties of Master and Servant have been applied
generally throughout South Africa to agricultural and
domestic service. There is, however, a large field of agricultural employment which, until very recently, has not
been covered by this legislation.

Squatting.

On vacant or subjugated land was taken up by the
European immigrants, dispossessed or fugitive Natives
or remnants of scattered tribes remained or penetrated
for protection into the areas of European occupation and
were allowed to settle upon the farms, generally on a tenure
or service. These Natives are usually called « squatters ».
There is no statutory definition of this word, which is
or has been, made use of in many different connotations.
Whether a Native lives on an occupied or unoccupied farm,
whether he pays rent or gives his own service or that of
his family, whether or no wages are paid, whether the
service is casual labour at call or seasonal or for specified
periods, whether he cultivates for a share of produce, — in
all these cases he is called a squatter. The term therefore
covers undefined leasehold, metayage, labour tenancy, part
time service and, in fine, every condition of settlement
except fixed leasehold and full time wage service.

As already noted, the earliest legislative provision
limiting the number of Natives upon privately owned

farms was made about the year 1840 by the Volksraad in Natal, whence similar regulation was introduced into the Orange Free State and the Transvaal. In the latter Province the restrictions were consolidated in Law No. 11-1887, which was replaced by Law No. 21-1895. The former law continued the limitation of five Native households as occupiers, *lessees* or hired servants. The substituted Law of 1895 omitted the reference to lessees and treated only of occupiers and hired servants. The provisions of the Squatters Law were not at any time rigorously applied, and by Act No. 27/1913 it was provided that no occupation established at the date of operation of the Act should be brought into question. A further provision removed any limitation upon the number of Natives who might be retained as farm labourers, i. e. labour tenants who give at least ninety days services in return for their occupational rights. The Natives Tax law of the Transvaal, Ordinance No. 20-1906 (since repealed) imposed a tax of £1 in lieu of £2 upon the farm labourer. Native labour tenants were brought under the Master and Servants Law by Act 26-1926.

In the Orange Free State squatting was regulated by the Vagrancy Law N° 4-1895, which, whilst otherwise similar in principle to the Transvaal Squatters Law, provided that labour tenants should fall within the scope of the Masters ans Servants Law. This latter provision was re-iterated by section 7 (2) of Act No. 27 of 1913. By Chapter CXXXIII it had been enacted that Coloured vagrants should be liable to be placed in contracted service for twelve months.

As regards Natal, the legislation of the Volksraad fell away upon the annexation of the District to the Cape Colony, and the Squatters Law, Ordinance No. 2-1855, was enacted primarily to put a stop to promiscuous squatting. It provides, however, that not more than three families might settle upon a property unless under contract recorded with the Magistrate of the District. In Natal, as in the Transvaal, labour tenants were by Act No. 26-1926 brought within the ambit of the Master and Servants Law.

In the Cape Colony provision for dealing with squatting was first made by the Native Locations Act No. 6-1876. Under this Act any number of dwellings exceeding five within an area of one square mile constituted a location, unless the occupants were in the *bona fide* employ of the landowners. The landowner was required to pay in respect of the location occupants upon his land a contribution to the salary of a Location Inspector not exceeding 10/- per hut per annum. Unauthorized residents were removable by the Inspector or Police. This Act was amended by Act No. 8- 1878, which required the occupants of huts in excess of five to be in the *bona fide* and continuous employment of the landowner, either as domestic servants, or in or about the farming operations or any trade, business or handicraft carried on by him. These two Acts were repealed by Act No. 37-1884, which defined a location as any number of huts or dwellings occupied by three or more male adults not being in *bona fide* and continuous empl- oyment as aforesaid. The establishment of a location required the approval of the Governor after consultation with the Secretary for Native Affairs, and the proprietor was required to pay a hut tax of ten shillings per annum.

By Act No. 33-1892 the constitution of private locations was brought within the discretion of the Divisional Council, and an annuel licence of 20/- in respect of every male adult was imposed upon the proprietor. The foregoing measures were replaced by Act No. 30-1899, which provided that any huts unless occupied by Natives in *bona fide* and continuous service should constitute a private location but it introduced the principle of exemption from license fees in respect of natives *bona fide* required for the due working of the property (but not necessarily continuously employed). The law as regards squatting was finally consolidated by the Private Locations Act No. 32-1909, which definitely discriminated between the classes of wholetime servants, labour tenants and lessees. As hitherto there was no limitation upon the employment of servants, while the retention of labour tenants was to be subject to concurrence

by the Divisional Council and the payment of an annual
licence fee of 10/-. Lessees fell under more drastic provisions.

It will be seen that the tendency, if not the declared
intention, of all legislation for the control of squatting has
been to direct the energies of unattached Natives into
channels of agricultural employment. This tendency has
been supplemented by fiscal provisions either imposing
special, or exempting from general, Native taxation.

Plantation Employment.

Provision for the introduction of alien labour on an extens-
ive scale seems first to have been made by Ordinance No. 3
of 1856, Natal, under which regulations were framed for
« Coolies » introduced from the East Indies. This labour
was imported for the Sugar Estates of the Coastal Belt
owing presumably to the instability and aloofness of
Native labour. The Ordinance, together with a number
of amending or supplementary laws, was replaced by the
consolidating law No. 2 of 1870 for which a further consolidation was substituted by Act No 25 of 1891 for the regulation
and control of Indian immigrants. The sections of the
law permitting the introduction of Indian immigrants,
were repealed by Act No. 43 of 1920. It can hardly be
doubted that the drafting into Natal of tens of thousands
of indentured labourers receiving a most exiguous wage
constituted a barrier to the expansion of the supply of indigenous labour.

The introduction into Natal of labourers (Native) over-
land was regulated by Law No. 15-1871, under which, if
a deficiency of labour were made manifest, the Lieutenant
Governor was empowered to introduce aliens. Labour
Agents for introducing labourers over land were required
to be licensed, but no fee was levied. It would not appear
that any great activity was shewn in this direction.

Industrial and urban Employment.

The discovery of diamonds in Griqualand West was followed in 1871 by a declaration of British Sovereignty. Exploitation of the Fields at once led to a concentration of employes in the service of the diggers, and a Government Notice No. 68 of 23rd July, 1872, drawn up by the Diggers Committee of Kimberley, was approved by Messrs. Thompson and Giddy, Commissioners for the District. This notice prescribed registration of all Natives, whether employed or not, and a pass system with fees of 1/- upon registration and 1/- for a pass to leave the Fields. Almost immediately, however, Proclamation No. 14 of 10th August, 1872, was issued in order to adapt the Cape Master and Servants Law to the new conditions in Griqualand West, though subsequently by Act No. 20-1892 its operation was confined to the District of Kimberley. Registration of contracts of service against payment by the Master of a fee of 1/- was prescribed. Oral contracts were to be valid for one month only, and written contracts for any longer period were to be attested by a Registrar. A certificate of the contract was to be retained in every case by the servant for production upon demand, and this certificate was to be signed by the Master upon termination of employment. The definition of servant in the Cape. Act was retained, and it may be noted that persons employed in the working of claims were referred to as « hands » (not servants) in the proclamation (No. 5) establishing the Diggings. By Ordinance No. 2-1874 a tax of one shilling per month payable by the Master from the Servants' wages was imposed with a view to Hospital accommodation and sanitary regulation for the benefit of « Native labourers ». The Native Labour Regulation Ordinance No. 10 of 1876, though passed by the Griqualand Legislature, was not assented to and therefore never came into force, but it seems to have been adopted as a model for subsequent Transvaal legislation. It was stated to be intended for the better protection of Native labourers and to amend the laws regulating the rights and duties of Masters and Servants, and it contemplated a stringent Native pass law, the provision of hospital accommodation, the attestation of contracts and the control of recruiting. It was declared by the Griqualand High Court in the cases Rex vs. Smith, 7 H. C. 248, and Rex vs. Fingo, 8 H. C. 230, that a « mining labourer » is not a « servant ».

In the Orange Free State, by Ordinance No. 15 of 1882 (codified in Chapter LXX), every male coloured person on the Diamond Diggings was required to be registered with a Government Inspector. A monthly fee of 1/- was payable in respect of the certificate of registration.

Owing to the discovery and development of the Gold Fields, the South African Republic soon became the centre where the recruiting and regulation of Native labour for industrial employment on a large scale was of primary importance. The regulations under the Precious Metals and Precious Stones Law No. 1-1883 required that every Native labourer should have a monthly pass at a fee of 1/-. This was continued through a series of Gold Laws until 1895 when Labour Districts were constituted, in which a fee of 2/- for the monthly pass was imposed, more stringent pass regulations were made, record of the contracts was provided for, and Inspectors were appointed to control the Labour District Pass System and to settle the complaints respectively of employers and employed. Law No. 23-1895, laying down these provisions, was successively replaced by Law No. 31-1896 and Law No. 23-1899, in each case with elaboration of detail, though with retention, of the main principles. These principles were in substance continued by Proclamation No 37 of 1901 after the occupation of the Transvaal by the British.

The increasing demands for Native labour of the developing Mining Industry prompted the Republican Government in 1897 to appoint an Industrial Commission of Enquiry which found that the chief supply must come from the East Coast. Accordingly arrangements were made with the Government of the Province of Mozambique whereunder correlative regulations were made by the Republic (V. R. R.

Art. 1670, 4/11/1897) and the Portuguese Authorities (Decree 109, 18/11/1897). Under these regulations Labour Agents approved by the Republican Authorities might obtain licences in the Province to recruit labour for the Transvaal Mines and a properly controlled channel for the introduction of Native labour from the East Coast to the Mines resulted.

Expanding requirements, prompting recruiting activities in an ever widening circle, attracted attention to the methods employed by the recruiters or labour agents, which were found to necessitate legislative control. In Natal, Act No. 36 of 1896 was passed to regulate the system of touting for Natives to do work beyond the borders of that Colony. By the subsequent Act No. 46 of 1901, the recruiting of Native labourers for employment outside Natal was prohibited. In the Cape Colony, Act Nº 6 of 1899 was enacted, under which Labour Agents were licensed, and all contracts with Natives had to be officially attested. Similar legislation in the Transvaal by Proclamation No. 38-1901, and in the Orange Free State by Ordinance Nº 6 of 1906, was introduced after the South African War. By Act Nº 15 of 1911, the Native Labour Regulation Act, consolidated provisions were brought into force applying throughout the Union.

The Native labour strength of the Gold Mines was dispersed during the South African War, and its re-assemblage was found to be both tardy and difficult. For recruiting Portuguese Natives, the most efficient and satisfactory labourers, the Industry established a co-operative Association in order to obviate the evils of competitive recruiting, whilst the Transvaal Government negociated an instrument, known as the Modus Vivendi, 1901, with the Portuguese Authorities for authorising operations. The rehabilitation of the labour supply was, however, exceedingly slow and in 1903 a Commission, known as the Transvaal Labour Commission, was appointed to enquire into labour requirements and the sources from which they might be implemented. The majority report of this

Commission asserted that the demand for Native Labour in the Transvaal both for Agriculture, for the Mining Industry and for other Industries, including the Railways, was greatly in excess of the supply, and that an adequate Native labour strenght could not be drawn from Central and South Africa to meet the demand. As a consequence the Transvaal Labour Importation Ordinance No. 17 of 1904 was passed, in terms of which large drafts of Chinese labourers were introduced under three year contracts with the Mining Companies to the Witwatersrand. This Ordinance was repealed by the Transvaal Constitution Letters Patent of 6th December, 1906, which conferred responsible government upon the Colony, and the Mining Industry was accordingly thrown back upon African sources for its Native labour.

The Transvaal Administration established the Government Native Labour Bureau at Johannesburg in May, 1907, with a view to securing the replacement by African labour of the Chinese labour which was in process of repatriation. Improvement in conditions both of recruiting and employment resulted. Arrangements were made with the Administration of the Cape Colony for the appointment of Transvaal officials in the Cape Native areas, with a view to promoting and assisting the progress of labourers to the Witwatersrand. In April, 1909, the Transvaal Government negociated a New Convention with the Mozambique authorities in order to secure the East Coast labour supply of the Mines.

The exertions of the Labour Bureau were such as to facilitate the successful recruiting of more than sufficient Natives to replace the 50,000 Chinese labourers who were finally repatriated before the middle of the year 1910. This result was largely brought about by the expansion of the employment of Cape Colony Natives whose numbers in proclaimed labour districts increased between January, 1906. and July, 1910, from 26,000 to 81,000. The complements of Transvaal Natives over the same period also shewed a considerable increase.

The employment on the Mines of Natives from tropical areas, i. e. generally speaking, the areas North of 22° South latitude, had taken place spasmodically from 1903 when an experimental batch was introduced from British Nyasaland. The mortality from pneumonia was, however, so alarming that this recruiting was praetermitted in 1906. However, numbers of these Nyasaland Natives penetrated into the adjoining Portuguese Territory whence their despatch to the Mines was facilitated by the Recruiting Association, since it was found that the hardships of a journey without protection and supervision involved serious evils, whilst the employment of voluntary or independent labourers could not well be prohibited. The employment of tropical Natives reached its zenith in 1911 when an average of 23,500 were at work on the Gold Fields. The mortality returns were, nevertheless, regarded with grave misgivings which culminated in 1913, when a term was put to the further introduction of tropical labour from any quarter.

Il is generally held that owing to the recently discovered methods of successful prophylaxis, tropical Natives can be employed in the Mining industry without undue risks to health, but the Union Government have not removed the embargo upon their employment.

The employment of Mine labourers in the Gold Industry is generally governed by the terms of Act No. 15-1911, under which approved accommodation, medical attention and diet scales are prescribed.   The average rate of pay is in the neighbourhood of 2/2 d. per shift worked. By Act No. 25-1926 the Government were empowered to make regulations excluding Natives from specified occupations in connection with Mines or Works.

The Report of the Economic and Wage Commission (1925) U. G. 14-'26, will furnish the more recent particulars in regard to the employment of Native Labour in South Africa.

It is only in recent years that labour legislation on lines analogous to that of European countries and other dominion has been produced to any considerable degree. The reason for this no doubt is that the European worker, owing to the availability of inexpensive coloured labour has in South Africa enjoyed advantages not to be found in a dissimilar environment. The principal statutes regulating the rights of labour are as follows :

a) The Workmen's Compensation Act, No. 25-1914.

b) The Miners' Phthisis Acts, consolidated by Act No. 35-1925.

c) The Industrial Conciliation Act, No. 11 of 1924.

d) The Wage Act, No. 27-1925.

The first of these excludes from its purview persons whose rights to compensation are governed by Act No. 15-1911, i. e. Native labourers registered to an employer in a Labour District, but it increases the benefits to the dependdants of such Natives.

The Miners' Phthisis Act provides benefits for Native labourers but on a footing different to that of non-Natives, necessitated by the different conditions, especially as regards duration, of their employment.

The Industrial Conciliation Act does not operate in respect of Natives whose contracts of service are regulated by Pass Laws, the Native Labour Regulation Act or the Master and Servants (Native) Act of Natal.

In the Wage Act no discrimination is made, but the Act does not apply to persons engaged in agriculture or in domestic service.

Organized Action.

There have been cases of concerted action among Natives as, for example, among the Municipal employes of Johannesburg in 1918, but these cases have mostly occurred in respect of some specific complaint in regard to immediate conditions of employment by the persons directly concerned. The case referred to was a protest against the Pass Law.

Hitherto the only substantial movement on Trade Union lines has been the I. C. U. (Industrial and Commercial Workers Union) formed in Cape Town in 1919 by a Native from Nyasaland under European inspiration. The movement extended widely but rather, it would seem, as a general manifestation of restlessness than as the recognition of an instrument for economic betterment.

Volumes of fiery rhetoric, mostly of a political nature, were disseminated and very large sums of money were harvested by the organization as to the disposal of which the Supreme Court bench in Natal made scathing comments. There is no doubt, however, that the I. C. U. attracted a valuable interest to Native economic conditions, and it has perhaps suggested to the Native mind the possibilities of combination for legitimate trade union purposes. The identification with the I. C. U. in 1928 of an experienced trade union adviser from Great Britain, though perhaps it may restrict the periphery of the movement owing to the introduction of sanity and moderation, should make for a wider knowledge among the Native people of the direction in which their energies can best be concentrated in order to share the results of progressive compromise.

E. R. Garthorne.

February 1929.

Mémoire

**sur le recrutement de la main-d'œuvre indigène dans
le BASUTOLAND.**

RÉSUMÉ

1. INTRODUCTION.

Le recrutement dans le Basutoland présente des formes variées suivant la nature du travail, la durée de l'engagement et le taux des salaires.

2. RECRUTEMENT.

Zone et méthodes de recrutement.

Peuvent seuls procéder au recrutement de la main-d'œuvre indigène, et ce, dans tout le territoire, les agents recruteurs détenteurs d'une licence délivrée conformément aux dispositions d'une proclamation sur la matière. Le recrutement de la main-d'œuvre pour les mines d'or est effectué sous la direction d'un surintendant provincial de la « Native Recruting Corporation ».

Mesures prises pour assurer l'efficacité du recrutement.

Chaque recrutement donne lieu à l'établissement d'un contrat de travail passé devant l'autorité administrative. Le cautionnement de 100 £ déposé par l'agent recruteur est garant de la régularité des opérations. Les articles 21 et 24 de la « proclamation » prévoient des peines sévères à l'égard des agents recruteurs qui, sciemment, promettent des conditions irréalisables ou débauchent des travailleurs régulièrement engagés.

Les avances aux travailleurs recrutés sont limitées à un maximum de deux livres sterling.

Mesures prises pour assurer la liberté complète des engagements.

Le travailleur indigène est libre de choisir le genre de travail qui lui convient et de refuser le travail à destination, si les conditions de travail ne correspondent pas à celles qui lui étaient promises.

L'article 20 de la proclamation déclare nul tout engagement du chef indigène de fournir de la main-d'œuvre.

Situation légale des indigènes avant leur engagement définitif.

On peut dire que les indigènes n'ont, en général, aucune obligation et ne sont passibles d'aucune peine, du chef d'un arrangement quelconque conclu avec un agent recruteur, jusqu'au moment où ils ont comparu devant l'autorité administrative et ont accepté le contrat d'engagement.

Mesures prises pour assurer la sécurité et l'hygiène au cours du transport.

La courte durée du voyage (de 1 à 4 jours) rend inutile tout arrangement écrit au sujet des conditions de transport. En général, l'agent recruteur conduit les travailleurs à la station de chemin de fer la plus proche, leur remet leur titre de transport, la copie de leur contrat et des vivres pour la route. Cette façon de procéder donne toute satisfaction.

3. Contrat de travail.

Dispositions fondamentales et conditions.

Les conditions varient suivant la nature du travail et la durée du contrat. Certains employeurs appliquent le système des réserves de salaire. Quand il n'en est pas ainsi, des facilités sont accordées aux travailleurs pour faire parvenir leurs économies à leur famille à l'intervention d'une institution fonctionnant sous le contrôle du gouvernement de l'Union.

Clauses pénales.

La proclamation détermine les peines dont sont passibles les indigènes qui, ayant signé un contrat de travail, désertent ou refusent le travail, ainsi que ceux qui, ayant conclu un arrangement avec un agent recruteur acceptent une nouvelle avance d'un autre agent.

Les infractions prévues par la proclamation et dont peuvent se rendre coupables les patrons, les agents recruteurs et les messagers sont nombreuses et sont sévèrement réprimées.

Mesures prises
pour assurer la sécurité et l'hygiène des travailleurs.

Les règlements des mines de l'Union prévoient les mesures qui doivent être prises relativement à la sécurité des travailleurs, à l'hygiène, aux quartiers ouvriers, etc. Des règlements de l'Union ont trait aux indemnités à payer aux ouvriers pour maladie (tuberculose des mineurs) ou invalidité contractées en service ou pour décès en service.

Memorandum on native labour recruitment in
BASUTOLAND.

Introduction.

Recruiting for Native Labour in Basutoland takes various forms, for work on gold mines, diamond mines, coal mines, on farms, sugar plantations and roads, and lenght of contract, rates of pay and nature of employment vary with the different classes of labour.

Recruited labour on the gold mines is engaged on a nine months contract, that is 270 shifts, and the terms of engagement cover work on the surface and underground, contract and piece work; the open compound system is used whereby the labourer is free to leave the compound after the day's work.

The diamond mines make use of the closed compound system, the term of service is from three to six months, and the conditions include contract and piece work.

Farm labour is carried on under healthy outdoor conditions and so has an attraction for a large number of the younger Basuto, though the pay is small in comparison with the money to be earned on the mines; the contracts vary in lenght from six to nine months.

Coal mines have never been popular with the Basuto, the work is heavy and the underground conditions do not agree with them and so the number of recruits offering for this class of work is comparatively small; the contract is for terms of from three to six months.

Work on sugar plantations is also not popular, the Basuto finding the damp heat of the Natal coastal belt very trying; the contract is for six months.

Work on roads is practically confined to contracts with the Natal Provincial Road Board, and is fairly popular.

2. RECRUITING.

Zone and method of recruiting.

Recruiting is limited to holders of Labour Agents' licences, and the conditions of the granting of licences are laid down by Proclamation; each Labour Agent is permitted to engage native runners.

Recruiting for the Gold Mines is under the direction of a Provincial Superintendant of the Native Recruting Corporation, who is authorised to engage labour throughout the Territory, with discretion to sublet contracts to other licenced Labour Agents.

Recruiting for other forms of labour is carried out by the licenced Labour Agents who are under contract with the various Diamond Mines, Coal Mines and Labour Organisations to supply labour to them. Each Labour Agent so licenced is entitled to recruit labour in any district in the Territory. In no case is a Labour Agent allowed to supply labour to any Company or Organisation unless he holds a written authority from such Company or Organisation.

Measures taken to ensure efficient recruiting.

Section 23 of the Proclamation provides for a written contract for every native recruited, and for the attestation of such contract by some responsible official, and every care is taken to ensure that no contract is attested until the natives whose names appear thereon are thoroughly conversant with the terms. The length of the contract, rates of wages as set forth in the contract are read out to each recruit in turn, the amount of tax appearing against each man's name as well as cash advances are carefully scrutinised by the attesting officer and verified by the labourer.

Two additional safeguards against irregularities in recruiting are entrenched in the Proclamation, the proviso that any representation made or any act done by the runner in connection with the recruitment of labour is to be deemed to have been made or done by the Labour Agent employing the runner (Section 8) and the deposit of one hundred pounds or security for a like amount by the Labour Agent on first obtaining a licence (Section 16).

The civil and criminal responsibility attaching to the Labour Agent for the representations or acts of his runners acts as a check on reckless promises to intending recruits and on misrepresentation of terms and conditions the deposit of one hundred pounds or an approved security and the power given in section 19 to apply it in satisfaction of damages and costs or debt proved against the Labour Agent or of a fine imposed upon him eliminate the chances of undesirables holding licences and give the Administration the necessary hold over the holders of licences.

Deliberate misrepresentation of terms and conditions of service or promises as to terms or conditions of service which are known to be incapable of fulfilment or never intended to be fulfilled and used to induce natives to leave the Territory for work are heavily punished (Sections 21 and 24). Attemps to persuade any native who has been lawfully recruited to desert or repudiate his contract by the offer of higher wages or other inducements or the harbouring and concealing of a native who is known to have deserted (Section 24) are subject to a similar penalty.

The making of advances has been limited by Proclamation (Section 27) to the sum of two pounds, exclusive of railway fare or amounts due for tax or fine. This restriction has been found necessary in the interests of Agent and labourer alike, as it eliminates unfair competition among Agents and removes a temptation from the unscrupulous native to draw a large advance with the sole idea of deserting.

The statutory position and obligations of the native labourer will be dealt with under the headings «Legal position of recruit before definite engagement » and « Working Contract ».

Measures taken to ensure complete freedom in recruiting.

In the first paragraph of the previous heading « Measures taken to ensure efficient recruiting », the point was made that no native was attested until the attesting officer before whom he appears is completely satisfied that the recruit understands and agrees to all the conditions of the contract.

Before making his appearance before the recruiting officer, the recruit has come in from his home with the intention of going to work; if he is an old hand, he has very definite views of where he wants to go; if it is his first appearance, he is guided by the advice of his friends or he foregathers with the runners. When he has made up his mind as to what work he wants, he presents himself at the Labour Agent's office, and his name is written on a contract sheet. He has had complete freedom of choice, and this freedom he retains until attestation. On arrival at his destination, the recruit reaffirms the Basutoland contract, and even at this stage he is free to query the terms of the contract, and he would not start work until an investigation had been made into his complaint.

A form of indirect compulsion which, if not prohibited by law might become very common under the tribal conditions existing in Basutoland, is the farming of labour by Chiefs or Headmen, and to meet this contingency any concession or contract by which any native Chief or Headman purports to hind himself or his people to provide native labourers has been declared invalid (Section 20).

Legal position of recruit before definite engagement.

The recruit is entirely free to go from Agent to Agent to find out rates of pay, conditions of service, and in general it may be said that he has no obligations and can incur no penalty until he has appeared before the attesting officer and accepted the contract.

There is an exception, however, and that occurs in the case of the native who has made an agreement with a Labour Agent and received an advance, and then instead of carrying out his agreement and entering into the necessary written contract he accepts another advance from another Labour Agent.

This act is made a criminal offence and is punished as such (Section 25 b), but no order for the repayment of the original advance can be made by the Court trying the offender.

Measures taken to ensure safety and hygiene in transit.

The nearness of the various recruiting centres in Basutoland to the railway and the comparatively short time occupied in the journey by rail to the mines, etc. — twenty-four hours in the case of the gold mines to four days to some of the more distant diamond mines — make elaborate transport arrangements unnecessary. In some cases the Labour Agent may send aconductor in charge of recruits, but the more usual course is to entrain them at the nearest rail head, give them their tickets and entrust one of their number with the copies of the contract which accompany each recruit. Food is taken with them sufficient for the journey and for lengthy journeys arrangements are made for extra supplies at some convenient point.

The measures taken by the Railway Authorities do not fall within the review of this memorandum, as control is in the hands of the Union Government. All that may be said is that the arrangements are adequate and satisfactory.

3. WORKING CONTRACT.

Fundamental terms and conditions.

Terms and conditions vary so widely according to the class of work, whether it be Gold Mining, Diamonds, Colliery work or others, that the most convenient way to view them will be by a comparison of the contract sheets, and specimens are accordingly appended.

Provision is made by the Gold Mining Companies and by certain of the other Labour Organisations for a system of deferred pay, and where this system does not obtain, means are at the disposal of the labourer to remit money home by warrant vouchers through the Native Deposit and Remittance Agency, an institution under the control and forming part of the Union Native Affairs Department.

Penal clauses - procedure for tracing variances.

Under the Proclamation a penalty attaches to any native who

(*a*) after entering into a contract for work outside the Territory deserts or fails to enter upon his contract or to perform his contract; or

(*b*) after entering into an agreement with a Labour Agent takes an advance from another Agent ; and the offender may be punished by a fine not exceeding ten pounds or in default of payment to imprisonment with or without hard labour for a period not exceeding six months.

It is an offence under (*a*) whether the act or omission is committed in Basutoland or in the Union, that is if the labourer fails to leave the Territory to take up his contract, deserts en route to the mine or at the mine.

Offences under (*b*) are of such rare occurrence as to call for little or no comment. The Labour Agent is fully alive to the importance of not handing cash to any labourer before attestation.

The offences created by the Proclamation to which the employer, Labour Agent and runner may be liable are many.

Recruiting without a licence or in an unauthorised manner (Sections 2 and 3) recruiting without depositing a statement of particulars (Section 10) failing to give up a cancelled licence (Section 13), recruiting on false representations (Section 21), engaging labour by misrepresentation, persuading a native to break a contract or concealing a native who has deserted (Section 24) is punishable by a fine not exceeding fifty pounds or in default to imprisonment for a period not exceeding six months or to both such imprisonment and fine; failure to produce a Labour Agent's licence or a Runner's permit (Section 14), failure to render the prescribed monthly return or rendering an incorrect or false return (Section 15), inducing any native servant to leave his employer (Section 22), failing to enter into a written contract or to produce proof of authority to enter into a contract (Section 23), giving an advance in excess of the statutory amount (Section 27), is punishable by a fine not exceeding twenty-five pounds or in default of payment to imprisonment with or without hard labour for a period not exceeding three months.

Variances on the side of the labourer are traceable (*a*) by means of the contract sheets which are sent to the mine authorities or, in the case of the gold mines, to the Native Recruiting Corporation and (*b*) by means of reports from the mines.

The Native Recruiting Corporation organisation in Basutoland furnishes their Head Office with a daily schedule of labourers contracted and other Labour Agents post a copy of each contract to their various principals and the arrival of the native and the posted contract or schedule should coincide within a reasonable limit. In the event of a discrepancy between the actual arrivals and those expected, the Native Recruiting Corporation organisation within the Territory or the Agent is notified, and the native is reported to the police as a non-arrival, police action is then taken in terms of Section 25. If the native deserts from his mine after commencement of his contract, the mine authorities report and police action is taken. It will be noticed that in a prosecution under Section 25, Section 26 allows a certified copy of the contract to be produced and to be prima facie evidence of the terms of the contract.

The law is set in motion against variances committed

by the Labour Agents or their representatives by direct complaints from the native affected, by complaints by one Labour Agent against another, and rarely, by reports from the Union Native Affairs Department.

4. MEASURES TAKEN TO ENSURE THE SAFETY OF WORKERS — HYGIENE LIVING QUARTERS, ETC.

Measures taken to ensure the safety of workers, hygiene, living quarters, etc. are covered at the various labour centres by the Union Mining Regulations, and in addition questions such as compensation under the Miners Phthisis, and compensation for death or disablement are governed by Union Regulations.

In Basutoland each Labour Agent has a compound in which are housed and fed labourers on their way to and from work. These compounds are subject to inspection by the sanitary authorities and a high standard of cleanliness is maintained.

Mémoire relatif au recrutement de la main-d'œuvre indigène dans le protectorat du BECHUANALAND.

RÉSUMÉ

1. RECRUTEMENT.

Zone et méthodes de recrutement.

Le recrutement de travailleurs indigènes pour l'Union Sud-Africaine n'est permis que dans les territoires situés au sud du 22ᵉ degré de latitude sud. Pour d'autres pays, y compris le sud-ouest africain, cette restriction n'existe pas.

Mesures prises pour assurer l'efficacité du recrutement.

Peuvent seuls procéder au recrutement de travailleurs indigènes devant être utilisés en dehors du territoire, les agents recruteurs détenteurs d'une licence délivrée par le Commissaire -Résident ou son délégué. Les agents recruteurs peuvent se faire seconder dans leur tâche par des messagers, pour lesquels ils devront avoir obtenu au préalable un permis du Commissaire-Résident ou de son délégué.

Avant de pouvoir effectuer le recrutement de la main-d'œuvre nécessaire, l'agent recruteur doit avoir obtenu la permission du chef indigène et avoir soumis aux autorités administratives les conditions du contrat d'engagement signées par l'employeur. Tout contrat d'engagement doit être signé par les travailleurs devant une autorité administrative (ordinairement le magistrat du district).

Mesures prises
pour assurer la liberté complète des engagements.

Les engagements sont absolument volontaires.

Situation légale des travailleurs
avant leur engagement définitif.

Il ne peut leur être appliqué aucune loi qui ne serait en même temps applicable aux autres personnes du protectorat.

Mesures prises
pour assurer la sécurité et l'hygiène au cours du voyage.

Les travailleurs indigènes seront transportés par chemin de fer, dans les mêmes conditions de transport et d'hygiène que les voyageurs indigènes ordinaires.

2. CONTRATS DE TRAVAIL.

La durée de l'engagement et le taux des salaires doivent être indiqués sur les contrats d'engagement.

Clauses pénales.

Tout agent recruteur qui présente des conditions de travail qu'il sait ne pas pouvoir être observées à l'étranger par l'employeur est passible d'une amende de 50 livres sterling au plus, ou d'un emprisonnement de six mois au plus, ou des deux peines réunies.

Les conflits entre patrons et ouvriers à l'intérieur du territoire sont réglés conformément aux lois « sur les patrons et les ouvriers » de la colonie du Cap en vigueur dans le Bechuanaland (nᵒ 15 de 1856 et nᵒ 18 de 1873 et leurs amendements).

Mesures prises pour assurer la sécurité des travailleurs.

Il n'existe pas de législation propre sur le travail dans les mines du territoire. Les règles suivies dans l'unique district minier du territoire (Tati) sont similaires aux dispositions de la loi sur les mines de la Rhodésie du Sud.

Le soin de veiller à la sécurité, à l'hygiène et au logement des travailleurs occupés en dehors de la province est laissé aux autorités du territoire où ces travailleurs sont en service.

Système des réserves de salaire.

Ce système donne toute satisfaction depuis 1921. Une partie des salaires gagnés est envoyée au magistrat du district d'origine du travailleur pour être délivrée aux proches de celui-ci ou remise au travailleur lors de son retour au pays.

Memorandum

regarding recruiting of native labour in the
BECHUANALAND PROTECTORATE.

---

1. RECRUITING.

Zone and Method of Recruiting.

Recruiting in the Bechuanaland Protectorate of Native Labour destined for the Union of South Africa is restricted to those portions of the Territory lying South of Latitude 22° South, but for elsewhere (including South West Africa) is not so restricted to any portion of the territory.

Measures taken to ensure efficient recruiting (intervention of Administrative Authorities or otherwise).

Licensed Labour Agents only are permitted to recruit native labour for work beyond the borders of the territory. Every licensed Labour Agent may employ one or more natives as runners or messengers to procure, ply or seek for engage or collect on his behalf native labourers to be employed or engaged in work or labour of any kind beyond the borders of the Territory. No such runner or messenger can be employed unless such labour agent has, in writing, made application for, and has obtained from the Resident Commissioner or other authorised officer, a permit for each runner or messenger authorising such employment. Any such permit shall only authorise the employment of such runner or messenger so long as the licence held by the Labour Agent at whose request such permit is issued is in force; and it may be cancelled for misconduct on the part of the holder or for any other reason considered sufficient by the Resident Commissioner.   Before they can be licensed they must obtain the permission of the Native Chief, produce to the Magistrate for approval particulars of the Employment (giving the nature, rate of pay and drilling standard required if for mine work and signed by the prospective employer or on his behalf by his Manager or Secretary) for which they are desirous of engaging the labourers; these particulars are filed for reference in the case of subsequent engagements by the same employer.   The charge for such licence is £25 par annum and for a Runner £1 per annum.   Half the amount is chargeable in each case after the 1st July.   All licences expire ont the 31st December. Labour Agents must find sufficient security for the payment of any debts contracted in the course of their business. Finally the Resident Commissioner's approval must be obtained to the issue of the Licence and this may be refused without reason given.

All Contracts entered into by the Agent with the labourers must be signed in writing by the latter before an Attesting Officer (usually the Magistrate of the District).

There is no registration of natives in the Territory but the labourer is identified by the production of his last Hut-Tax receipt.

Measures taken to ensure complete freedom in recruiting.

Natives are free to engage themselves or not — as they wish — the number going to work depends upon requirements of the mines and farms in the Union and the neighbouring Territories, and also the competition between the Licensed Agents.

Legal position of recruit before definite engagement.

Before entering into an agreement with a Labour Agent the native recruit is not subject to any criminal or civil law which would not equally apply to all other classes of person in the Bechuanaland Protectorate.   Any native, however, (*a*) who after having in the Territory entered into an agreement whether oral or in writing with a Labour Agent and having received an advance in respect thereof accepts another advance from another Labour Agent in consideration of entering upon any other contract of service before he has completed his term of service under the first mentioned agreement; or (*b*) who, having entered into a contract for employment beyond the borders of the Terrytory and signed such contract in the manner provided by law (vide supra) without lawful cause deserts or absents himself from his place of employment or fails to enter upon or carry out the terms of his contract of employment, becomes liable on conviction to a fine not exceeding ten pounds or in default of payment to emprisonment with or without hard labour for a period not exceeding two months.

Measures taken to ensure safety and hygiene in transit.

Native labourers are transported by rail for wich the same travel and hygienic facilities exist as for ordinary native passenger traffic.

2. WORKING CONTRACT.

Labourers engaged to work on mines are expected to engage for at least six months. Those for farm and other class of labour for such period as is stated in the terms of contract which are drawn up according to the requirements of the employer. Labourers for mine work are paid according to the number of shifts worked. Each shift is comprised of so many working hours (usually 9 working hours) and a drilling standard is set which has to be completed before a shift can be said to have been fulfilled. The lenght of the shift and of the drilling standard expected, as also the amount to be paid for each complete shift worked, must be shown on the Contract which the recruit has signed before the Attesting Officer.

Penal Clauses. — Procedure for tracing variances.

As stated above duly authenticated terms and conditions of the employment offered outside the Territory have to be produced by the Labour Agent when he applies for his licence and filed for reference in the case of subsequent engagements by the same employer. Any variance in such terms and conditions that may be discovered by the native after he leaves the Territory could be brought by him to the notice of the officials appointed to safeguard his interests either in the Territory in which he is being employed or in his own Territory and the matter would be fully investigated. Any labour agent who knowingly misrepresents the terms and conditions of employment is liable on conviction to a fine not exceeding £ 50 and in default of payment to imprisonment with or without hard labour for a period not exceeding six months or to both such imprisonment and such fine.

In the case of employment taken within the Territory the matter is governed by the Masters and Servants Acts Nº 15 of 1856 and Nº 18 of 1873 of the Cape of Good Hope as of force in the Bechuanaland Protectorate, as amended subsequently. A contract may be either written or oral and variance of its terms without the labourer's consent would constitute fraud and be triable under the Common Law.

3. MEASURES TAKEN TO ENSURE THE SECURITY OF WORKERS

Labourers are recruited by Labour Agents for labour outside the Territory only.

As regards natives employed within the Territory, there is no Mining Legislation in force as yet and such labourers as are necessary for the few mines within the Territory (in the Tati District) are engaged locally and would be dealt with under the Masters and Servants Acts of the Colony of the Cape of Good Hope as of force in the Bechuanaland Protectorate. The Tati Company, Limited, in whose Concession the only mining in the Territory is carried on have of their own accord adopted certain Rules and Regulations which are very similar to the provisions of the Southern Rhodesia Mining Law.

As regards the recruits who proceed outside the Territory for work on the Mines the measures taken for the security of the workers, their hygiene and quarters, are left in the hands of the authorities of the territories to which they go. Complaints in regard to these matters have been extremely rare but in those cases which have come to the notice of the Administration the employers concerned have always been ready to rectify the cause of the complaint — in fact it is much to their own interests to do so.

The Laws governing the recruitment of native labour for work outside the Territory are :—

Proclamation n° 45 of 1907 which contains the principal legislation; N° 7 of 1909 which provides for the attestation of labourers before a Government official, and for the preparation of passes to be produced before an attesting official to be countersigned; N° 10 of 1912 which lays down penalties for native recruits who desert after they have entered into a contract for employment, or who enter into a second contract while the first still exists, also limits the amount of advances to recruits by labour agents to £ 2 exclusives of any charges for railway transport or amounts due for Hut-Tax or fine advanced by labour agents; N° 45 of 1919 which increases the charge for a Labour Agent's Licence to £ 25 and N° 62 of 1921 which amends sections 14 and 17 of Proclamation N° 7 of 1909 by removing the limitation of claims in respect of which security has to be found by the labour agent. Copies of the Proclamations mentioned are attached.

Volontary Deferred Pay System.

The Voluntary Deferred Pay System was introduced by the Native Recruiting Corporation, which Company recruit by far the greatest number of labourers in the Territory for work in the Union, and this system is proving satisfactory. Under it natives are assisted to save a portion of their earnings until they return to .their homes and are thus protected against wasting their money by foolish or useless purchases, amusements or gambling in the Compounds, as well as from the risk of loss or robbery of their savings on the way home. When the native is recruited he enters into an agreement which is recorded on the Contract signed before the Attesting officer, for the saving of a certain amount of his pay which is to be sent to his home in the Territory, the balance being received by him at the Mine. The Corporation sends to the Magistrate of the District in which the native resides an Advice which bears a special number giving full particulars of the native and showing that he is working under the Deferred Pay System. This Advice is registered by the Magistrate in a Register kept for the purpose and the Advice form is filed. Upon completion of his contract the labourer is furnished with a slip or advice bearing the same number as the one sent to the District Officer, the natives thumb impression, and besides these only the amount due to him. This slip is presented to the District Officer who then refers to his register of Advices and the Advice form and asks the native to give full particulars regarding himself, if these agree with the particulars of the original Advice, his identity is satisfactorily established and the District Officer pays out the amount due taking a further thumb impression on the slip produced by the native as a receipt for the amount paid to him.

The Voluntary Deferred Pay System hass been working satisfactorily since 1921.

Mémoire sur le recrutement de la main-d'œuvre indigène dans le SWAZILAND.

RÉSUMÉ

1. RECRUTEMENT.

a) Zone et méthodes de recrutement.

Peuvent seuls procéder au recrutement de la main-d'œuvre indigène, les agents recruteurs munis d'une licence à cet effet délivrée par le Commissaire-Résident, sous caution de 100 £. L'agent recruteur peut se faire assister par des messagers indigènes, après y avoir été autorisé par le commissaire adjoint.

En dehors du paiement des frais de transport et des vivres de route, le recruteur ne peut faire aux engagés une avance supérieure à 5 £.

b) Mesures prises pour assurer l'efficacité du recrutement.

Aucun agent recruteur ne possède de monopole de recrutement dans une région quelconque du Swaziland. Le Commissaire-Résident peut annuler le contrat, lorsque l'indigène est reconnu incapable, physiquement, d'exécuter le travail qui est exigé de lui, lorsque l'employeur n'est pas en situation de payer les salaires ou de fournir du travail régulièrement et aussi pour mauvais traitements. Le système des réserves de salaire peut être appliqué à la demande du travailleur.

c) Mesures prises pour assurer la liberté complète des engagements.

Aucun contrat par lequel un chef indigène s'engage à fournir de la main-d'œuvre indigène n'est valable.

d) Situation légale de l'indigène avant l'engagement définitif.

Avant d'avoir signé un contrat de travail, l'indigène est une personne entièrement libre.

e) Mesures prises en vue d'assurer la sécurité et l'hygiène au cours du voyage.

Les indigènes se rendent à pied au bureau de l'agent recruteur de leur choix. Après attestation du contrat de travail par l'autorité administrative, ils sont conduits sur les lieux du travail, soit en automobile, soit en chemin de fer. Toutes les mesures nécessaires ont été prises pour assurer la sécurité et l'hygiène en cours de route.

2. Contrat de travail.

a) Dispositions fondamentales et conditions.

Tour contrat de travail doit être attesté par le commissaire-adjoint ou son délégué, qui s'assure que le travailleur a bien compris les dispositions du contrat et qu'il les accepte. Le travailleur doit être âgé de 18 ans au moins.

Les conditions des contrats varient suivant la nature et le lieu du travail.

Tout employeur est obligé de tenir une comptabliité en règle quant aux salaires des travailleurs.

b) Clauses pénales.

Les infractions prévues dans la proclamation ou dans les règlements sur la matière sont nombreuses et bien définies, de même que les sanctions.

3. Mesures prises pour assurer la sécurité des travailleurs. — Hygiène.

Les travailleurs sont logés dans des huttes semblables à celles de leurs villages. Le fonctionnaire médical ou toute personne désignée à cette fin par le Commissaire-Résident peut inspecter les mines, les chantiers et les habitations au point de vue des conditions sanitaires. Dans les mines du Transvaal, où travaillent la majeure partie des travailleurs recrutés dans le Swaziland, tout est mis en œuvre pour écarter les travailleurs physiquement incapables, éliminer ou diminuer les causes de maladies professionnelles, soigner les malades et les blessés et pour assurer le payement des indemnités d'invalidité prévues en cas de maladie ou d'accident.

Memorandum on the recruitment of native labour in SWAZILAND.

I. — RECRUITING.

a) Zone and Method of recruiting.

The recruitment of Natives for works and Mines is limited to labour agents in possession of licences for this purpose. The granting or refusal of any licence is in the discretion of the Resident Commissioner. Labour Agents licences cannot be transferred. Before a licence can be issued the labour agent must furnish security in the sum of £100 to meet any fines or charges or any wages for which he may become liable to any Native labourer. The security must be maintained during the currency of the licence and for six months after its expiration or cancellation. A licensed labour agent may employ native runners to assist him in recruiting, on obtaining a permit from an Assistant Commissioner who has full power to grant or refuse a permit. Every runner is furnished by the labour agent with a written statement (in English, Swazi or Zulu) of the terms and conditions he is authorised to offer to Natives.

Such statement sets forth :—

a) The name of the proposed person to whom employment will be given;

b) The district where the work is to be performed;

c) The rate of pay, nature of work, and whether food, quarters and medical attendance are supplied free;

d) The period for which the Natives are to be engaged;

e) Any other terms incidental to the proposed employment that may be required by the Resident Commissioner from time to time.

Every runner must wear a badge in a conspicuous position upon his outer garments.

A condition of a labour agents' licence or of runner's permit is that the holder shall not engage in the sale of intoxicating spirit.

Labour Agents may make advances not exceeding £5 exclusive of fines, taxes, pass fees or charges for railway motor service transport, in addition the reasonable cost of food en route to the place of employment may be treated as additional to any advance and the licensee or employer must supply sufficient rations of good quality to the satisfaction of the Resident-Commissioner.

b) Measures taken to ensure efficient recruiting (intervention of Administrative Authorities or otherwise).

Labour Agents or runners are not allowed to exercise their calling within a township or on private property without the permission of the owner or occupier, but a labour agent may recruit any native at his place of business within a township who has not been solicited by a labour agent or a runner.

A licence does not permit the licensee the sole right of recruiting in any district or specified area in Swaziland.

The Resident Commissioner may cancel the contract for any of the following reasons :—

a) That the native labourer is by physical or mental infirmity incapable of performing the work required of him;

b) That the employer is unable to pay the wages due ;

c) That the employer has failed to furnisch such native with regular employment;

d) That the employer or any other person in charge of him has brought a frivolous charge against him or been convicted of an assault upon him.

The cost of contracts cancelled under *a)* above is borne by the employer or labour agent concerned.

The Resident Commissionner may prohibit the employment of a Native who is deficient in hearing, speech, sight or of feeble intellect or possessed of any deformity or infirmity.

Any Justice of the Peace, Police Officer or Constable or other person authorised in writing may at any time call upon any labour agent or runner to produce his licence or permit.

The Resident Commissioner or an Assistant Commissioner may, with the consent of a Native labourer authorise the temporary detention of his earnings or transmit them to any district for payment to him or his relatives or to any of his dependents.

The High Commissioner has power to make regulations for all matters dealt with in the Proclamation or any amendments thereof as may be found necessary from time to time.

c) Measures taken to ensure complete freedom in recruiting.

No Contract by a Native Chief binding himself or anyone under his control to provide native labour is valid.

d) Legal position of recruit before definite engagement.

A Native before entering into a contract of labour is a free agent.

e) Measures taken to ensure safety and hygiene in transit.

Natives employed on mines and works in Swaziland arenot recruited as the employers find it unnecessary to solicit natives for labour. The Natives make their own arrangements for proceeding to their place of employment selected by them. Natives recruited for work on mines in the Transvaal travel on foot to the offices of the labour Agents and after attestation, they are transported by

Motor and Railway transport to the various mines or works where they are to be employed.   All necessary measures are taken to ensure their safety and hygiene in transit.

2. WORKING CONTRACT.

a) *Fundamental terms and conditions.*

Every labour agent must, before any Native recruited by him leaves Swaziland, enter into a written contract.   Such contract must be attested by an Assistant Commissioner or labour attesting officer appointed by the Resident Commissioner provided the attesting officer is satisfied that the terms are fully understood and accepted by the Native and that he is apparently over the age of 18 years.

An attesting officer may, in his discretion, refuse to attest any Native but his decision is subject to review by the Resident Commissioner.   The Contract is read aloud, interpreted and fully explained to the Native.

No Contract is attested :—

a) Which contains conditions admitting of the reduction of the rate of pay shewn on the contract sheet;

b) In which the name of the runner is not disclosed;

c) Under which any native labourer is required to work more than 360 working days.

Every day on which a Native has been incapacitated through accident occasioned by no fault of his own and every day when he has been willing but his employer has been unable to furnish work for him is counted as part of the period of his contract.

In the absence of any stipulation to the contrary a contract of service shall be deemed to be for 30 days and may be determined thereafter by either party by 30 days notice. Every employer of labour shall on the completion of a working day endorse on a (work) ticket the amount of wages earned for that day.

A copy of the usual form of agreement for work on the
mines is submitted.   It will be seen from this agreement
that the terms and conditions vary according to the nature
of the work and the mine at wich the Native is employed.

Every employer is bound to keep for inspection adequate
books and accounts in respect of the wages of Natives
employed by him, and he must furnish to the Resident
Commissioner such returns regarding the native labourers
recruited by him as may be required from time to time.

On the death of a Native employed on any mine or
works in Swaziland any wages due to him after deducting
any amounts due by him on account of advances are trans-
mitted to the Assistant Commissioner for distribution
amongst his next of kin; any unclaimed amount is placed
in the Guardian's Fund, in the office of the Master of the
Special Court of Swaziland.

b) Penal Clauses. Procedure for tracing variances.

Penalties are imposed for the following offences :—

1) If the holder of a labour Agent's licence is convicted
of a crime or offence or of a contravention of the Proclamation and Regulations his licence may be cancelled.

2) If he is guilty of misconduct an enquiry may be held
by an Assistant Commissioner who may suspend the licence
and the Resident Commissioner on considering the proceed-
ings of the enquiry may cancel or restore the licence.

3) For any person who by wilful misrepresentation of
the terms of employment induces any Native to leave
Swaziland or who directly or indirectly by any means
attempts to persuade any Native to leave the service of the
person with whom he is employed in violation of any agreement of service or who conceals any Native who has deserted
from the service of the person with whom he was employed.

4) For any Native who :—

a) Neglects to perform work it is his duty to perform;

b) Unfits himself for the proper performance of his work;

c) Refuses to obey any lawful command of his master;

d) Uses insulting or abusive language to his employer;

e) Commits any breach of rules perscribed for good order and discipline on any mine or works;

5) For any person who without the written consent of an Assistant Commissioner pays any part of the wages due to a Native to any person other than the Native or who withholds wages due to a Native employed by him or who makes deductions therefrom save the deduction of advances;

6) For any runner who clothes himself in a manner that is an imitation of the uniform of any police or military force;

7) For any person attempt'ng to induce a Native Chief to use his influence to induce any Native to engage himself to a particular labour agent;

8) Permits may be cancelled if a runner is found guilty of contravening any of the provisions of the Proclamation or regulations;

9) The holder of a licence is responsible for every act done or representation made in the scope of his employment;

10) Any Native Chief who shall by his authority, seek to induce a Native to engage himself to a particular labour agent shall be guilty of an offence.

3. MEASURES TAKEN TO ENSURE THE SECURITY OF WORKERS-HYGIENE, LIVING QUARTERS, ETC.

In Swaziland the Natives live in huts similar to those in use in their own homes. The Medical Officer or anyone deputed in writing by the Resident Commissioner may enter any mines or works and upon any premises in which Natives reside while working on the mines or works for the purpose of inspecting the sanitary conditions. The Resident Commissioner may give such instructions to the person in control of the mines or works for the proper housing of such natives, for the innocuous disposal of night soil, urine and other refuse.

The Resident Commissioner upon the advice of the Medical Officer may give to every person employing a native instructions for the proper care and treatment of any Native employed by him when sick or injured and, wherever hospital accommodation is available, instructions for their accommodation therein.

On mines or works in the Transvaal, to which Province the majority of Native recruited proceed, everything is done to secure :—

a) That only such natives as are physically fit are permitted to engage in mine labour;

b) The elimination or diminution of those factors that are known to contribute to or predispose towards the contraction of disease and especially mining occupational diseases;

c) That the health of mine native labourers is maintained at a high pitch, and steps are taken to discover and treat disease in its initial stages;

d) That the compensation for disease and accident, in respect of which the law makes provision, is paid without any unnecessary obstruction or delay, and

e) That the bodily treatment of the sick and injured is humane and adequate.

The laws and regulations in force in Swaziland dealing with the recruitment of Natives are :—

Proclamation No 19 of 1913.

Proclamation No 30 of 1917.

Regulations under High Commissioner's Notices No 53 of 1913, No 76 of 1917 and No 5 of 1928.

Copies of Proclamation No 19 of 1913 containing the Regulations and all amendments to date are submitted.

Mbabane, Swaziland, 15th October 1928.

Recrutement de la main-d'œuvre indigène dans la
RHODÉSIE DU NORD

par

M. E. S. B. Tagart
Secretary for Native Affairs

RÉSUMÉ

1. RECRUTEMENT.

Zone et méthode.

Seuls les agents recruteurs dûment autorisés à cette fin par le Secrétaire pour les Affaires Indigènes peuvent procéder au recrutement. Il est exigé d'eux une caution de 100 livres sterling. Les licences pour le recrutement de travailleurs pour l'intérieur du territoire sont délivrées sans difficulté, mais pour le travail à l'étranger, elles ne sont délivrées qu'en nombre très restreint. Aucune licence autorisant le recrutement pour l'étranger n'est délivrée qu'à la condition que tous les travailleurs recrutés seront soumis à une visite médicale et reconnus capables d'effectuer la tâche pour laquelle ils sont engagés.

Il n'existe pas de zone spéciale de recrutement.

Mesures prises pour assurer l'efficacité du recrutement.

Il n'existe aucune mesure spéciale de ce genre, mais il est veillé à ce que les règles ci-dessus soient scrupuleusement observées.

La situation légale des indigènes avant la conclusion du *contrat de travail n'est pas différente de celle de tout autre indigène.*

2. Contrats de Travail.

Les conditions fondamentales *de ces contrats assurent un salaire convenable, le logement, la nourriture et les soins médicaux.*

Clauses pénales.

Des dispositions très précises figurent au chapitre IV de la proclamation n° 18 de 1912 et aux articles 10, 11 et 27 de la proclamation n° 1 de 1917.

3. *En ce qui concerne les* mesures prises pour assurer la sécurité des travailleurs, *des inspections sont régulièrement faites dans les mines par des fonctionnaires des districts au point de vue des conditions de travail. La haute surveillance générale est exercée par le Secrétaire des Affaires indigènes et par les fonctionnaires de district auxquels des pouvoirs spéciaux sont reconnus par la proclamation n° 1 de 1917.*

4. *La législation du Travail est soumise à une étude en vue d'une révision et d'une codification de toutes les lois et règlements existants.*

Native labour and recruiting in

NORTHERN RHODESIA

by

M. E. S. B. Tagart
Secretary for Native Affairs

A general survey of the Native Labour position in Northern Rhodesia was given in Chapter V of the Report upon Native Affairs in that Territory for the year 1927. A copy of this is annexed. (Annexure II).

1. RECRUITING.

Zone and Method.

The conditions under which recruiting is allowed are laid down in Proclamation N° 1 of 1917 and regulations made thereunder (See pp. 21-47 of Annexure I). Briefly these conditions are that the Recruiter must obtain a Labour Agent's Licence which may be granted by the Secretary for Native Affairs upon payment of a fee of 2/6 for recruiting for work within the Territory and £1 for work outside the Territory. In addition a deposit or bond in the sum of £100 is required to be made. Licences are granted freely for recruitment of labour within the Territory, but carefully restricted for labour without.

No licence to recruit labour for work beyond the borders of the Territory is granted except upon the condition that all recruits must be medically examined and certified fit to perform the labour for which they engage before they leave the Territory.

There is no special recruiting zone.

Measures for efficient recruiting.

No special measures are taken to ensure efficient recruiting beyond care in seeing that the regulations above mentioned are strictly observed. Government recruits only for its own purposes.

The Legal position of a recruit before a contract has been entered into in accordance with regulations is no different from that of any other person.

2. WORKING CONTRACTS.

The fundamental terms of these ensure the provision of adequate pay, housing, feeding, and medical attention.

Penal clauses are to be found in Chapter IV of Proclamation Nº 18 of 1912 and in Proclamation 1 of 1917 Sections 10, 11 and 27.

3. As to measures taken to ensure the security of workers, there is no separate Department of Government for this purpose.

In the case of Mines regular inspections are carried out and reports made by District Officers on the conditions under which employees work.

General supervision of conditions of other forms of employment is exercised by the Secretary for Native Affairs and by District Officers who are given special powers in this regard under Proclamation 1 of 1917.

4. The labour legislation of the Territory is at present under consideration with a view to revision and consolidation of all existing laws and Regulations.

E. S. B. TAGART,

Secretary for Native Affairs.

ANNEXURE

*Chapitre V of the report upon native affairs
du Northern Rhodesia for the year 1927.*

The Labour situation has not changed unless slightly for the better. Mining Work continues to be most popular and Farm Work the least.   It is generally true to say that the Mines have obtained all the labour they require and their recruiting expenses have been negligible — the payment of a few native runners, who get into touch with gangs of natives coming from the outside districts to the Mining centres.

The Farms, on the other hand, have found it necessary to make increasing use of a labour agent at Livingstone, who has sent some thousands of natives chiefly from the more remote tribes of the Barotse District for employment in the settled area to the North.

The same reasons for the unpopularity of Farm work as were given last year are reiterated in reports from the various Districts.

Thus the Assistant Magistrate, Kalomo writes : —

« The difficulty experienced by the farmers in obtaining an adequate supply of labour locally has not in any way diminished, on the other hand with an increased acreage of tobacco under cultivation, it has increased, and there is no likelihood of these difficulties being overcome unless and until the conditions of service are improved... The problem which the farmers are facing can be and no doubt will be overcome with the improved education of the natives, and the offer of more attractive conditions of service by which is meant not necessarily a large increase in wages, but better housing, better feeding and better medical attention. »

The position in the Luangwa District is described as follows : —

« The least popular form of employment is Farm Labour. This is not surprising when the long hours, low wages and generally poorer living conditions (than on the mines) are taken into consideration. Several settlers have had to ressort to labour agencies to obtain workers. »

The District Commissioner of East Luangwa estimates that there are 50,459 adult males in the District and of these about 75 % are fit for work in European employment, that 136,085 months' work have been performed by native workers in the district.

He further notes that « if every native carried out his obligations at his village it is doubtful if he could spare more than six months of his time per annum to work for an employer » and continues : « In this District there has been an increase of about 25 % in native wages. Many of the planters are now growing food and giving better attention to the feeding and housing of their native employees.

All this is bound to have a good effect and will serve to induce natives to work here in preference to going to Southern Rhodesia ».

The Native Commissioner, Fort Jameson writes :—

« Complaints are still frequent as to the inefficiency and irregularity of local labour, and some people attribute this to inherent vice, but an ex-Kenya planter reports that the local natives work better than those in Kenya ».

In one corner of the Territory labour troubles seem to be unknown. « Local planters and (with one exception) Missions appear to have been able to get all the labour they needed. The local supply greatly exceeds the demand, with the result that the standard rate of pay remains low. » It sounds almost too good to be true ! but that is what the Native Commissioner at Abercorn reports.

The remedies suggested by Farmers for their Labour difficulties are as a rule of two kinds : 1º the institution of a Pass Law and 2º better organisation of the distribution of labour through Bureau or Recruiting Agencies. So long, however, as the Native remains free to offer his labour where he will it is difficult to see how the results likely to be obtained from either of these proposed remedies can be justified by the expense involved.

So far as the Pass Law is concerned it would admittedly not be likely to improve the labour supply though it would have some effect in bringing deserters to book.

If the institution of a Labour Bureau could find sufficient financial support among employers it would no doubt be of assistance to those who find difficulty in fulfilling their labour requirements. But it is an expensive method of obtaining labour and those who advocate it might well consider whether the extra money spent in capitation fees would not be employed to better and more permanent advantage in improving housing and feeding conditions of employees.

Carriers are, as might be expected, becoming increasingly difficult and will soon be impossible to obtain except for occasional journeys in those parts of the Territory where motor transport is unknown. The disappearance of native mail carriers on the Broken Hill-Abercorn route now that a motor mail service has been established is one of the signs of the times, as also is the increasing use by natives of the motor lorries returning empty to the Railway line after taking passengers or goods to Government Stations or Mining Camps at a distance.

Wages have risen slightly at centres of employment but vary throughout the Territory. The raw labourer still gets but five shillings a month in some of the more remote districts of Barotse while he can earn as much as 18/- or more for long contracts on the Mines or with railway Contractors.

The Native Commissioner, Chilanga writes in this connection : « The Railways and ballast contractors employ large numbers and pay good wages; I have seen natives whom I considered under taxable age drawing 16/- to 18/-. I doubt if these natives will take to farm work when the ballasting is finished ».

If the loss in time and energy occasioned by the labourer having to walk hundreds of miles to his place of employment could be saved, the potential value of the labour supply would, it may be hazarded, be increased by something like fifty per cent. The native inhabitant of the Tanganyika Plateau to-day walks three hundred miles or more to find employment at sixpence a day rather than be content with twopence nearer home whether it be Northwards to the Sisal plantations of Tanganyika Territory, Westwards to the Katanga, or Southwards to the Mines at Bwana Mkubwa or Broken Hill. It takes him three weeks or more to complete his journey and with a scant and uncertain supply of food on the way he not seldom arrives and engages upon labour to which he is utterly unaccustomed in a half starved and emaciated condition.

No doubt in the near future we shall see him completing the same journey in a motor lorry in two or three days and arriving at the scene of his labours as fit as on the day he left his village.

The employers who first study this aspect of the labour question seriously will undoubtedly reap a generous reward.

The total number of natives of the Territory recruited for work beyond its borders was 11,101 while 9,690 were repatriated.

The details of these are

Recruiting Agent	Recruited	Repatriated
R. N. L. Bureau (S. Rhodesia)..	4,718	5,533
R. W. Yule (Katanga)	6,153	3,774
G. H. Lobb (Tanganyika)	230	383

The amount paid out in deferred wages to repatriates was £45,091:16:2.

The average number of natives in employment at any one time on the Mines in our own Territory was 10,087 and actually in employment at the end of the year 10,946.

An attempt has been made this year for the first time (see Appendix « E ») to estimate the labour done by natives in various classes of employment, the unit taken being the work done by one man for one month. The figures show the adult taxable males of the Territory who number 248,948 as having averaged a little over 2 1/4 months work each during the year. The Luangwa District employing 177,053 units absorbs the largest quantity of labour, and East Luangwa comes next with 136,982 units while Barotse District with by far the largest total native population comes lowest on the list of employers with only 10,976 units.

Among the various industries Agriculture comes first with 192,750 units, more than half of these being allocated to the East Luangwa District, while Mining is second with 113,917 units.

The figures cannot be regarded as more than an approximation, since it is impossible with the machinery at our disposal to get correct returns from all employers in the Territory.

Le recrutement de la main-d'œuvre indigène
dans la colonie de la RHODÉSIE DU SUD

par

Sir Herbert Taylor
Ex-chief Native Commissionner Southern Rhodesia
Membre de l'Institut

RÉSUMÉ

Les dispositions de l'ordonnance n⁰ 16 de 1911, de ses modifications et des règlements établis en vertu de cette ordonnance veillent comme il convient à la sauvagarde des intérêts des indigènes au cours du recrutement et du travail. Avant d'avoir signé un contrat de travail devant les autorités administratives compétentes, l'indigène jouit d'une entière liberté.

Le « Rhodesian Native Labour Bureau » ne recrute qu'un nombre très minime d'indigènes, ceux-ci préférant chercher du travail sans demander l'intervention de cet organisme de recrutement.

Pour les indigènes des pays voisins qui pénètrent dans la colonie à la recherche de travail, le gouvernement a établi des services de passage d'eau gratuits sur les rivières et des dépôts de vivres, dirigés par des fonctionnaires responsables. Les indigènes sont nourris gratuitement jusqu'à leur destination. Des gîtes d'étape et des stations de ravitaillement en eau sont établis sur les principales routes. Un inspecteur du travail est chargé du contrôle de ces services.

Le gouvernement limite le nombre des indigènes nationaux pouvant être recrutés.

Des fonctionnaires, nommés à cette fin, se rendent régulièrement compte des conditions de travail dans les mines et sur

*les chemins de fer, leur inspection porte également sur le loge-
ment et la nourriture des travailleurs. Des dispositions légales
prévoient la nomination d'inspecteurs médicaux, dont le
contrôle porte spécialement sur la santé des travailleurs et
l'observation, par les exploitations, des règlements sanitaires
qui leur sont applicables. Des inspecteurs des mines contrôlent
les installations et les machines dans les mines en vue de la
sécurité des mineurs.*

*Pour les entreprises autres que les mines et les chemins de
fer (agriculture, élevage, etc.), ce sont les commissaires aux
affaires indigènes et leurs adjoints, auxquels sont conférés
des pouvoirs judiciaires, qui contrôlent les conditions de travail; ils règlent également les litiges pouvant s'élever entre
patrons et ouvriers.*

The recruitment and employment of natives in the Colony of SOUTHERN RHODESIA

by

Sir Herbert Taylor

Ex-chief Native Commissionner Southern Rhodesia
Member of the Institute

The latest returns from Southern Rhodesia give the native population of that Colony at 888,090 (see Report of the Chief Native Commissioner for the year 1927 (attached).

It will be seen from this report that the number of native males permanently resident in the Colony from 14 years upwards is given as 233,123. This figure is arrived at by reason of the fact that it is compulsory for every native male of 14 years and upwards to register himself at the office of the native Commissioner of the District in which he is domiciled, as provided for in terms of Section 9 of the Pass Law as amended (N° *A*) in force in that Colony.

On registration taking place the native is issued with a Registration Certificate (N° *B*) on which is endorsed full particulars of his identification, a record of such certificate is kept in the office of the native Commissioner. The possession of this certificate gives the indigenous native absolute freedom of movement in the Colony except when proceeding to certain proclaimed Townships, when it is necessary for him to obtain a pass from his native Commissioner stating the object of his visit to the Township. Should the native desire to enter service anywhere in the Colony, the employer endorses on the certificate in a space provided for the purpose, his own name, date of the entering into service by the native, and the rate of wages stipulated for; the certificate is then returned to the native, see Section 21. In the event of a dispute the production of the certificate in a judicial Court is evidence of the Contract.

With regard to the non-indigenous native, he is obliged immediately on entering the colony to proceed to the nearest Pass Officer — Sections 3 and 4 — when he is issued with a similar certificate (N° *C*) but of a different colour to distinguish him from the indigenous native, in addition to the certificate he is obliged to take out a Pass (N° *D*) to seek work or to visit as the case may be.

The number of indigenous male natives in employment at any one time during the year 1927 is given as 82,750. The number of non-indigenous male natives in employment at any one time during the same period is returned as 97,184 giving a total of 179,934 native males actually employed in the colony. The requirements of the colony at the present time, may be estimated at 180,000. But as the colony's industries expand there will naturally follow an increasing demand for native labour.

Although the indigenous natives are seeking work in increasing numbers, the supply from this source cannot be augmented to any extent, in view of the fact that it is essential for a certain proportion of the able-bodied males to remain at their homes in order to attend to the agricultural, pastoral and other pursuits of their people.

In addition to the number of indigenous natives seeking employment in the colony, it may be mentioned that probably four or five thousand native males leave the colony annually in search of employment in the Union of South Africa, where they remain for twelve months and longer before returning home.

The average period for which an indigenous native works is about six months; there is of course a percentage of the able-bodied men who have severed all connection with kraal life that have permanently settled in the industrial centres as labourers. The non-indigenous native invariably works for twelve months and longer.

Quite an appreciable number of native juveniles both

indigenous and non-indigenous varying in age from ten to fourteen years enter the service of approved employers. It was found necessary in order to safe-guard the interests of these juveniles and of their parents to introduce legislation. See copy of the law regulating thereto (No E). In this regard, I would draw attention to the remarks of the Chief Native Commissioner in his report, page 7. The question of native labour is dealt with generally in this report, pages 5 to 7.

From the above it will be seen that the colony is dependant on its native labour supply to a large extent from outside sources.

The recruitment of native labour in Southern Rhodesia is governed by Ordinance 16 of 1911 as amended and Regulations published thereunder (No F). A study of the Ordinance and Regulations will show that proper provision is made for safeguarding the interests of the natives during recruitment and when in employment, provision is made for the appointment of officials whose duty it is to watch the interests of the natives — referred to hereafter. The legal position of a recruit before a contract with him is entered into before a Native Commissioner or Magistrate is one of entire freedom.

The number of indigenous natives recruited annually for employment is very small probably not more than two thousand. They much prefer to seek work independantly of any recruiting agency. They choose their own sphere of employment and generally leave their homes having some particular destination in view or if necessary seek the advice of the Native Commissioner of their district, when every facility is afforded them in obtaining suitable employment.

Natives entering the Colony from Northern Rhodesia, Nyasaland, and Portuguese Territory in search of employment, sometimes engage themselves to an employer through a licensed Recruiter, but the number so recruited is small compared to the number of immigrants who prefer to seek work independantly.

With the object of assisting the non-indigenous native entering the colony in search of employment, the Southern Rhodesia Government, have provided boats on all the larger Rivers where natives are ferried across at the different landing places free of charge. At all ports of entry food depots are established in charge of responsible officials, natives are issued with free rations, sufficient to take them to their destination. Rest houses and water supplies are provided en route.

An Inspector of native labour is appointed, whose duty it is to visit all ferries, food depots, etc. and to see that the officials entrusted with the care of these immigrants are carrying out their duties in a proper manner. Native Commissioners are also instructed to give these natives reasonable facilities and advice, to ensure them obtaining suitable employment.

An organization known as the Rhodesian Native Labour Bureau was established by Legislation in January 1912 — Ordinance n⁰ 8 — 1911 (N⁰ *G*) whose purpose and object is the collection of coloured labour. Recruiting by this organization is now practically confined to Northern Rhodesia, no recruiting is done in Southern Rhodesia. The only really active zone is what is known as the Barotse Districts, the reason being that the number of Northern natives the Bureau is allowed to recruit is limited and the whole number can be recruited in these areas.

In charge of the recruiting area is a local Secretary who resides at the Headquarters of these Districts and is responsible for the organization of the District. Under him are four European Recruiters, each in charge of operations in a defined area, under each of these is a staff of native Runners, averaging about twenty to twenty-five, who again have each their small circle to operate in.

The Runners business is to make known to all natives in their Districts, the various classes and conditions of labour for which the Bureau are able to enlist recruits, to be on good terms with all the people and to keep the European Recruiters fully informed on all matters affecting recruiting from the native point of view. The Runner sends or takes natives wishing to enlist to the nearest food station or to the European Recruiter if he is near by.

The European Recruiter spends his time constantly travelling in his District, keeping in touch with the natives and supervising runners. He is responsible for the maintenance of adequate food supplies at all food stations and for the placing and upkeep of ferries.

There are chains of food stations on all routes leading to Headquarters and recruits (the same applies to repatriates) are issued with food, free of cost for the journey.

Should any recruit become ill en route, he can stay and be looked after at the food station.

At Headquarters all recruits have again carefully explained to them the conditions of work and the terms under which they are enlisting. They are then medically examined and those passed enter into a contract to travel to Southern Rhodesia and work for twelve months at the particular work they have chosen (i. e. farm, mine, roads, etc.). This contract is carefully explained to the natives by a native Commissioner who may only attest the contract on being satisfied that the natives thoroughly understand it and enter into it of their own free will.

Recruits so attested are then despatched to Southern Rhodesia. On the road there is a chain of food stations where they draw rations.

On arrival at Livingstone they after a couple of days rest, are entrained to Salisbury (breaking the journey for two days rest at Bulawayo) when at Letombo Compound (the main depot) they are detained for a week under medical examination before being distributed to their eventual employer.

The Government has full power to intervene in any way it thinks fit. It is fully aware of all Bureau operations, and is satisfied with the procedure, so does not intervene in any way with actual recruiting.

Government contents itself with restricting the numbers

of natives that may be recruited, and lays down the conditions of service. Its regulations provide for attestation of contracts before a native Commissioner and for medical examination of all recruits.

No European recruiters and native runners can be employed unless licensed by Government, any misbehaviour would entail withdrawal of license in addition to other penalties.

The recruit is medically examined before leaving the District in which he resides and is medically examined at least twice before being sent to an employer. Any recruit becoming ill receives proper treatment in hospital — a fully equippped hospital being maintained for the purpose. Recruits becoming ill at a distance from Letombo are treated in the nearest Government hospital.

Fundamental terms and conditions of contract — copies of contracts giving these are enclosed (No *H*).

As a safeguard the Bureau decline to send labour to any employer against whom complaints having been investigated are found to be well founded.

The conditions under which Natives are employed on Mines and Railways are regularly inspected by officials appointed for that purpose. These Compound Inspectors are seconded from the Native Affairs Department, and are men of wide experience, qualified in the law and native languages.

Their duties among others are to see that proper provision is made for the housing and feeding of the native employers, and for the due observance by the Mines and Railway authorities of the conditions under which the Natives agreed to work for them.

Provision also exists for the appointment of medical Inspectors whose duties are to see that proper provision is made for the health of the natives during employment and for the due observance of the Health Regulations applying to Mines and Railways.

For the security of the mine workers, mining Inspectors

are appointed to examine all works and machinery, to satis-
fy themselves that proper precautions are taken to ensure
the safety of the natives against accidents.

I much regret that through some oversight the Regulations
providing for the Health, Sanitation, Diet, etc. for natives
employed on mines have not been sent me, I however
attach a copy (No J) providing for the housing, sanitation,
feeding, treatment of the sick, etc., of natives employed
on Railways which in many respects is similar to those
applying to Mines. On all the larger mines there is seldom
a shortage of labour, the Mine authorities realize that to
ensure a sufficient and efficient supply of labour, it is to
their interests to make the conditions of employment attractive. Among other attractions every encouragement is
given for the establishment of schools for the education
of the natives, and facilities given for their religious teaching.

On works other than Mines and Railways, such as farms,
ranching, roads, etc., the Native Commissioners and Assistant Native Commissioners, who are also judicial Officers
are authorised in terms of Section 26 of the Native Labour
Regulations Ordinance 16 of 1911, to inspect the conditions
under which natives are employed and to adjust matters
which may arise between employee and employer.

Natives in employment having any cases for complaint
can and do inform the native Commissioner, Compound
Inspector or Police. These complaints are always properly
investigated and action taken against the Employer if
there seems good grounds for it, either under the Master
and Servants Act or under the Native Labour Regulations
as the case may be. The judicial Courts of the native
Commissioners and Magistrates are made easily accessible
to the natives.

Further papers attached :—
Report of the Rhodesian Native Labour Bureau for the
year ending 31st December 1927 (No *K*).

Native Labour (medical) Regulations 1928 Northern
Rhodesia (No *L*).

Rules and Regulations for the supply of natives to members and non-members of the Rhodesian Native Labour Bureau (N° *M*).

Master and Servants, Native Labour and Recruiting Laws and Regulations — Northern Rhodesia Consolidated to 12th. October 1927 (N° *N*).

January, 14th. 1929.   HERBERT J. TAYLOR.

Le Régime

et

l'Organisation du Travail des Indigènes au Congo Belge

RAPPORT

présenté à l'Institut Colonial International

par

Ch. DE LANNOY

Membre de l'Institut
Membre du Conseil Colonial de Belgique
Professeur à l'Université de Gand.

SOMMAIRE

	Pages
INTRODUCTION	89

I. — RECRUTEMENT :

1. Zone et méthode de recrutement	93
2. Mesures prises pour assurer l'efficacité du recrutement	95
3. Mesures prises pour assurer la liberté du recrutement	98
4. Statut du recruté avant l'engagement définitif	99
5. Mesures destinées à assurer la sécurité du recruté et son hygiène	100

II. — LE CONTRAT DE TRAVAIL :

1. Champ d'application du décret	102
2. Durée du contrat	103
3. Obligations légales de l'engagé	103
4. Obligations légales du maître	103
5. Obligations présumées du maître	105
6. Clauses relatives à la fixation et au mode de paiement du salaire	106
7. De la preuve des obligations des parties	107
8. Des sanctions	110
A. — Sanctions répressives	110
B. — Sanctions civiles	111
9. Procédure pour l'application des sanctions	112

III. — MESURES PRISES POUR ASSURER LA SÉCURITÉ ET L'HYGIÈNE DES TRAVAILLEURS | 113

CONCLUSIONS	115

LE REGIME DU TRAVAIL DES INDIGENES
AU CONGO BELGE

Introduction.

Quand le Gouvernement belge se substitua au Gouvernement de l'Etat Indépendant du Congo (15 novembre 1908), il trouva en vigueur en Afrique, une législation très touffue sur le louage de services. Dès ses premières années d'existence, l'Etat Indépendant avait reconnu la nécessité de réglementer ce contrat : le premier décret sur la matière est du 8 novembre 1888. Il fut suivi d'une série d'autres qui le complétèrent et le corrigèrent pour adapter ses dispositions aux besoins d'une organisation économique en rapide développement. Après l'annexion, un nouveau réajustement des textes s'imposa. Mais leur nombre devenait un inconvénient. Il convenait de les reviser, de les coordonner et de les codifier de façon à mettre à la disposition des services administratifs chargés de les exécution, un instrument législatif clair, précis et complet. Ce fut l'objet du décret du 17 août 1910. Mais à l'expérience, certaines des dispositions de ce dernier se montrèrent défectueuses. Des corrections partielles y furent apportées, notamment dès 1912. Finalement, le gouvernement trouva utile de soumettre la matière à une nouvelle revision dont le résultat fut le décret du 16 mars 1922, qui constitue à l'heure actuelle la charte du travail indigène au Congo belge. Pour faciliter la tâche des autorités d'Afrique, le décret de 1922 a conservé le plan adopté par les auteurs du décret de 1910 et n'est en somme qu'une édition revue et corrigée de celui-ci. La tendance générale de la revision a été de renforcer la protection accordée aux employeurs contre le manque de foi des engagés. Comme l'expérience l'avait prouvé, le décret de 1910 s'était trop exclusivement attaché à réprimer les excès de pouvoir des employeurs. Il était indispensable pour maintenir la disci-

pline du travail, de donner aux autorités compétentes le moyen d'obliger les travailleurs à respecter les engagements pris par eux.

Bien que le décret porte le titre de « décret sur le contrat de travail entre maîtres civilisés et indigènes », il traite du recrutement des travailleurs, matière juridiquement étrangère au contrat de travail et qui ne relève pas comme celui-ci du droit civil, mais du droit public et administratif. Mais dans la pratique coloniale, le recrutement est d'ordinaire la formalité préparatoire à la conclusion du contrat de travail. D'autre part, à raison des peines répressives prévues pour la violation de certaines clauses du contrat de travail, celui-ci prend dans une certaine mesure le caractère d'un contrat de droit public et est, comme le recrutement, soumis au contrôle des autorités administratives. Il était donc naturel de régler par un même acte législatif les deux matières, mais la dénomination du décret n'est pas tout à fait exacte.

Le décret du 16 mars 1922, malgré sa portée générale, ne contient pas toutes les dispositions relatives au recrutement et à l'emploi de la main-d'œuvre indigène. Il existe d'autres décrets, antérieurs ou postérieurs, qui règlent l'hygiène et la sécurité des travailleurs (15 juin 1921), qui limitent ou défendent certaines formes d'activité (par ex. décret du 19 mars 1925 sur le portage, du 23 juillet 1927 sur la récolte du copal, décrets sur l'émigration des indigènes, sur les chefferies, etc.).

Avant d'aborder l'exposé des dispositions prises, une remarque d'ordre général s'impose. C'est que la mise à exécution d'une bonne organisation du travail rencontre au Congo des difficultés plus grandes qu'ailleurs à raison du développement, rapide à l'extrême, de la colonie. Depuis la guerre, les entreprises particulières se sont multipliées suivant un rythme croissant et le Gouvernement pour leur permettre de vivre a dû pousser avec toute l'activité possible l'équipement du pays en voies de communication. Il en est résulté une demande continuelle et toujours accrue de main-d'œuvre, à laquelle il n'était pas facile de satisfaire à raison du peu d'aptitudes de la population pour le travail et souvent aussi de l'insuffisance des ressources alimentaires. Pour remédier à cette situation, les au-

torités ont encouragé le plus possible les cultures et accordé libéralement les concessions de terres destinées à l'élevage du bétail. Les effets de cette activité se font déjà sentir. Mais on ne pouvait éviter de réclamer des indigènes un effort exceptionnel pour mettre le pays en état de produire. Grâce à la création d'un puissant outillage de transports par routes, voies ferrées, rivières aménagées, dans peu d'années le dur labeur du portage, si pénible pour l'indigène, ne sera plus qu'un souvenir et la distribution des denrées alimentaires se faisant dans toute la colonie avec régularité, l'équilibre sera réalisé entre les ressources et les besoins. Les sacrifices imposés durant quelques années à la population hâteront le moment où elle bénéficiera d'une organisation du travail pleinement satisfaisante.

D'ailleurs, cette organisation est déjà fort avancée comme l'expose le présent rapport. Employeurs et fonctionnaires s'attachent à la compléter et à la perfectionner. Le 6 août dernier notamment, le Comité consultatif du Travail au Katanga, qui groupe des représentants de l'administration et des entreprises privées, a admis à l'unanimité des voix un projet sur la réparation des accidents du travail qui, s'il est adopté par le législateur, procurera aux travailleurs de la colonie au point de vue de la réparation des accidents des garanties égales à celles qu'ont établies les législations des grands pays industriels d'Europe.

I. — Recrutement.

1. Zone et méthode de recrutement.

En principe, le recrutement est libre. Le législateur a
entendu restreindre le moins possible le droit des indigènes
d'engager leurs services à qui bon leur semble. Il autorise
les gouverneurs de province à défendre qu'il soit procédé
à des opérations d'engagement et de recrutement, mais le
texte (article 44) montre combien le caractère de cette
mesure est exceptionnel : elle ne peut s'appliquer qu'aux
régions déterminées par l'ordonnance, elle doit être justifiée par des raisons d'intérêt public, n'être prise que pour
un temps limité, enfin, dernière garantie, l'ordonnance
qui l'établit doit être motivée. Avant la revision de 1922,
le droit de prendre une telle ordonnance était réservée
au gouverneur général.

Mais à l'expérience, le principe de la liberté des engagements a révélé les inconvénients graves pour l'indigène et
la tendance actuelle est d'y déroger quand l'intérêt des
travailleurs le demande.

Le Gouvernement confia le soin d'étudier la question
dans son ensemble à une commission qui se réunit une
première fois en décembre 1924 et une seconde fois en mars
1928.

Les conclusions de cette Commission ont été publiées
dans deux rapports dont nous croyons utile de reproduire
en annexe à notre étude les passages les plus importants.
On peut résumer de la façon suivante les principes sur lesquels reposent ces conclusions :

1º Maintenir à la base de l'organisation du travail des
indigènes, le principe de la liberté du travail.

2º Veiller à conserver dans les groupements indigènes
traditionnels le nombre d'adultes mâles nécessaires pour

y entretenir la vie et assurer l'existence paisible de la collectivité.

A cet effet, il a été établi que 25 p. c. seulement des mâles adultes pourraient être embauchés pour des travaux à effectuer en dehors de la communauté et de ces 25 p. c., 5 p. c. pour des travaux faisant perdre totalement aux travailleurs le contact avec leur milieu familial.

3º Diviser la colonie en zones économiques suivant les ressources en main-d'œuvre de la région, ces ressources étant appréciées d'après les pourcentages déterminés et les diverses utilisations déjà consacrées.

4º Réduire les besoins en main-d'œuvre par une organisation plus méthodique du travail et l'emploi plus généralisé des machines et outils.

Comme on le voit, la Commission a spécialement étudié le problème de la main-d'œuvre sous l'aspect social qui avait été trop souvent oublié. A cet égard, on peut dire qu'elle a rendu un grand service à la cause coloniale.

Aucune hésitation ne pouvait exister sur la nécessité de réduire au strict nécessaire l'emploi des indigènes comme porteurs, ce genre de travail ayant de graves inconvénients au point de vue économique et moral. Un décret du 19 mars 1925 y a pourvu en permettant aux gouverneurs de province d'interdire l'usage des porteurs soit pour certaines marchandises, soit pour tous les transports, si à raison de l'existence d'un service public ou de l'état des voies de communication, il est possible de se dispenser d'y recourir.

L'année suivante (décret du 19 juillet 1926), le souci d'accomplir avec toute la vigilance possible son rôle de tuteur des indigènes dans les territoires sous mandat du Ruanda-Urundi, détermina le Gouvernement à défendre aux habitants de quitter le territoire sans être munis d'un passeport délivré par les autorités locales.

Un plan d'ensemble a été établi pour proportionner le recrutement aux ressources en main-d'œuvre de chaque région. A cette fin, la colonie a été divisée en zones écono-

miques qui servent entre autres, à établir la quantité de
travailleurs qu'il est possible d'embaucher pour les entreprises européennes, sans menacer l'existence et le développement des communautés indigènes. La délimitation de
ces zones est chose délicate. Il faut tenir compte de multiples
considérations d'ordre géographique, économique et social
pour établir des circonscriptions qui par une uniformité
suffisante de caractère se différencient les unes des autres.
Mais grâce à elle, le Gouvernement a pu adopter une
politique de la main-d'œuvre, qui comporte, il est vrai,
une certaine atteinte aux principes trop libéraux adoptés
au début, mais qui par contre est plus conforme au caractère tutélaire que doit revêtir toute politique coloniale
en ce qui concerne les indigènes.

Il importe de remarquer que certaines dispositions prises
pour sauvegarder les intérêts des indigènes diminuent la
liberté qu'ils ont de s'engager, et restreignent par conséquent
le recrutement, sans cependant viser particulièrement
celui-ci. Il en est ainsi notamment des ordonnances édictées en exécution du décret du 15 juin 1922 sur l'hygiène
et la sécurité des travailleurs et particulièrement de celles
qui défendent d'employer au travail des indigènes qui ne
sont pas porteurs d'un certificat d'aptitude physique
délivré par un médecin. Il en est ainsi encore du décret du
23 juillet 1927 qui défend d'employer à la récolte du copal,
les femmes et les personnes non adultes du sexe masculin.

2. MESURES PRISES POUR ASSURER L'EFFICACITÉ DU RECRUTEMENT.

La loi organique de l'administration coloniale, loi appelée
communément la Charte coloniale, proclame en son article 2:
« Nul ne peut être contraint de travailler pour le compte ou
au profit de particuliers ou de sociétés ». Ce texte interdit
à l'administration l'emploi de tout procédé de contrainte
pour obliger les indigènes à conclure un contrat de travail.
Il est cependant indispensable que les indigènes travaillent
et soient des collaborateurs et non de simples bénéficiaires
du développement économique du pays. Sans entreprises

économiques prospères, la colonisation est une chimère.
L'Afrique centrale retomberait en peu de temps dans l'état
de barbarie où elle se trouvait il y a à peine un demi-siècle,
si l'énergie que lui envoient en courant continu les peuples
des régions tempérées, restait sans effet sur les races indigènes qui constitueront toujours la majorité de la population.

De bonne heure, le Gouvernement a excité les indigènes
au travail en les astreignant à payer en monnaie l'impôt
de capitation très léger qui leur est demandé. Pour obtenir
de l'argent, ils sont obligés d'entrer en relation avec des
entreprises commerciales qui seules peuvent leur en procurer. Mais ce procédé de contrainte indirecte est d'une
efficacité limitée et ne facilite que peu le recrutement. Si
les recruteurs de main-d'œuvre ne sont pas soutenus par
l'administration, leur tâche sera le plus souvent irréalisable.
Le Gouvernement a estimé de son devoir de les seconder
dans toute la mesure où la charte le lui permet. Il a prescrit
à ses fonctionnaires, tout particulièrement aux administrateurs territoriaux qui sont le plus immédiatement en contact avec les indigènes, d'user de leur influence pour déterminer ceux-ci à contracter un engagement.

Les chefs sont, comme il convient, sollicités d'user de leur
influence pour décider leurs sujets à s'engager au service
d'entreprises européennes.

Il est évidemment difficile d'indiquer de façon précise
aux fonctionnaires l'attitude qu'ils doivent prendre. Il
faut compter sur leur tact, leur intelligence pour seconder
le recrutement sans donner aux indigènes l'impression que
les recommandations faites par les fonctionnaires équivalent
à des ordres (1). Une tradition de l'administration belge

____

(1) Le *Recueil à l'usage des fonctionnaires et des agents du
service territorial du Congo belge*, 4ᵉ éd. (1925), pp. 378-379,
contient les instructions suivantes :

« Une des sources importantes de prospérité pour les indigènes
et vers laquelle il convient de les diriger, est la location de leurs
bras à des entreprises dirigées par le Gouvernement ou par des
particuliers; le tout sans compromettre, par un exode trop considérable, la vitalité de leur groupement, soit au point de vue poli-

est de préciser autant que faire se peut, l'étendue des droits et des devoirs des fonctionnaires dans leurs relations avec leurs subordonnés. Cette tradition a été importée dans la colonie. Si elle a pour conséquence d'augmenter notablement l'étendue des textes, elle a ce grand avantage de prévenir les agissements arbitraires et de diminuer les inégalités entre les habitants des diverses circonscriptions en ce qui concerne l'application des lois. Etant donnée cette tradition, la situation actuelle ne pouvait satisfaire le Gouvernement. Aussi a-t-il chargé les commissions consultatives de la main-d'œuvre « de formuler avec netteté et précision les droits et les devoirs des représentants de l'administration dans le recrutement des travailleurs ».

Dans chaque province il existe une commission composée de magistrats et de fonctionnaires ayant pour mission de rechercher les moyens propres à procurer la main-d'œuvre nécessaire aux entreprises de l'Etat ou des particuliers dont l'activité s'exerce dans la province ou près des limites de celle-ci. La commission peut s'adjoindre des membres recrutés parmi les chefs d'entreprises ou prendre l'avis de ceux-ci. Elle crée des sous-commissions dans les districts et fixe leur composition.

Les commissions provinciales se réunissent au moins une fois l'an, les commissions de district au moins une fois par trimestre (ord. du 22 avril 1918 et 11 avril 1927).

Une ordonnance du 16 novembre 1922 a créé un Office du Travail à Léopoldville placé sous la direction d'un fonctionnaire dépendant du gouverneur général et qui est

---

tique, soit en ce qui concerne la productivité du groupement considéré comme tel, et notamment sa productivité en ressources vivrières.

» D'ailleurs, pour concréter leur pensée quant aux avantages que les indigènes peuvent retirer de leur collaboration aux entreprises européennes, nos fonctionnaires auront souvent à indiquer ces entreprises aux natifs et à leur faire connaître les contre-prestations offertes en échange de leurs services. Mais l'autorité devra veiller à ne pas même paraître exercer son influence au profit d'une entreprise au détriment d'une autre, afin d'éviter tout reproche de favoritisme. »

assisté d'un médecin hygiéniste. Il s'occupe principalement du recrutement des hommes nécessaires à l'exécution des travaux publics dans le Bas et le Moyen Congo. Il est l'intermédiaire entre les employeurs et les travailleurs.

Au Katanga (A. R. du 12 septembre 1910) et au Kasaï (A. R. du 22 octobre 1921) existent des bourses du travail. Ce sont des entreprises privées constituées sous la forme de sociétés congolaises à responsabilité limitée qui ont pour objet de faciliter le recrutement et l'emploi de la main-d'œuvre de couleur.

3. Mesures prises pour assurer la liberté du recrutement.

On a vu plus haut que le principe adopté en cette matière est celui de la liberté. S'il vaut pour les indigènes, il doit valoir également pour les recruteurs. C'est pourquoi les dispositions concernant ceux-ci ont-elles uniquement le caractère de mesures de police, dont le but est de permettre à l'administration de veiller à ce que les recruteurs respectent les engagements qu'ils prennent vis-à-vis des recrutés et donnent à ceux-ci les soins nécessaires avant leur arrivée au lieu où sera conclu le contrat de travail.

La loi qualifie recrutement le fait d'amener ou de tenter d'amener des indigènes à quitter leur résidence en vue d'obtenir un emploi à une distance de plus de vingt-cinq kilomètres. Tout recrutement au sens légal comporte donc l'éloignement de l'indigène à plus d'une journée de marche de sa résidence. Des sanctions répressives pouvant aller jusqu'à six mois de servitude pénale menacent : 1° quiconque use de menaces, de promesses mensongères ou de manœuvres frauduleuses pour s'opposer au recrutement ou à l'engagement des indigènes; 2° quiconque excite un engagé à refuser de mauvaise foi, d'exécuter les obligations qui lui sont imposées par le décret, la convention ou l'usage.

4. Statut du recruté avant l'engagement définitif (il vaudrait mieux dire avant la conclusion
du contrat de travail).

Au Congo, le recrutement est d'ordinaire la formalité
préliminaire à la conclusion d'un contrat de travail. Que le
recruteur opère pour lui-même ou pour une entreprise
dont il est le mandataire, ou qu'il le fasse à titre professionnel, la situation est toujours la même : le recruteur ne
rassemble des travailleurs que pour les mener à un endroit
où ils seront employés. De là, la nécessité de lier le recruté
par un contrat qui réglera sa situation depuis le moment
où il accepte les propositions du recruteur jusqu'à celui où
il sera tenu par un contrat de travail. Ce contrat n'a pas de
nom légal. M. Heyse (1) propose de le dénommer contrat
d'embauchage. Les textes qui le concernent s'occupent
presque uniquement des obligations du recruteur. Cependant,
il résulte des règles ordinaires du droit que le recruté doit
faire ce qui est nécessaire pour l'exécution du contrat d'embauchage. Il devra notamment accomplir les étapes fixées
par la loi ou l'usage, obéir au recruteur en cours de route,
respecter les dispositions réglementaires sur la circulation
des noirs, etc. Le décret lui fait une obligation, sanctionnée
de peines répressives, de conserver l'écrit que le recruteur
lui remet au moment de la conclusion de l'accord (art. 36
et 46). Cet écrit mentionne entre autres, le lieu de destination.
Dès le moment où l'embauchage est conclu, le recruté a
l'assurance de trouver du travail à des conditions déterminées lorsqu'il sera arrivé à destination, l'assurance aussi
qu'il sera rapatrié aux frais du recruteur si ce dernier ne lui
procure pas de travail. Au cours du voyage il doit être logé,
nourri, pourvu d'objets de couchage par le recruteur conformément aux règles édictées par l'administration et dont il
sera question ci-après.

____

(1) *Le régime du travail au Congo belge*, p. 6.

5. Mesures destinées a assurer la sécurité du recruté et son hygiène.

Des soins particuliers ont été pris pour que le recruté fasse le voyage de sa résidence à son lieu d'emploi dans des conditions qui ne nuisent pas à sa santé. Les dispositions concernant ce point qui sont contenues dans le décret, ont été précisées par des ordonnances émanant des gouverneurs de province. Toutes, comme le décret lui-même, concernent à la fois le recrutement et le contrat de travail. Une courte analyse de l'ordonnance du 26 mars 1927 prise par le gouverneur du Katanga suffira à montrer l'effort accompli. Les ordonnances en vigueur dans les autres provinces ne diffèrent d'elle que sur des points de détail.

L'article 32 du décret stipule que nonobstant toute convention contraire, le recruteur est tenu : 1º de fournir au recruté, dès le moment où il consent à quitter sa résidence, un logement convenable, une nourriture saine et suffisante, les soins nécessaires en cas de maladie ou d'accident et de lui confier les objets de couchage nécessaires. L'ordonnance du Katanga précise de la façon suivante les obligations du recruteur : il doit remettre au recruté une couverture de laine ou de coton, pesant au moins 1 kil. 600 grammes; veiller à ce qu'il soit pourvu d'un certificat d'aptitude physique, faute de quoi il devra rapatrier à ses frais, les individus inaptes au travail. Tout contingent de plus de 25 recrutés doit être conduit par un convoyeur à choisir en dehors du contingent. Lorsque l'effectif atteint 250 hommes, le convoyeur doit être de race blanche. Les étapes ne peuvent être de plus de 30 kilomètres et doivent être coupées d'un jour de repos après six jours de marche. Des précautions spéciales sont prescrites quand le transport se fait par chemin de fer ou automobile : le transport en wagons fermés par exemple, n'est autorisé que si le parcours ne dépasse pas 150 kilomètres. En cours de route, les recrutés ne peuvent être astreints à aucun travail tel que le portage, la coupe ou le chargement du combustible, le chargement ou le déchargement des marchandises. Les recrutés doivent être logés aux gîtes d'étape.

Les dispositions sont plus sévères en ce qui concerne le recrutement des artisans, ouvriers et porteurs destinés à être employés dans les entreprises commerciales, industrielles ou agricoles du Haut-Katanga industriel. Notamment, le recruteur doit remettre au recruté non seulement une couverture, mais une vareuse; il doit, avant d'obtenir son permis, prouver qu'il dispose de gîtes d'étape en nombre suffisant et pourvus d'installations hygiéniques. Aux gîtes désignés par le gouverneur, doit se trouver un infirmier agréé par le chef du service médical de la province. Enfin, les prescriptions concernant la nourriture sont plus strictes que pour les autres régions de la province.

Si, arrivé au lieu de destination, le recruté n'est pas engagé par un employeur, ou si le voyage est prolongé au delà de sa durée normale, le recruteur doit payer au recruté le salaire prévu au contrat d'embauchage et éventuellement des dommages-intérêts. A moins que le recruté ne refuse de mauvaise foi l'engagement qui lui est offert il peut, s'il est sans emploi, exiger du recruteur d'être rapatrié.

A la demande des autorités chargées de délivrer les permis, tout recruteur est tenu de faire connaître les noms et origines des indigènes qu'il a recrutés et tous les renseignements qu'il possède sur leur sort. Au Katanga, ces autorités sont : dans les arrondissements industriels, les inspecteurs de l'industrie et du commerce et, en dehors de ces arrondissements, les commissaires de district ou les fonctionnaires délégués par eux.

L'article 42 du décret autorise les gouverneurs de province à subordonner la délivrance d'un permis de recrutement au versement d'une garantie. Le gouverneur du Katanga a usé de cette faculté : la garantie varie de 400 à 40,000 francs, si le permis est gratuit. Si le permis est taxé, — c'est-à-dire s'il est délivré à quelqu'un qui ne recrute pas pour lui-même ou pour le compte d'un employeur déterminé, — la caution est de 40,000 francs par permis, sans pouvoir dépasser 100,000 francs pour un même recruteur.

Il ressort de cet ensemble de dispositions que le Gouvernement s'est efforcé de rendre le recrutement aussi peu dommageable que possible pour les populations indigènes et que par l'institution du permis et le cautionnement qu'il exige des recruteurs, il possède le moyen de soumettre ceux-ci à une surveillance efficace.

II. — Contrat de travail.

1. Champ d'application du décret.

Le décret du 16 mars 1922 concerne, comme son titre l'indique, le contrat de travail conclu entre un indigène et un maître civilisé. Cette dernière expression désigne soit un maître qui n'est pas lui-même un indigène du Congo, soit un maître indigène qui, à raison du développement de ses entreprises, est soumis à un impôt personnel autre que l'impôt indigène. Par suite des progrès économiques réalisés au Congo, on rencontre dans plusieurs centres des indigènes qui sont devenus de véritables entrepreneurs et qui engagent et emploient des travailleurs exactement comme le font des maîtres auropéens.

Le décret ne fait aucune distinction entre la nature des services qui font l'objet du contrat. Il s'applique donc aussi bien aux employés et domestiques qu'aux travailleurs manuels.

Tout indigène adulte, qu'il soit majeur ou non, peut valablement engager ses services. A raison de l'impossibilité où l'on se trouve le plus souvent d'établir l'âge d'un indigène, on n'a pu déterminer sa capacité juridique que d'après son aspect physique. S'il est adulte, c'est-à-dire s'il paraît avoir atteint son complet développement, il est considéré comme capable de s'engager.

Le décret établit deux exceptions à cette règle. La première concerne les indigènes adultes placés sous la tutelle de l'Etat ou des associations autorisées : ils ne peuvent jusqu'à leur majorité ou leur émancipation, engager valablement leurs services sans l'assistance de leur tuteur. Cette disposition exceptionnelle a été prise pour éviter que de jeunes indigènes cherchent à s'engager pour échapper à la discipline éducative à laquelle ils sont soumis. La seconde exception concerne la femme mariée : elle ne peut engager valablement ses services sans l'autorisation expresse ou tacite de son mari. Sous le régime du décret de 1910, l'autorité judiciaire pouvait se substituer au mari et autoriser, contre le gré de celui-ci, la femme à engager ses services à un maître. Désormais, il n'en est plus ainsi. Le législateur a estimé que du moment qu'une famille existe, la loi doit la respecter et ne rien autoriser qui puisse la troubler ou la dissoudre. Le décret n'exclut aucune forme de mariage. L'exception existe aussi bien pour la femme mariée suivant la coutume ou religieusement, que pour celle qui l'a été suivant la loi civile.

2. De la durée du contrat.

Aucun contrat ne peut avoir une durée de plus de trois ans. Si explicitement ou implicitement une durée plus longue a été prévue, elle est réduite de plein droit à ce terme. Si la durée n'a pas été prévue et si elle ne résulte pas de la nature du travail, elle est réglée par l'usage, sans pouvoir dépasser trois mois.

3. Des obligations légales de l'engagé.

En dehors de toute stipulation du contrat, l'engagé est soumis à diverses obligations énumérées à l'article 10 du décret. Ces obligations sont celles qui résultent de la nature même de l'engagement, c'est-à-dire que si elles ne sont pas remplies, celui-ci n'a pas de raison d'être.

L'engagé peut évidemment être soumis à d'autres obligations, s'il les a acceptées au moment où le contrat a été conclu.

4. Obligations légales du maitre.

Nonobstant toute stipulation contraire, le maître est soumis aux obligations suivantes :

1º De veiller avec soin à ce que le service ou le travail s'exécute dans des conditions convenables au point de vue de la sécurité et de la santé de l'engagé. Cette prescription d'une portée générale est précisée en de nombreux points par les ordonnances prises en exécution du décret du 15 juin 1921 sur l'hygiène et la sécurité des travailleurs dont il sera question plus loin.

2° Autant que possible de donner à l'engagé les soins nécessaires s'il est malade ou victime d'un accident.

En cas de maladie, il faut distinguer suivant que le contrat a une durée de quinze jours au moins ou une durée plus longue. Dans le premier cas, les soins sont dus jusqu'au jour où le contrat prend fin, sans que l'obligation puisse durer moins de quinze jours. Dans les contrats de courte durée, c'est-à-dire dans ceux de moins de quinze jours, l'obligation a une durée égale à celle du contrat, mais elle ne prend cours qu'à partir du moment où l'engagé cesse de travailler pour cause de maladie. Par exemple, un travailleur est engagé pour dix jours. Il devient malade le huitième jour. Le maître lui doit des soins pendant dix jours. Cette disposition, toute en faveur de l'engagé, qu'il serait impossible de justifier par un argument d'équité, témoigne des sentiments généreux qui ont inspiré le législateur.

En cas d'accident, le législateur a adopté une solution tout aussi arbitraire : l'obligation du maître a une durée double de celle qui lui est imposée en cas de maladie. Dans l'état actuel de l'organisation industrielle au Congo, il n'est pas possible d'introduire dans la législation de la colonie les dispositions adoptées dans la métropole. En Belgique, comme dans la plupart des pays industriels, l'accident survenu au cours du travail est considéré comme un risque professionnel qui doit être supporté à la fois par le patron et par l'ouvrier. D'un côté, le patron a toute la charge de l'indemnité, de l'autre, l'ouvrier n'a droit qu'à une réparation forfaitaire qui ne l'indemnise qu'en partie du dommage subi. Le législateur colonial a évidemment tenu compte du caractère que la législation métropolitaine attribue à l'accident quand il a donné à l'obligation imposée au maître, une durée double de celle qui lui incombe en cas de maladie. Mais il n'a pas entendu en traitant de cette matière dans le décret relatif au contrat de travail, préjuger des dispositions légales qui pourront être prises plus tard pour assurer à l'ouvrier blessé une indemnité équitable. Et il a pris soin de bien marquer que telle n'était pas son intention en insérant dans le texte les mots « sans préjudice aux droits qui lui seraient reconnus par d'autres dispositions légales ». Le droit aux soins en cas d'accident doit en effet pour le moment être considéré au Congo comme distinct du droit à l'indemnité car, même avec une indemnité, l'indigène serait incapable le plus souvent de s'assurer les soins nécessaires. L'intervention du maître est d'ordinaire indispensable.

Le salaire est le prix du service presté par le travailleur. Lorsque celui-ci ne travaille pas il n'a pas droit à une rémunération. Le législateur a cependant sur ce point encore, dérogé à la stricte observation des principes juridiques. Il oblige le maître, nonobstant toute convention contraire, de payer à l'engagé malade ou blessé, le quart du salaire pendant une durée égale à celle pendant laquelle il reçoit les soins médicaux, et même la moitié du salaire, si l'engagé n'est pas logé et nourri par le maître.

4° Enfin le maître doit rapatrier l'engagé dans la région où le contrat a été formé. Si le travailleur lui a été amené par un recruteur, il doit le rapatrier dans la région où le recrutement a eu lieu. Bien entendu l'engagé peut renoncer à ce droit, notamment s'il préfère demeurer dans la région où il a travaillé. La loi l'oblige à réclamer son rapatriement dans le mois où le contrat vient à expiration. Le maître satisfait à son obligation en remettant à l'engagé ou en payant à sa décharge les frais de rapatriement.

5. Obligations présumées du maitre.

A défaut de stipulation contractuelle, le maître est présumé s'être engagé à loger et à nourrir le travailleur. Cette présomption s'explique parce que le plus souvent l'organisation du travail au Congo exige que l'entreprise fournisse aux travailleurs la nourriture et le logement. Le temps n'est pas encore venu où, près des établissements industriels, s'établiront comme en Europe, des agglomérations commerçantes qui procureront aux ouvriers le vivre et le couvert. Le décret autorise cependant le maître à se libérer de ses obligations par un paiement en argent, sauf dans les régions déterminées par le gouverneur de la province. Ce fonctionnaire est chargé de veiller à ce que les travailleurs soient convenablement logés et nourris. Des ordonnances ont été prises qui fixent la composition des rations, l'agencement des logements, etc., de telle manière que les maîtres connaissent exactement l'importance des prestations qui leur sont imposées et que les agents de l'autorité chargés du contrôle, puissent exercer aisément leur mission.

6. Clauses relatives a la fixation et au mode de paiement du salaire.

Le salaire doit être stipulé en monnaie ayant cours légal. Le maître qui viole le décret sur ce point est passible d'une amende ou même d'une peine d'emprisonnement. Néanmoins, le décret ne va pas jusqu'à prononcer la nullité du contrat, ni non plus, en général, la nullité du paiement fait en violation de ses dispositions. Le paiement n'est nul que si, stipulé en argent, il a été payé en marchandises. Par contre il serait valable si, stipulé en marchandises, il a été payé en nature. Le décret sauvegarde en cette matière tous les intérêts des travailleurs en donnant à ceux-ci le droit de réclamer jusqu'à complète libération du maître, l'évaluation en argent du salaire et son paiement en monnaie ayant cours légal. Les tribunaux et certains fonctionnaires désignés par le gouverneur de la province sont compétents pour connaître de cette demande.

Le fait que les contrats où le salaire n'est pas stipulé en monnaie, ne sont pas reçus à la formalité du visa, renforce encore l'efficacité des sanctions prévues.

Comme le dit le rapport du Conseil colonial, le but du

législateur en prenant ces dispositions, a été principalement d'éviter les abus de ce qu'on a appelé en Europe le
truck-system. Mais il a entendu aussi contribuer par là à
répandre l'usage de la monnaie parmi les populations
indigènes.

Le salaire est cessible et saisissable jusqu'à concurrence
d'un tiers lorsque l'engagé est logé et nourri par le maître;
dans le cas contraire, jusqu'à concurrence d'un cinquième.
La quotité cessible et saisissable est plus forte, si la dette
a pour cause une pension alimentaire.

Si l'engagé n'est pas nourri et logé par le maître, son
salaire doit lui être versé chaque semaine et le décret
n'autorise aucune prolongation de délai. Si l'engagé est
logé et nourri, le paiement peut être fait mensuellement.

Est nulle, toute clause faisant supporter par l'engagé le
coût des livrets, médailles, insignes ou autres objets qui
lui sont remis par le maître, soit en vertu d'une disposition
légale ou réglementaire, soit pour les besoins du service,
sauf en cas de perte ou de destruction volontaire.

En cas de désaccord sur le montant convenu du salaire,
si aucune des parties ne peut faire la preuve de son affir-
mation, le salaire dû sera celui en usage dans la région où
le contrat doit être exécuté, en tenant compte tant de
l'âge et des aptitudes de l'engagé que de la nature du travail
comme aussi des circonstances qui peuvent amener momen-
tanément une hausse ou une baisse des salaires.

7. DE LA PREUVE DES OBLIGATIONS DES PARTIES.

C'est en cette matière que le décret qui nous occupe
s'écarte le plus du décret antérieur, celui du 17 août 1910.

Ce dernier décret rendait la formalité du visa obligatoire
pour tous les contrats d'une durée de plus de trois mois
et ne permettait pas au maître de faire la preuve que le
contrat devait avoir une durée plus longue. « Les indigènes,
dit le rapport du Conseil colonial, surtout dans les grands
centres où la main-d'œuvre est rare et fort recherchée,
ont vite compris tout le parti qu'ils pouvaient tirer d'une

telle mesure. Acceptant sans aucune difficulté des contrats de plus de trois mois, ils se refusaient obstinément à passer par la formalité du visa, puis désertaient impunément à tout moment. »

Pour parer à cet abus, le décret de 1922 pose le principe que la teneur des contrats de travail peut être établie par toutes voies de droit, témoins compris.

Certains contrats cependant ne sont valables que s'ils ont été soumis au visa, ce qui implique qu'ils ont été établis par écrit. Ce sont :

1° Les contrats dont la durée est de plus de six mois. Le maître qui néglige de faire viser ce contrat n'en peut plus prouver la durée que par l'aveu de l'engagé, mais il peut prouver par les voies ordinaires que le contrat a une durée de six mois au moins. Dans ce cas l'engagé sera tenu pour six mois. L'absence de visa ne peut être opposée au maître si elle résulte du refus de l'engagé de se présenter à cette formalité;

2° Doivent également être présentés au visa, les contrats qui exonèrent le maître des obligations prévues à l'article 13 (nourriture et logement), ou qui attribuent à l'engagé un salaire inférieur à celui qui, pour les travailleurs de son âge et de ses aptitudes et pour la nature des services qu'il s'est obligé à prêter, est en usage dans la région où le contrat doit être exécuté.

Tout contrat visé fait preuve des conventions des parties. Aucune preuve n'est admise contre et outre les stipulations qu'il contient. A raison du grand intérêt que le maître peut avoir à se mettre à l'abri de toute contestation en disposant d'un titre authentique, la loi l'autorise à présenter au visa tout contrat de travail, même un contrat ne tombant pas sous l'application de l'article 1er du décret. Peut donc être visé un contrat entre Européens. La loi considère avec faveur le contrat authentiqué par le visa. Lors de la discussion du décret au Conseil colonial, certains membres auraient même voulu que le texte montrât davantage que la loi réserve au contrat visé toutes ses faveurs et qu'elle tend à faire entrer le visa dans les habitudes autant que possible. Mais il a été reconnu que dans la pratique, la formalité du visa est inutile pour la majorité des contrats, notamment pour les contrats à court terme qui sont les plus nombreux. On attribue au visa deux grands avantages. Le premier c'est que, en principe du moins, l'autorité compétente ne l'accorde qu'après s'être assurée que l'engagé a une connaissance parfaite des conditions de son engagement. Cette vérification se fait-elle toujours avec soin? Il est difficile de l'admettre quand de nombreux enrôlements ont lieu. Le fonctionnaire ne peut exercer dans ce cas qu'un contrôle très sommaire. Dans beaucoup de cas d'ailleurs ce contrôle est superflu, notamment dans les grandes entreprises où les contrats se répètent suivant une formule que les engagés connaissent bien et s'expliquent les uns aux autres.

Le second avantage c'est que le contrat visé est conservé par l'autorité. Il peut être produit au juge, si celui-ci l'ordonne. Le maître ne peut donc céler des clauses qui lui seraient désavantageuses en évitant de donner communication du contrat. Il en résulte évidemment un supplément de garantie pour l'engagé. Mais celui-ci trouve déjà une garantie que l'on pourrait trouver suffisante, dans les indications que contient le livret qui lui est remis. Ce livret dont la forme est déterminée par le gouverneur de la province, doit être signé par le maître ou son préposé. Il s'y trouve mentionnés, entre autres, la durée de l'engagement, le montant du salaire, les époques où celui-ci doit être payé, etc. Il doit être laissé à l'engagé, même après que celui-ci a cessé ses services.

Sont rejetées sans examen les allégations du maître concernant les paiements effectués, les amendes infligées et les retenues opérées au cours de l'engagement, si l'inscription n'en a pas été faite sur le livret, à moins qu'il ne prouve qu'il ne lui a pas été possible de le faire par la faute de l'engagé ou qu'il y ait preuve écrite, commencement de preuve par écrit ou aveu de l'engagé.

Le maître peut présenter au visa, pour être conservés par lui, plusieurs copies ou extraits conformes à l'original.

8. — Des sanctions.

A. — *Sanctions répressives.*

La loi coloniale commine des peines contre ceux qui violent certaines clauses du contrat de travail.

Celles qui concernent le maître peuvent paraître superflues, puisque dans la généralité des cas les sanctions civiles joueront contre eux au Congo, comme elles jouent dans les pays industriels d'Europe (1).

A l'égard des indigènes, au contraire, ces sanctions sont indispensables. Elles le sont parce que l'ouvrier nègre n'a pas encore acquis ce sens de la responsabilité qui est en Europe la meilleure garantie du respect des engagements par les ouvriers. Elles le sont aussi parce que le nègre n'a pas de patrimoine saisissable et n'est pas en état de payer les dommages-intérêts auxquels il serait éventuellement condamné.

Trois catégories d'infractions sont prévues en ce qui le concerne :

1º Avoir détruit ou rendu inutilisable le livret ou refuser de le présenter au maître, qui le réclame pour y inscrire un paiement, une amende ou une retenue. La peine est au maximum de 50 francs d'amende et de 7 jours de servitude pénale ou d'une de ces peines seulement;

2º Avoir contrevenu de mauvaise foi, dans l'exécution du contrat de travail, aux obligations résultant du décret, de la convention ou de l'usage. La peine peut atteindre deux mois de servitude, plus une amende. Le maximum est de trois mois, si l'engagé a reçu des avances sous quelque forme que ce soit, en vue du travail que, de mauvaise foi, il refuse d'exécuter, ou s'il s'agit d'un porteur de caravane,

---

(1) Lors de la discussion du décret de 1910, le Ministre des Colonies fit cette déclaration assez inattendue : « Ce n'est que par souci d'harmonie que le décret applique les peines au maître comme à l'engagé; mais je suis persuadé que la sanction pénale sera bien rarement appliquée aux blancs. On les contraindra à payer ce qui est dû aux indigènes; c'est l'essentiel. »

ou d'un pagayeur de transport, s'il s'est rendu coupable, soit de désertion, soit d'abandon de charge.

3º S'être rendu coupable d'une infraction grave ou d'infractions répétées à la discipline du travail ou de l'établissement. La peine peut atteindre dans ce cas quinze jours de servitude et 50 francs d'amende. Mais à raison du caractère très variable que peut revêtir cette infraction, le juge jouit d'un large pouvoir d'appréciation. Le décret lui permet d'admonester simplement le prévenu, de le condamner ou non aux frais de la procédure, de prononcer une condamnation, mais en réduisant ou en supprimant les amendes infligées par le maître pour les faits qui ont motivé la condamnation.

On remarquera que les peines prévues sont celles qui sont habituelles en Belgique : l'amende et l'emprisonnement prononcées seules ou cumulativement. Bien que la loi coloniale autorise encore dans certains cas l'emploi des châtiments corporels (décret sur les chefferies, règlements militaires, régime disciplinaire des prisons ou des colonies scolaires), elle ne les a pas prévus pour assurer la discipline du travail.

B. — *Sanctions civiles.*

Les sanctions civiles ordinaires sont applicables au contrat de travail. Ce sont : la rupture ou la résolution du contrat, les restitutions, les dommages-intérêts accompagnés, le cas échéant, de contrainte par corps. On peut y comprendre les sanctions administratives consistant dans l'interdiction de faire du recrutement. Le recruteur qui manque à ses engagements, par exemple, peut comme peine accessoire, être privé pendant une période ne dépassant pas cinq ans du droit d'obtenir un permis de recrutement.

Le contrat peut être résolu sans préavis et avant l'expiration du terme par l'une des parties lorsque l'autre manque gravement aux obligations du contrat ou, en dehors même de ses obligations contractuelles, se rend coupable d'une faute lourde (art. 18 et 19).

Le contrat de travail peut donner au maître le droit d'infliger des amendes pour la répression des infractions à la discipline du travail ou de l'établissement, ainsi que de réduire le salaire à titre d'indemnité pour perte, destruction ou détérioration d'objets lui appartenant, pour malfaçon ou emploi abusif de matériel, de matières premières ou de produits. Le décret fixe les limites de ce droit en déterminant comme on l'a vu plus haut la part cessible et saisissable du salaire. Le total des amendes infligées au cours d'une journée ne peut dépasser le montant du salaire dû pour ce jour et même la moitié de ce salaire, si l'engagé n'est pas nourri et logé par le maître.

9. Procédure pour l'application des sanctions.

Les différends qui peuvent donner lieu à l'application des sanctions civiles sont jugés comme en matière ordinaire. Mais en vertu de l'article 58, les officiers du ministère public peuvent agir au civil par voie d'action principale au nom et dans l'intérêt des noirs qui ont été lésés. L'article 93 du décret du 9 juillet 1923 qui permet à tout tribunal répressif de prononcer d'office des réparations civiles ou des restitutions lorsque ce sont des indigènes qui ont été lésés, s'applique au contrat de travail comme à toute autre matière.

Dans l'application des sanctions répressives aux engagés, la procédure doit être simple, expéditive et rapide. La condamnation doit suivre d'aussi près que possible l'infraction. A cette fin l'article 50 permet à tout agent de l'autorité ou de la Force publique, sur la simple réquisition de l'employeur ou de l'un de ses agents, de contraindre l'engagé à comparaître immédiatement devant l'officier du ministère public ou le juge, s'il est inculpé de l'une ou l'autre des infractions à la discipline du travail prévues aux articles 46, 47 et 48 du décret et s'il se trouve dans un rayon de 25 kilomètres, c'est-à-dire à moins d'une journée de marche du lieu où siège l'autorité compétente. Si le maître ne demande pas la rupture de l'engagement et si par conséquent l'engagé reste obligé de le servir, le juge, même en cas d'acquittement, peut ordonner que l'engagé soit reconduit chez son maître ou patron.

Si l'engagé a pris la fuite et n'a pu être rejoint avant de s'être éloigné à plus de 25 kilomètres du siège d'une autorité judiciaire, il ne pourra être poursuivi que dans les formes ordinaires.

III. — Mesures prises pour assurer la sécurité et l'hygiène des travailleurs.

Le législateur a reconnu l'impossiblité de déterminer par une loi ou un décret les mesures propres à assurer la sécurité et l'hygiène des travailleurs. Les situations qu'il s'agit de régler et de surveiller sont trop variées et trop changeantes pour s'accommoder de dispositions générales formulées de loi et par des organes dont le fonctionnement est relativement lent. Aussi s'est-il borné à déléguer au gouverneur général le soin de « prescrire les mesures propres à assurer la sécurité et l'hygiène des artisans, ouvriers et porteurs employés dans les entreprises commerciales, industrielles ou agricoles, d'exploitation publique ou privée » (Décret du 15 juin 1921).

Les mesures ordonnées peuvent être imposées tant aux travailleurs qu'elles concernent qu'aux chefs d'entreprise et à leurs gérants ou préposés.

Le gouverneur général est autorisé à sanctionner ses ordonnances de peines allant jusqu'à un mois de servitude pénale et 2,000 francs d'amende. Il peut déléguer tout ou partie de ses pouvoirs aux gouverneurs de province. Il a usé de ce droit. Aussi aujourd'hui la réglementation très touffue concernant la matière dont il est ici question, comprend des ordonnances générales applicables à la colonie entière et des ordonnances provinciales.

Le décret pour assurer l'observation des règlements a proclamé le droit des autorités de faire inspecter les locaux où le personnel engagé est employé, logé et nourri.

Les mesures prises concernent les objets suivants :

1º La surveillance des établissements considérés comme dangereux, insalubres ou incommodes. Ils ne peuvent être mis en exploitation que moyennant l'octroi d'un permis;

2º La déclaration des accidents du travail;

3º L'hygiène des travailleurs qui comprend le contrôle de leurs aptitudes physiques, la quantité et la nature des aliments qui doivent leur être fournis, la disposition des camps, des dortoirs, des latrines, l'organisation du service médical, etc.

Des fonctionnaires appelés inspecteurs de l'Industrie sont chargés de veiller à la stricte application des règlements. Ils ont pour ressort une circonscription portant le nom d'arrondissement industriel dont les limites sont fixées par des ordonnances.

En vue de perfectionner cette réglementation et d'accroître son efficacité sans qu'elle constitue une entrave aux progrès économiques du pays, le gouverneur général, par une ordonnance du 2 juin 1927, a placé auprès de chaque gouverneur de province, un comité consultatif du travail et de l'industrie, appelé à donner son avis sur les questions relatives à l'hygiène, à la sécurité et, d'une façon générale, à la situation morale et matérielle des travailleurs indigènes.

Ce comité comprend cinq fonctionnaires siégeant au titre de leur office et cinq notables résidant dans la province, nommés par le gouverneur pour un terme d'un an, à l'expiration duquel ils peuvent être renommés.

CONCLUSIONS

Le régime du travail au Congo belge est dominé par le principe de la liberté des engagements. La charte, Loi organique de l'administration coloniale, proclame en son article 2 : « Nul ne peut être contraint de travailler pour le compte ou au profit de particuliers ou de sociétés. »

Le contrat de travail revêt dans la pratique deux formes : celle du contrat à court terme (journée, semaine ou durée indéterminée), qui se fait verbalement et celle du contrat à long terme (six mois à trois ans) qu'il est de l'intérêt du maître de faire par écrit afin de pouvoir le soumettre au visa de l'autorité.

Le législateur a pris en faveur de tous les salariés un certain nombre de dispositions. Le maître doit veiller à ce que le travail s'exécute dans des conditions convenables au point de vue de la sécurité et de la santé de l'engagé. Il doit faire donner à celui-ci les soins en cas de maladie ou d'accident pendant un temps proportionné à la durée du contrat. Sauf convention contraire, le maître doit loger et nourrir le travailleur. Le salaire doit toujours être stipulé en argent et il ne peut être payé en marchandises que du consentement du salarié.

Bien que ces dispositinos s'appliquent à tous les travailleurs, il en est naturellement qui ne présentent guère d'intérêt que pour les engagés à long temre, telles celles qui concernent le logement et la nourriture. Les engagés de cette catégorie sont fort nombreux, car, en raison de la faible densité de la population, les grandes entreprises doivent souvent recruter leurs ouvriers à de grandes distances et elles ne pourraient supporter les frais de transports si ceux-ci n'étaient faits pour un contrat d'assez longue durée.

Le recrutement organisé des travailleurs a, au Congo, une grande importance. Le législateur a dû veiller à ce qu'il se fasse sans donner lieu à des abus. De là les nombreuses dispositions qui le concernent.

La violation des clauses du contrat de travail peut donner lieu à des sanctions ou civiles ou pénales. Ces dernières devront être maintenues aussi longtemps que les travailleurs n'auront pas acquis un sens suffisant de la responsabilité et une situation économique qui permette une application efficace des sanctions civiles.

CH. DE LANNOY.

Le Régime

et

l'Organisation du Travail des Indigènes

dans les

Colonies Françaises de l'Afrique

PAR

Henry SOLUS

Professeur à la Faculté de Droit de l'Université de Poitiers
Membre de l'Institut.

SOMMAIRE

OBSERVATIONS PRÉLIMINAIRES.   Pages.

1. — Travail libre et travail forcé 121
2-3. — Les problèmes à examiner 125
4. — Historique et sources de la réglementation 127
5. — Plan des développements 130

§ 1. — RECRUTEMENT.

6. — I. Réglementation de l'émigration des travailleurs 131
7. — II. Réglementation de l'immigration des travailleurs 134
III. Réglementation du recrutement des travailleurs originaires de la colonie employés sur le territoire de celle-ci 136
8. — Recrutement et embauchage 136
9. — Rôle des Offices du travail 138
10. — Examen médical 138
11. — Transport 139
12. — Rapatriement 139

§ 2. — LE CONTRAT DE TRAVAIL.

13. — Formes des engagements de travail : Le contrat de travail 141
14. — Durée 142
15. — Contenu 143
16. — Formalités de rédaction 144
17. — Délivrance du livret d'identité ou de travail 144
18. — Rôle de l'Administration dans la conclusion des contrats de travail 145
19. — Résiliation du contrat et abandon du travail 146
20. — Sanctions pénales 147
21. — Règlement des contestations relatives aux contrats de travail : Les Conseils d'arbitrage 150

§ 3. — LES CONDITIONS DU TRAVAIL.

22. — Age et aptitude physique des travailleurs 153
23. — Dispositions spéciales aux femmes 154
24. — Durée de la journée de travail 154
25. — Repos 155

Pages.

26 à 31. — Dispositions relatives aux salaires......... 156
           a) Taux minimum du salaire......... 156
           b) Mode et époque de règlement....... 156
           c) Avances 157
           d) Retenues 157
           e) Constitution d'un pécule........... 158
   32. — Nourriture des travailleurs 158
   33. — Logement des travailleurs 159
   34. — Habillement des travailleurs 160
35 à 37. — Mesures relatives à la santé des travailleurs. 160
           a) Organisation sanitaire et prophylaxie.
           b) Soins et prestations en cas de maladie.
   38. — Dispositions régissant les accidents et maladies
        du travail 164
   39. — Sanctions pénales 169
   40. — L'inspection du travail................. 170
   41. — Dispositions relatives à l'apprentissage...... 171
Conclusions 173

I. — **Travail libre et travail forcé.** — Il est essentiel d'observer tout d'abord qu'il ne sera traité dans ce rapport que du régime et de l'organisation du travail libre.

Ce n'est pas que nous ignorions les controverses relatives au travail dit obligatoire ou forcé des indigènes dans les colonies. On a fait et on continue de faire autour d'elles beaucoup de bruit.

A notre avis, l'expression de *travail forcé* qui évoque en droit français l'idée d'une peine criminelle ne doit pas, à raison de la confusion et de l'équivoque qu'elle peut faire naître, être employée pour qualifier le travail des indigènes dans les colonies françaises.

Au surplus, et spécialement dans les colonies françaises de l'Afrique, le principe est que le travail des indigènes est libre.

Ce principe est respecté d'une façon catégorique et absolue en ce qui concerne le travail accompli pour le compte des particuliers; et les récents décrets qui réglementent le travail indigène ont pris toutes mesures utiles pour protéger et assurer la liberté de l'engagement de travail des indigènes (1).

Sans doute, relativement à certains travaux entrepris pour des fins d'utilité publique ou générale, a-t-on pu relever des procédés qui semblent constituer des exceptions à la règle du travail libre; on a cité notamment le prélèvement de travailleurs sur la seconde portion du contingent indigène et le régime des prestations. Mais ces institutions,

____

(1) Cf. les textes analysés *supra*, n° 18.

qui aboutissent sans doute à obliger les indigènes à certains travaux, se justifient par des considérations de droit public tout à fait rationnelles et décisives : le prélèvement de travailleurs sur la seconde portion du contingent indigène est un succédané et un diminutif du service militaire; et le régime des prestations est une institution du droit fiscal.

a) *Le prélèvement de travailleurs sur la seconde portion du contingent indigène* fonctionne à Madagascar (décret du 3 juin 1926 et A. G. G. du 26 novembre 1926) et en Afrique Occidentale française (décret du 31 octobre 1926 et A. G. G. des 4 décembre 1926 et 23 mai 1927).

Les indigènes de ces colonies étant soumis au service militaire, mais la première portion du contingent étant seule appelée, le prélèvement de travailleurs sur la seconde portion du contingent a été envisagé comme un succédané du service militaire, succédané qui vise des fins essentiellement sociales et utilitaires, puisque les travailleurs appelés ne peuvent être utilisés qu'en vue de l'exécution de travaux d'intérêt général.

On ne peut en donner de plus succinte et de meilleure justification que celle qui résulte de l'appréciation de la section *indigène* (le fait est à noter) des Délégations administratives et financières de Madagascar, laquelle a unanimement exprimé « sa satisfaction de voir préconiser un régime susceptible d'apporter l'égalité dans les obligations qui pèsent sur la jeunesse et de permettre la réalisation des travaux d'intérêt d'utilité générale ».

Par ailleurs, M. Perrier, Ministre des Colonies, fait valoir, dans le rapport qui précède le décret du 3 juin 1926, des considérations qui méritent d'être retenues. « Cette mesure, écrit-il, m'a paru non seulement au point de vue spécial des travaux, mais encore au point de vue moral et social, susceptible d'avoir une portée des plus heureuses. Elle permettra, en effet, de rapprocher de nous, de la vie civilisée, des hommes dont beaucoup trop encore végètent misérablement au fond de leurs forêts ou de leurs savanes. Leur incorporation dans des unités bien encadrées, bien administrées, pourvues d'un service médical soigneusement organisé, leur utilisation à des travaux judicieusement fixés, sera pour eux une occasion d'être bien nourris, bien vêtus et de recevoir les soins qui leur ont toujours fait défaut. Ils acquerront ainsi et ils conserveront, il faut l'espérer, l'habitude de s'alimenter convenablement, de porter des vêtements, de s'accoutumer au travail, de se soumettre à certaines règles d'hygiène dont l'observation sera profitable non seulement à eux-mêmes, mais aussi, une fois de retour dans leurs foyers, à la collectivité entière, par voie d'exemple. Par surcroît l'installation de terrains de culture et de jardins à proximité des camps permettra d'initier ces indigènes à l'usage de nos instruments de travail que la plupart ne connaissent pas, à nos méthodes, ainsi qu'à des cultures qu'ils ignorent pour la plupart. L'organisation de conférences très simples sera également une occasion de leur ouvrir des horizons tout à fait nouveaux en matière de travail, de production, d'hygiène, etc. Ainsi la valeur sociale de chacun d'eux sera accrue, et les possibilités d'évolution et de développement de la colonie en seront augmentées, en même temps que s'exécuteront des travaux qui y contribueront pour une part décisive. A un autre point de vue, l'armée, en cas de mobilisation générale, bénéficiera de la discipline et de l'instruction qu'auront acquise des hommes qu'il lui sera ainsi possible, s'il est nécessaire, d'utiliser immédiatement dans les bataillons d'étapes du génie, par exemple. »

b) Quant au *régime des prestations,* il doit être considéré moins comme une forme de travail forcé que comme l'expression de préoccupations d'ordre fiscal. Les prestations ne sont, en réalité, qu'une sorte d'impôt payé en nature. Et si leurs avantages militent en faveur de leur existence et de leur maintien en France et dans de nombreux pays civilisés, il doit en être de même, et à plus forte raison encore, dans les colonies. En effet, plutôt que de demander aux indigènes une contribution en argent qui, pour eux, peut être très onéreuse, il est à coup sûr préférable de leur demander de fournir quelques journées de travail en vue de l'accomplissement de travaux dont ils seront les premiers à bénéficier.

Sans doute quelques abus ont-ils pu être commis qui ont pu rendre les prestations impopulaires et ont donné des armes à des observateurs superficiels.

Mais, c'est précisément pour prévenir ces abus qu'a été récemment refondue et améliorée la réglementation des prestations sur le continent africain *(Afrique Occidentale)*, A. G. G., du 23 septembre 1918 qui renvoie aux textes spéciaux : Mauritanie et Territoire militaire du Niger, A. G. G. du 20 décembre 1918; Dahomey A. L. G. des 8 février 1919 et 25 juillet 1921; Sénégal, A. L. G., du 29 mars 1919; Guinée, A. L. G. du 17 juillet 1919; Côte d'Ivoire, A. L. G. du 10 novembre 1925; Soudan, A. L. G. des 14 février 1919 et 5 août 1921; Haute-Volta, A. L. G. du 14 février 1919 et du 14 septembre 1920; *Afrique Equatoriale*, A. G. G., du 7 janvier 1925 et Circulaire Gouv. génér. du 16 mai 1925; Gabon, A. L. G. du 10 octobre 1927; Moyen-Congo, A. L. G. du 14 décembre 1927; Tchad, A. L. G. du 31 août 1927; Oubanghi-Chari, A. L. G. du 21 novembre 1927; *Madagascar*, A. G. G. du 3 novembre 1920 modifié par A. G. G. des 25 janvier 1924, 10 avril 1924, 16 novembre 1926 et 13 avril 1927). Et l'on peut dire aujourd'hui que la réglementation étroite qui résulte de ces textes est à l'abri de la critique.

Sans entrer dans le détail, et pour nous en tenir aux dispositions essentielles qui figurent dans les différents textes, signalons :

Que le nombre des journées de prestations a été peu à peu réduit; il varie aujourd'hui suivant les colonies, de 10 à 15 jours de travail par an au maximum; que les journées de prestations ne peuvent être demandées qu'en dehors des périodes de culture et de cueillette et de façon à ne pas nuire aux travaux agricoles;

Que les prestataires ne doivent pas être employés à une trop grande distance de leur résidence habituelle et qu'ils touchent, le cas échéant, une ration journalière de vivres ou une indemnité représentative;

Que des dispositions spéciales exemptent des prestations certaines catégories de personnes, compte tenu de leur âge, de leur sexe, de leur situation de militaires ou de fonctionnaires, et qu'elles permettent à d'autres de racheter les prestations en argent;

Enfin que le programme des travaux à effectuer par le moyen des prestations doit être rigoureusement fixé et suivi et qu'il ne peut s'agir que de travaux dont le caractère d'utilité publique et générale justifie la participation des prestataires (travaux d'hygiène et de salubrité; établissement et entretien des routes, pistes et sentiers; entretien et réfection des ponts, etc...)

La question du prétendu travail forcé étant donc éliminée, et étant donné qu'il ne s'agira que du régime et de l'organisation du travail libre, quels sont les problèmes à examiner ?

2. — Les problèmes à examiner : *a)* **La question du recrutement des travailleurs.** — La question qui a, la première, attiré l'attention du législateur colonial africain en ce qui concerne le régime et l'organisation du travail est celle du recrutement des travailleurs. Et cela n'a rien que de naturel, étant donné la faible densité de la population (Afrique Occidentale : 3,6 habitants par kilomètre carré; Afrique Equatoriale : 1,4 habitants par kilomètre carré; Madagascar : 4 habitants par kilomètre carré; contre 28 habitants par kilomètre carré en Indochine).

Désireux d'assurer aux entreprises de colonisation, — quel qu'en soit le caractère, publiques ou privées, — la main-d'œuvre dont elles ont besoin, on a été amené tout d'abord, selon les colonies et selon leurs ressources en population, à prendre l'une ou l'autre et parfois l'une et l'autre des mesures suivantes :

D'une part, empêcher l'exode des travailleurs originaires de la colonie en réglementant *l'émigration*;

D'autre part, suppléer au défaut de la main-d'œuvre locale en réglementant *l'immigration*.

Enfin, et se plaçant cette fois en face du problème de l'utilisation de la main-d'œuvre qu'offre la colonie même pour les travaux qui doivent être effectués dans cette colonie, on a dû réglementer *le recrutement des travailleurs originaires de la colonie employés sur le territoire de celle-ci.*

Cette triple réglementation tend essentiellement à satisfaire des fins utilitaires et humanitaires : fins utilitaires en ce sens qu'elle a pour but d'assurer dans les colonies la main-d'œuvre dont celles-ci ont besoin; fins humanitaires en ce sens qu'elle tend à protéger les indigènes contre les abus auxquels ils peuvent être soumis; les exemples n'ont pas manqué, en effet, d'indigènes qui avaient été amenés à souscrire des contrats d'engagement constituant une véritable exploitation, parfois doublée de mauvais traitements, qui avaient été abandonnés sans ressources par les engagistes loin de leur pays d'origine et qui avaient dû être rapatriés aux frais des budgets locaux.

3. — *b)* **La question du contrat de travail et des conditions du travail.** — Le problème primordial du recrutement des travailleurs étant résolu, le législateur colonial africain s'est préoccupé de la réglementation du contrat de travail lui-même et des conditions du travail. Il s'y est surtout appliqué depuis une vingtaine d'années et son effort a été, à une époque récente, particulièrement remarquable.

S'agissant de conventions passées entre travailleurs indigènes et employeurs, l'action du législateur colonial a tendu vers une réglementation susceptible de donner satisfaction à la double préoccupation suivante :

D'une part, garantir d'une manière efficace la liberté des travailleurs indigènes, les mettre à l'abri des abus auxquels les exposent leur ignorance et leur infériorité, tant au point de vue de la conclusion des contrats de travail que des conditions mêmes du travail.

D'autre part, et réciproquement, protéger l'employeur contre la mauvaise foi possible du travailleur indigène qui peut, si facilement en fait, étant donné sa fréquente insolvabilité et sa mobilité, se soustraire à l'exécution de ses engagements.

On est ainsi arrivé, dans chacune des colonies françaises

du continent africain, après quelques essais et des tâtonnements inévitables, à une réglementation tout à fait moderne du régime du travail.

4. — Historique et sources de la réglementation du travail. — *a) Afrique Occidentale française.* — Les premiers textes mis en vigueur étaient relatifs à l'émigration des travailleurs : arrêté du Gouverneur de la Côte d'Ivoire du 11 janvier 1894, décrets des 17 juin 1895 et 12 janvier 1897 (Sénégal), décret du 25 octobre 1901 (Côte d'Ivoire), décret du 14 octobre 1902 (Dahomey), arrêté local du 30 mars 1903 (Guinée); ces textes viennent d'être remplacés par le décret du 24 avril 1928 qui s'applique à toute l'Afrique Occidentale.

Puis étaient apparus quant à la réglementation proprement dite du travail, des dispositions concernant les exploitations forestières à la Côte d'Ivoire, un décret du 10 juin 1910 sur les détournements d'avances et un arrêté du Gouverneur général du 10 octobre 1918 réglementant la main-d'œuvre dans le port de Dakar.

Enfin, disposant en termes tout à fait généraux et pour toute l'étendue de la colonie, fut promulgué le décret du 22 octobre 1925 qui réglemente le travail indigène. Ce décret est le fruit d'une consultation très large tant auprès des lieutenants-gouverneurs des différentes colonies dont se compose l'A. O. F., qu'auprès des chambres de commerce (organes autorisés de la colonisation) et des conseils de notables (représentants qualifiés de la population indigène). Il a surtout pour but de poser des principes directeurs, laissant au Gouverneur général et aux lieutenants-gouverneurs le soin de déterminer les modalités d'application de la réglementation en les modelant sur place d'après l'évolution économique et sociale, d'après le stade de développement auxquels sont parvenues les différentes colonies du groupe. C'est ainsi qu'ont été pris l'arrêté du Gouverneur général du 29 mars 1926 accompagné des Instructions du Gouverneur général du 29 mars 1926, et les arrêtés des lieutenants-gouverneurs *a)* de la Côte d'Ivoire du 15 mars 1927, *b)* du Dahomey du 17 août 1927, *c)* de la Guinée du

30 août 1926, *d)* de la Mauritanie du 6 novembre 1926 et *e)* du Soudan des 14 octobre 1926, 5 décembre 1926 relatif aux faux engagements et 6 septembre 1927 réglementant les conditions d'exercice du travail des indigènes engagés par l'administration.

b) Afrique Equatoriale française. — Un décret du 3 juillet 1901 commença par réglementer l'émigration; puis intervint dans ce domaine l'arrêté du Gouverneur général du 29 juillet 1904.

Quant à la réglementation du travail, elle fit successivement l'objet des décrets du 11 mai 1903 et 28 mai 1907, de la circulaire du Gouverneur général du 1er juillet 1907, du décret du 7 avril 1911, de la circulaire du Gouverneur général du 10 octobre 1911, du décret du 15 juillet 1912 et du décret du 14 avril 1920, ce dernier réprimant les détournements d'avances commis par les indigènes. Mais, au fur et à mesure que se développaient en A. E. F. les grands travaux publics et les entreprises commerciales, industrielles et agricoles, cette réglementation parut insuffisante. Elle fut refondue par le décret du 4 mai 1922 dont les détails d'application ont été réglés par l'arrêté du Gouverneur général du 11 février 1923 modifié le 7 avril 1927.

A cette réglementation fondamentale, il convient d'ajouter l'arrêté du Lieutenant-gouverneur du Moyen-Congo du 28 octobre 1924 interdisant d'employer les femmes enceintes ou ayant des nourrissons dans les chantiers publics ou privés et les arrêtés du Gouverneur général du 13 septembre 1926 réglementant le contrat d'apprentissage, du 3 janvier 1927 instituant un livret de travail et du 18 janvier 1927 complétant l'organisation du service médical de service de la main-d'œuvre indigène.

c) Madagascar. — L'émigration fut l'objet d'un arrêté du Gouverneur général du 29 avril 1897 approuvé par un décret du 10 juin 1897, puis d'un décret du 6 mai 1903. Un autre décret de même date réglementa l'immigration et les engagements de travail des immigrés.

En même temps étaient apparus les premiers textes réglementant et organisant le régime du travail des indigènes : arrêtés du Gouverneur général du 16 janvier 1900 (réglementant le travail des indigènes engagés par les particuliers ou par les services publics), du 31 décembre 1900 (créant l'office du travail) et du 7 mars 1901 (relatif au visa des engagements de travailleurs); décrets des 22 octobre 1905, 19 novembre 1909, 20 juin 1910 et 22 octobre 1913 (sur les conseils d'arbitrage); arrêté du Gouverneur général du 20 mai 1911 (sur les offices du travail). Puis, l'effort économique réalisé après la guerre entraîna le remaniement de cette législation : arrêtés du Gouverneur général du 19 août 1920 (instituant une commission du travail dans chaque province), du 20 août 1920 (relatif aux contrats dᵉ travail dans la colonie), du 18 avril 1921 (trois arrêtés : le premier modifiant et complétant l'A. G. G. du 20 août 1921, le second instituant une commission du travail dans chaque province et éventuellement dans les districts importants, le troisième instituant une inspection du travail); décrets du 10 juin 1921 (portant réorganisation des conseils d'arbitrage du travail indigène) et du 28 août 1921 (réprimant le vagabondage et le délit d'engagement fictif).

Cette multiplicité de dispositions n'allait pas sans inconvénients. Et comme, d'autre part, certaines d'entre elles ne répondaient plus aux nécessités de l'heure présente, il fut décidé de condenser en un seul acte, tout en les modifiant et les améliorant, les textes sur lesquels s'appuyait la réglementation du travail. Tel a été spécialement le but du décret du 22 septembre 1925 qui « tend à assurer la stabilité de la main-d'œuvre, à lui garantir une rémunération en harmonie avec l'augmentation du coût de la vie, à donner aux employeurs une sécurité devenue précaire et à assurer le réglement ʾmpartial et rapide des différends pouvant naître de l'exécution des contrats intervenus ».

d) Togo et Cameroun. — Les obligations dérivant pour elle du Traité de Versailles et du pacte de la Société des Nations, non moins que ses tendances propres, devaient inciter la France à édicter, dans les pays placés sous son mandat, une réglementation du travail des indigènes. C'est ainsi que furent mis en vigueur :

Au Cameroun, le décret du 4 août 1922 portant réglementation en matière de travail indigène et dont les dispositions ont été complétées par les décrets du 9 juillet 1925 et du 13 février 1926.

Au Togo, le décret du 29 décembre 1922 portant également et de même manière réglementation en matière de travail indigène auquel il convient d'ajouter les arrêtés du commissaire de la République des 25 mai 1923 (instituant des contrats de travail, livret de travail et contrôle du personnel), 27 octobre 1924 et 11 décembre 1925 (réglementant la visite sanitaire des travailleurs des chantiers publics et privés).

Le recrutement de la main-d'œuvre indigène a été réglementé au Cameroun par un arrêté local du 18 février 1921 ; et au Togo l'émigration des travailleurs indigènes a fait l'objet du décret du 1er mars 1927.

5. — **Plan des développements.** — Envisageant la réglementation du travail en vigueur dans l'Afrique Occidentale Française, dans l'Afrique Equatoriale Française et à Madagascar, et laissant de côté (à raison de ses similitudes avec celle de l'Afrique Occidentale et de l'Afrique Equatoriale), la réglementation établie au Cameroun et au Togo, nous nous placerons successivement aux trois points de vue suivants :

1º Le recrutement;

2º Le contrat de travail;

3º Les conditions du travail.

§ 1. — RECRUTEMENT.

Les questions que soulève le recrutement des travailleurs dans les colonies ont trait, ainsi qu'il a été dit précédemment :

1º A la réglementation de l'émigration;

2º A la réglementation de l'immigration;

3º A la réglementation du recrutement des travailleurs originaires de la colonie, employés sur le territoire de celle-ci.

I. — Réglementation de l'émigration des travailleurs.

6. — C'est sur la côte de l'*Afrique Occidentale* où les navires de passage recrutaient les indigènes *(crewmen,* d'où le nom de Côte de Krou) qu'apparurent les premiers textes réglementant l'émigration des travailleurs et ayant pour but d'éviter un exode sans contrôle de la main-d'œuvre qui peut être indispensable à la colonie : arrêté du Gouverneur de la Côte d'Ivoire du 11 janvier 1894, décrets du 17 juin 1895 et 12 janvier 1897 pour le Sénégal. Puis la réglementation fut refondue pour la Côte d'Ivoire par le décret du 25 octobre 1901 et étendue au Dahomey par le décret du 14 octobre 1902 et à la Guinée par arrêté local du 30 mars 1903. Cette réglementation vient d'être profondément remaniée et généralisée à toute l'Afrique Occidentale par le décret du 24 avril 1928.

Elle comporte une triple interdiction :

a) Aucun indigène ne peut quitter la colonie sans être porteur d'un permis d'embarquement délivré par le Lieutenant-gouverneur de la colonie ou son délégué (art. 1).

b) Nul ne peut entreprendre d'opérations d'engagement ou de transport de travailleurs sans l'autorisation du Lieutenant-gouverneur de la colonie où doit s'opérer le recrutement (art. 6). Les personnes ainsi autorisées peuvent être tenues de fournir un cautionnement dont l'affectation, le quantum et les conditions de versement et de remboursement seront fixées par les Lieutenants-gouverneurs. En outre, il est perçu pour chaque indigène engagé à destination d'un territoire étranger un droit fixe de 500 francs au profit du budget local, qui sera remboursé à la demande des intéressés si l'indigène regagne la colonie dans un délai maximum d'un an après son engagement (art. 7 et 8).

Ces autorisations de recrutement peuvent être refusées, suspendues ou retirées par décision du Lieutenant-gouverneur en cas d'abus grave ou toutes les fois que la situation économique ou politique de la colonie rendra cette mesure indispensable (art. 9.). Par ailleurs, le lieutenant-gouverneur de la colonie où s'opère le recrutement fixe le nombre d'indigènes que les particuliers et les compagnies ou agences peuvent recruter (art. 10); et il a toujours le droit de contrôler, par lui-même ou ses agents, les conditions d'hygiène et de sécurité dans lesquelles sont opérés le recrutement, l'acheminement sur le port d'embarquement et le transport des émigrants. Et les recruteurs et transporteurs doivent, sous peine de retrait immédiat de l'autorisation, satisfaire à toutes les injonctions de l'administration, notamment en ce qui concerne la nourriture, le logement et les soins médicaux à fournir aux émigrants en cours de route (art. 12).

c) Aucun capitaine ou armateur de navire ne doit recevoir à son bord les émigrants s'ils ne sont munis du permis d'embarquement et portés sur la liste du commissaire de l'émigration. Il doit s'assurer en outre que les indigènes sujets français ainsi embarqués descendent bien au lieu de destination déclaré (art. 13).

Faute d'obéir à ces différentes prescriptions le décret prononce contre les contrevenants un emprisonnement de un mois à un an et une amende de 50 à 5,000 francs ou l'une de ces peines seulement, avec octroi possible des circonstances atténuantes et, à l'inverse, aggravation au cas de récidive. Au surplus, toute condamnation entraîne le retrait d'office de l'autorisation de recrutement et possibi-

lité de confiscation totale ou partielle du cautionnement
(art. 15 et 16).

Au *Congo*, la réglementation de l'émigration résulte d'un
décret du 3 juillet 1901, lequel reproduit les dispositions
des décrets des 17 juin 1895, 12 janvier 1897, qui étaient
en vigueur au Sénégal (interdiction d'entreprendre des
opérations de recrutement et de transport des émigrants
sans autorisation du Gouverneur). Elle a été, au surplus,
renforcée par un arrêté local du 29 juillet 1904 qui interdit
de délivrer à l'avenir aucun permis d'embarquement aux
indigènes du Congo qui voudraient s'engager dans les
colonies étrangères.

Le recrutement des travailleurs indigènes n'est donc
plus permis au Congo que pour les besoins des autres colonies de l'Afrique Equatoriale (Voir *infra*, n° 8).

A *Madagascar*, la réglementation qu'avait instituée dès
l'origine l'arrêté du Gouverneur général du 29 avril 1897,
fut remplacée par celle du décret du 6 mai 1903 qui s'inspire
de la réglementation alors en vigueur en Afrique Occidentale et au Congo.

D'une part, l'indigène qui se propose de quitter la colonie
doit obtenir l'autorisation du Gouverneur général, autorisation qui est constatée par un permis d'embarquement
délivré gratuitement et indique les nom et prénoms, lieu
d'origine du bénéficiaire, la date de son départ et le lieu
de destination (art. 1 et 2).

D'autre part, nul ne peut entreprendre d'opérations
d'engagement et de transport des émigrants ou de recrutement des travailleurs engagés à temps, sans être muni d'une
autorisation donnée par le Gouverneur général. Cette autorisation qui est accordée moyennant un cautionnement est
essentiellement temporaire et peut être révoquée par décision du Gouverneur général (art. 3 à 5).

Enfin, aucun capitaine ou armateur de navires ne peut
sans autorisation expresse du Gouverneur général, recevoir
à son bord un ou plusieurs indigènes à destination d'une

autre possession française ou d'un pays étranger. Le capitaine doit, en outre, se faire représenter au moment de l'embarquement le bulletin d'autorisation, et s'assurer que les indigènes embarqués descendent bien au lieu de destination porté sur le dit bulletin (art. 8).

Toute infraction à ces dispositions est punie d'emprisonnement (six mois à un an) et d'amende (50 à 5,000 francs) ou de l'une de ces peines seulement avec octroi possible des circonstances atténuantes et, à l'inverse, aggravation au cas de récidive (art. 10).

II. — Réglementation de l'immigration des travailleurs.

7°. — La nécessité d'avoir recours à l'immigration des travailleurs étrangers pour suppléer à la pénurie de main-d'œuvre locale ne s'est pas fait sentir dans les colonies africaines avec le même degré d'acuité que dans d'autres colonies (Les Antilles notamment). C'est bien plutôt, au contraire, aux travailleurs des colonies africaines que l'on a fait appel de l'extérieur, tant et si bien qu'il a fallu, ainsi que nous venons de le voir, réglementer l'émigration.

A *Madagascar*, cependant, la faible densité de la population, jointe à l'indolence des indigènes, a contraint les services publics et les entreprises de colonisation qui, pour se développer, avaient besoin de bras à recourir à des travailleurs étrangers (1).

Profitant des enseignements qu'avait fournis la pratique de l'immigration dans les colonies de la Guyane, de la Réunion et de la Guadeloupe et s'inspirant des dispositions par lesquelles on avait, dans ces colonies, porté remède aux abus qui avaient pu se produire, le gouvernement mit en vigueur à Madagascar un décret du 6 mai 1903.

---

(1) Sur les opérations d'immigration effectuées à Madagascar voir ARTHUR GIRAULT, n° 517, p. 223. Sur l'opportunité qu'il y aurait à nouveau à faire aujourd'hui appel à l'immigration et spécialement aux Chinois, voir *Quinzaine Coloniale*, année 1928, pp. 25, 113, 404 et 442.)

Voulant tout à la fois assurer aux immigrants un traitement conforme aux principes humanitaires et sauvegarder les intérêts de l'administration et des colons, le décret du 6 mai 1903 contient une réglementation minutieuse de l'immigration; il ne compte pas moins de 123 articles.

Le décret institue tout d'abord (Chapitre I) un *service de l'immigration* (commissaire et syndics) chargé de « contrôler l'introduction des immigrants, de recevoir les contrats d'engagement et de rengagement, de vérifier la situation des immigrants, de leur bien expliquer les termes du contrat et de provoquer les mesures nécessaires à leur rapatriement ». Dans cette mission, le commissaire et les syndics visitent obligatoirement deux fois par an les établissements qui emploient les immigrants, inspectent les camps et constructions qui leur sont réservés, s'assurent de la quantité et de la qualité de la nourriture, contrôlent la comptabilité et les états de salaire. Ils consignent leurs observations dans des rapports adressés au Gouverneur général.

Puis le décret s'occupe (Chapitre II) de *l'introduction des immigrants*. Aucune opération d'introduction d'immigrants ne peut être faite sans l'autorisation du Gouverneur général. Chaque engagiste doit verser un cautionnement qui répondra de la bonne exécution de l'engagement et du rapatriement.

Quant à l'embarquement, au transport et au débarquement, ils sont réglés avec force détails tant au point de vue des conditions d'hygiène, de bon aménagement, de nourriture et d'état sanitaire (visites médicales, vaccination, isolement) qu'au point de vue administratif (inscription des immigrants sur un registre de matricule générale et délivrance aux immigrants d'un livret individuel contenant toutes les indications relatives à l'engagement).

Le décret traite ensuite (Chapitre III et suivants) des *contrats d'engagements*. Nous ne saurions le suivre dans toutes les prescriptions détaillées qu'il édicte relativement aux mentions que doit contenir le contrat d'engagement, à sa durée et à sa résiliation, aux droits et obligations de l'engagiste et de l'engagé. Cette réglementation est analogue, dans ses fins et ses moyens, à celle qu'ont instituée les textes relatifs au contrat de travail et aux conditions du travail que nous analyserons plus loin. Notons seulement ici que, à l'expiration de l'engagement, l'immigrant doit opter entre trois partis : ou bien demander son rapatriement auquel il a droit gratuitement, pour lui, sa femme et ses enfants dans les conditions fixées par le Chapitre VII du décret; ou bien, signer un nouvel engagement, ou bien, enfin, solliciter un permis de séjour sans engagement; permis de séjour qui, selon les prescriptions du chapitre IX du décret, est toujours révocable, sauf au delà de cinq ans, l'immigrant étant alors assimilé à un étranger et bénéficiant des dispositions de l'art. 13 du Code Civil.

III. — RÉGLEMENTATION DU RECRUTEMENT DES TRAVAILLEURS ORIGINAIRES DE LA COLONIE EMPLOYÉS SUR LE TERRITOIRE DE CELLE-CI.

8. — **Recrutement et embauchage.** — En *Afrique Occidentale*, le recrutement des travailleurs originaires de la colonie et destinés à être employés sur le territoire de celle-ci ne fut, pendant longtemps, soumis à aucune autorisation administrative préalable; il pouvait être seulement suspendu dans le cas où, à la suite d'événements de force majeure, l'administration est obligée d'effectuer des travaux d'utilité publique particulièrement urgents (décret du 22 octobre 1925, art. 36.) Et il semble qu'il en soit toujours de même aujourd'hui dès lors que le travailleur ne doit point quitter sa colonie d'origine.

Mais, dès l'instant qu'il s'agit, pour le travailleur d'aller dans une autre colonie du groupe, le décret du 24 avril 1928 soumet le recrutement aux mêmes exigences que s'il s'agissait d'une véritable émigration. Tout ce qui a été dit précédemment (cf. *supra*, n° 6) relativement au permis d'émigration de l'indigène, à l'autorisation de recrutement et au cautionnement que doivent fournir les engagistes, ainsi qu'aux obligations des capitaines et armateurs de navires, est donc également vrai ici.

L'art. 10 du décret de 1928 ajoute que les travailleurs ainsi recrutés et dont le nombre est prévu pour chaque cas par le lieutenant-gouverneur, ne peuvent être engagés que par contrats de travail, tels qu'ils sont définis par le décret du 22 octobre 1925 (Cf. *infra*, n° 13 et suiv.) et soumis au visa de l'administration.

En *Afrique Equatoriale*, la nécessité de réglementer le recrutement avait été ressentie depuis plus longtemps. Déjà, pour éviter l'épuisement de certaines régions en travailleurs indigènes, avaient été pris les arrêtés locaux des 1er octobre 1904 et 18 février 1921. Cette réglementation a été renouvelée par le décret du 4 mai 1922 (Art. 4) et par l'A. G. G. du 11 février 1923 (art. 1, 2 et 5).

Aux termes de ces dispositions, le recrutement et l'embauchage des travailleurs ne peuvent se faire qu'avec l'autorisation et sous le contrôle de l'administration et ceci, à un double point de vue : d'une part, toute personne qui désire recruter doit obtenir une autorisation de recrutement délivrée par le chef de subdivision; d'autre part, les travailleurs ne peuvent être recrutés que dans les subdivisions ouvertes au recrutement et jusqu'à concurrence d'un certain nombre d'hommes adultes, ces deux points étant fixés chaque année par le Lieutenant-gouverneur de chacune des colonies du groupe.

A *Madagascar*, le régime est différent et, à raison des circonstances locales, beaucoup plus libéral. Les opérations de recrutement et d'embauchage des travailleurs indigènes destinés à être employés dans la colonie, à l'intérieur ou hors de leur circonscription d'origine, sont en principe autorisées dans toute la colonie; les employeurs ou leurs représentants européens ou indigènes y procèdent sous le contrôle des autorités locales, mais sans avoir besoin d'une autorisation préalable (art. 1 et 2 du décret du 22 septembre 1925).

Cependant les opérations de recrutement peuvent être suspendues par arrêté du Gouverneur général, dans certaines régions, pour des raisons d'ordre public ou dans l'intérêt de la santé et de l'hygiène publiques (art. 2 du décret du 22 septembre 1925.)

9. — **Rôle des offices du travail.** — En vue de faciliter le recrutement et le placement des travailleurs indigènes il a été créé en *Afrique Occidentale* (A. G. G. du 29 mars 1926, art. 1 et 2 *adde*. A. L. G. Soudan du 14 octobre 1926) et à *Madagascar* (voir les textes cités nº 4, et refondus dans les art. 9 à 15 du décret du 22 septembre 1925) des offices du travail.

Ceux-ci constituent de véritables bureaux officiels de placement, de renseignements et même de statistique. Ils servent d'intermédiaire entre les employeurs européens ou indigènes et les travailleurs indigènes, facilitent le recrutement de la main-d'œuvre pour les entreprises publiques ou privées, centralisent les demandes et les offres de main-d'œuvre et indiquent aux employeurs et travailleurs les conditions que doivent stipuler les contrats (car les engagements de travail conclus par l'intermédiaire des offices du travail doivent être effectués dans la forme des contrats de travail réglementés; cf. *infra*, nº 13 et suiv.).

Le siège, la composition (il y entre toujours des éléments indigènes) et le fonctionnement des offices du travail sont fixés, dans chaque colonie, par l'autorité locale. Leur organisation à Madagascar est particulièrement perfectionnée.

Il est à remarquer qu'il n'existe pas d'offices du travail en *Afrique Equatoriale* :   c'est une lacune qu'il pourra être opportun de combler.

10. — **Examen médical.** — Les textes en vigueur en *Afrique Occidentale* (A. G. G. du 29 mars 1926, art. 34 et 35), en *Afrique Equatoriale* (décret du 7 avril 1911, art. 7) et à *Madagascar* (décret du 22 septembre 1925, art. 31) prescrivent que les travailleurs doivent être l'objet, au moment de leur recrutement et avant la signature de l'engagement, d'un examen médical ayant pour but de s'assurer qu'ils sont sains, robustes et aptes au travail qui leur sera demandé. Ceux dont l'état de santé paraît

insuffisant ou suspect sont éliminés et leur mise en route est ajournée.

11. — **Transport**. — Les frais de transport des travailleurs et, éventuellement de leur famille, du lieu de l'engagement au lieu du travail, sont à la charge de l'employeur.

En outre, les travailleurs ont droit, pendant la durée du voyage, à la ration journalière de vivres, ou, au cas d'impossibilité, à une indemnité représentative aux frais de l'employeur.

A *Madagascar* il est même prévu que si l'engagé rejoint à pied le lieu de l'exploitation il a droit en outre à la moitié du salaire quotidien prévu au contrat. Et le parcours moyen ne devra pas dépasser 10 kilomètres par jour si le convoi comprend des femmes et des enfants.

(*Afrique Occidentale*, A. G. G. du 29 mars 1925, art. 30 et 31; *Afrique Equatoriale*, A. G. G. du 11 février 1923, art. 10; *Madagascar*, décret du 22 septembre 1924, art. 29).

En outre, le décret du 24 avril 1928, relatif à l'Afrique Occidentale, donne, on le sait (cf. *supra*, n° 6), au Lieutenant-Gouverneur de chaque colonie le droit de contrôler les conditions d'hygiène et de sécurité dans lesquelles sont opérés l'acheminement sur le port d'embarquement et le transport des émigrés (nourriture, logement, soins médicaux, etc.), art. 12.

12. — **Rapatriement**. — Les frais de rapatriement (transport et nourriture) des travailleurs et de leur famille en fin d'engagement sont également à la charge de l'employeur; et le cautionnement versé lors de l'engagement est destiné à y pourvoir, si besoin est. Il ne faut pas, en effet, que les travailleurs soient abandonnés loin peut-être de leur lieu d'origine et risquent de devenir de véritables vagabonds.

C'est d'ailleurs pourquoi les textes continuent de faire supporter les frais de rapatriement à l'employeur, même en cas de rupture ou de résiliation de l'engagement; ils exceptent seulement le cas où l'engagement a été rompu ou résilié par la faute de l'engagé, par exemple à la suite d'une absence illégitime.

(*Afrique Occidentale*, A. G. G. du 29 mars 1926, art. 14 et 16; *Afrique Equatoriale* décret du 7 avril 1911, art. 12 et 13; *Madagascar*, décret du 22 sept. 1925, art. 30 et 50).

§ 2. — LE CONTRAT DE TRAVAIL.

La réglementation du contrat de travail vise essentiellement à assurer la liberté du consentement des travailleurs
indigènes et à mettre ces derniers, lors de l'engagement,
à l'abri des dangers que leur font courir leur ignorance et leur
infériorité; par ailleurs, elle tend également à donner aux
employeurs les garanties de sécurité et d'exécution des
engagements dont eux-mêmes ont besoin.

Dans cette voie, l'effort du législateur colonial africain
a porté sur un certain nombre de points qu'il importe de
mettre en évidence.

13. — **Formes des engagements de travail : Le contrat
de travail.** — La législation en vigueur dans les colonies
africaines laisse aux indigènes la liberté de s'engager
selon le mode qui leur convient : soit selon les usages
locaux, soit par conventions verbales ou écrites, soit à
forfait, soit comme journaliers, soit comme ouvriers
permanents.

Cependant, le choix entre ces différents modes de s'engager n'est pas indifférent. Car, dans certains cas, selon le
mode de conclusion, la durée et la nature de l'engagement,
le législateur a édicté une réglementation à laquelle les
parties sont tenues de se soumettre; il a imposé un type
spécial d'engagement dit *contrat de travail* dont la réglementation a précisément pour but d'assurer une protection
efficace de la liberté et des droits des indigènes.

Il importe donc de bien distinguer les cas où le travail
n'est pas réglementé (exemple type : les engagements du
personnel domestique qui restent soumis aux usages locaux)
et les cas où il est réglementé (hypothèse du contrat de
travail proprement dit).

Quant à la détermination des cas dans lesquels joue la réglementation du travail et où, par conséquent il y a lieu à passation d'un contrat de travail, elle varie suivant les colonies envisagées.

En *Afrique Occidentale* l'emploi du contrat de travail est obligatoire pour les entreprises commerciales, industrielles ou agricoles inscrites au rôle des patentes et en ce qui concerne les ouvriers fournissant un travail effectif d'au moins quinze jours par mois (décret du 22 octobre 1925, art. 5.); il est aussi obligatoire pour les entreprises travaillant pour le compte de l'Etat ou des colonies (A. G. G. 29 mars 1926, art. 3).

En *Afrique Equatoriale*, toutes les fois que les indigènes s'engagent comme travailleurs permanents ou en dehors de leur circonscription d'origine, leur engagement tombe sous le coup de la réglementation du contrat de travail (décret du 4 mai 1922, art. 2, A. G. G. du 11 février 1923, art. 3).

A *Madagascar*, les engagements contractés par les travailleurs permanents le sont obligatoirement sous la forme de contrats de travail (décret du 22 sept. 1925, art. 5).

Au surplus et dans tous les cas, si l'engagement a été conclu par l'intermédiaire des offices du travail, il doit l'être sous forme de contrat de travail.

14. — **Durée**. — Afin que la réglementation ne soit pas une gêne pour les employeurs (et aussi pour les travailleurs) qui n'entendent se lier qu'occasionnellement ou pour un temps très court, le législateur n'a soumis à la réglementation du contrat de travail que les engagements qui ont une durée supérieure à trois mois en Afrique Occidentale et en Afrique Equatoriale, et à un mois à Madagascar.

Par ailleurs, voulant éviter que les indigènes ne se laissent aller à conclure des engagements trop longs, qui pourraient devenir onéreux ou désavantageux pour eux, les textes ont disposé que les contrats de travail ne pourraient avoir une durée supérieure à deux ans; si les parties le désirent et y ont intérêt, il leur sera toujours possible de les renouveler.

(*Afrique Occidentale*, décret du 22 octobre 1925, art. 6, *Afrique Equatoriale*, décret du 4 mai 1922, art. 3, Madagascar, décret du 22 sept. 1925, art. 20, Madagascar, décret du 22 sept. 1925, art. 20).

15. — Contenu. — Les employeurs et les travailleurs ne pouvant être efficacement protégés que si le contrat de travail contient des stipulations détaillées et complètes énonçant les conditions du travail et les droits et obligations de chacune des parties, le législateur colonial a prévu avec soin les mentions que devraient comporter les contrats de travail. Cette énumération est faite pour l'*Afrique Occidentale* dans le décret du 22 oct. 1925, art. 35 et pour *Madagascar* dans le décret du 22 sept. 1923, art. 35. En *Afrique Equatoriale*, le décret du 4 mai 1922, art. 3 stipule que les clauses types à insérer dans les contrats seront établies par des arrêtés du Gouverneur général.

Signalons à titre d'exemple les mentions que doit contenir obligatoirement, à peine de nullité, le contrat de travail en Afrique Occidentale :

1º Les nom, prénoms, nationalité, profession et domicile de l'employeur, et s'il agit pour le compte d'une société, la date et la nature de ses pouvoirs;

2º Les nom, prénom, surnom, âge, sexe de l'employé; les noms de son village et du chef de village, tels qu'ils figurent au rôle de l'impôt de capitation; le nom de la subdivision administrative à laquelle appartient le village; les renseignements signalétiques propres à faire reconnaître l'employé, telles que marques et cicatrices relevées sur sa personne;

3º La nature exacte du travail à fournir et la région où il doit être exécuté;

4º La constatation médicale de l'aptitude physique, dans tous les cas où un médecin est présent au lieu de l'engagement ;

5º La durée du contrat;

6º Le taux du salaire, les époques et le mode de payement

et, en cas de salaire à la tâche, l'indication du salaire minimum et éventuellement des primes de rendement;

7º La détermination exacte de la ration alimentaire;

8º Les conditions de vêtement et, s'il y a lieu, de logement;

9º La déclaration que l'engagé est libre de tout engagement antérieur;

10º L'engagement par l'employeur de faciliter, suivant des modalités arrêtées de concert avec le chef de l'unité administrative intéressé, le recouvrement des impôts de l'employé pendant la durée du contrat et des impôts dont il pourrait être redevable au moment de l'engagement;

11º Le cas échéant, la mention des clauses particulières du contrat.

16. — **Formalités de rédaction.** — *En Afrique Occidentale et à Madagascar*, les contrats de travail sont établis par écrit en langue française, généralement sur des formules fournies par l'engagiste et d'après le modèle fixé par l'autorité administrative.

Trois exemplaires sont rédigés : l'un est destiné à l'employeur, le second au travailleur; quant au troisième, il est, en Afrique Occidentale, déposé aux archives de l'unité administrative qui appose le visa ; à Madagascar, il est envoyé à l'office régional du travail.

(Afrique Occidentale, décret du 22 octobre 1925, art. 8; *Madagascar*, décret du 22 septembre 1925, art. 36).

En *Afrique Equatoriale*, les contrats de travail sont rédigés par l'autorité administrative, ainsi qu'il sera dit au nº 18.

17. — **Délivrance du livret d'identité ou de travail.** — Les textes prévoient que doit être délivré au travailleur un livret dit d'identité (en Afrique Occidentale) ou de travail (en Afrique Equatoriale et à Madagascar). Ce livret dont le modèle doit être déterminé par l'autorité administrative contiendra copie du contrat de travail ou tout au moins de ses dispositions essentielles.

(Afrique Occidentale, A. G. G. du 29 mars 1926, art. 15; *Afrique Equatoriale*, décret du 4 mai 1922, art. 5, A. G. G. du 11 février 1923, art. 6 et A. G. G. du 3 janvier 1927; *Madagascar*, décret du 22 septembre 1925, art. 36, 37 et 38).

18. — Rôle de l'Administration dans la conclusion des contrats de travail. — Le législateur colonial a entendu que l'Administration puisse intervenir à propos de la conclusion des contrats de travail, qu'elle puisse exercer un contrôle et une surveillance relativement à la bonne observation de la réglementation édictée. Son rôle varie suivant les colonies.

En Afrique Occidentale, c'est généralement à l'une ou l'autre des parties qu'il appartient de requérir l'intervention de l'administration sous la forme d'un visa demandé à celle-ci.

A *Madagascar*, le visa est également facultatif et laissé à la libre appréciation des parties. Cependant il est obligatoire quand le recrutement a été fait par l'intermédiaire de l'office du travail et quand l'engagement dépasse la durée de trois mois.

Dans tous les cas et dans chacune de ces colonies, l'autorité administrative chargée de donner le visa doit préalablement s'assurer de l'identité des contractants et de la libre volonté de contracter de l'engagé; elle leur donne lecture du contrat en en faisant une traduction dans la langue de l'indigène, si cela est nécessaire pour sa parfaite compréhension. Les signatures sont ensuite certifiées; et si une des parties est illettrée, il en est fait mention.

(*Afrique Occidentale*, décret du 22 octobre 1925, art. 9 et 10; *Madagascar*, décret du 22 septembre 1925, art. 34 et 36).

En *Afrique Equatoriale*, le rôle de l'Administration dans la conclusion des contrats de travail est beaucoup plus considérable. Faisant état du moindre développement intellectuel et social des populations indigènes et voulant sanctionner la défense faite aux employeurs de recruter des travailleurs permanents sans autorisation de l'Administration, le législateur colonial a décidé que, dans tous les contrats de travail, l'autorité administrative serait partie en cause « en tant que tutrice des indigènes ». Elle doit notamment s'assurer que le travailleur s'engage librement. Et c'est par ses soins que le contrat de travail doit être rédigé et inscrit à sa date sur un registre qu'elle conserve.

(*Afrique Equatoriale*, décret du 4 mai 1922, art. 5 et A. G. G. du 11 février 1923, art. 6.)

19. — Résiliation du contrat et abandon du travail. — Les différents textes réglementant le contrat de travail prévoient les causes de résiliation des engagements : consentement mutuel des parties; volonté d'une partie dans les cas prévus par les conventions conclues entre elles; hypothèses prévues par la réglementation locale; décisions des conseils d'arbitrage.

L'hypothèse qui a fait l'objet des dispositions les plus détaillées est celle de l'abandon du travail.

Notons tout de suite que l'idée de faire de l'abandon du travail un véritable délit, — idée qui a été discutée par l'Institut Colonial International dans sa session de 1895 à La Haye, — est de plus en plus délaissée. Elle est complètement rejetée par la législation en vigueur en Afrique Occidentale et en Afrique Equatoriale. Elle est cependant consacrée par l'article 85 du décret du 22 septembre 1925 en vigueur à Madagascar, lequel prévoit une peine de un à cinq jours de détention et de 1 à 15 francs d'amende (1); encore convient-il de remarquer : 1º que ce texte exige qu'il y ait eu « rupture brusque et injustifiée du contrat »; 2º que la peine est seulement facultative pour le Conseil d'arbitrage qui est appelé à la prononcer; 3º enfin, que la détention a un caractère disciplinaire et doit être subie dans les locaux réservés aux détenus administratifs.

Cette question étant mise à part et d'une façon générale,

---

(1) La Chambre de Commerce de Tananarive demande que cette peine soit portée de 1 à 15 jours de prison et de 5 à 50 fr. d'amende pour le cas de rupture du contrat aux torts de l'engagé. (*Quinzaine Coloniale*, année 1928, p. 442).

les textes distinguent entre l'absence légitime et l'absence illégitime (l'absence s'entendant de l'état de l'engagé qui a abandonné son travail ou a négligé de s'y rendre).

a) L'absence est légitime quand elle a lieu soit avec l'autorisation de l'engagiste, soit pour cause de maladie, soit pour se rendre aux convocations ou citations de l'autorité administrative ou judiciaire, soit pour exposer à l'autorité administrative ou judiciaire les doléances, plaintes ou réclamations qui peuvent être formulées contre l'engagiste ou contre les tiers, soit en cas de force majeure.

Sous réserve de ce qui sera dit plus loin pour le cas de maladie, l'absence légitime ne peut entraîner résiliation du contrat de travail. Elle prive l'engagé de son salaire; mais celui-ci conserve le droit aux vivres et au logement (Afrique Occidentale) ou seulement le droit au logement (Madagascar). Parfois même il est admis que l'engagiste peut, à l'expiration de l'engagement, exiger que le travailleur fournisse un nombre de journées de travail égal à la durée de l'absence, journées pour lesquelles seront dûs salaires et vivres (Afrique Occidentale).

b) L'absence est illégitime quand elle résulte de la seule volonté du travailleur, indépendamment de tout motif d'absence légitime.

Elle donne lieu alors à une retenue de salaire; et si elle dure un certain temps (plus de quinze jours consécutifs à Madagascar) ou si elle se renouvelle, elle entraîne résiliation du contrat de travail avec dommages et intérêts, s'il y a lieu, au profit de l'employeur. Et ce dernier, dans ce cas n'est plus tenu au rapatriement.

(Afrique Occidentale, décret du 22 octobre 1925, art. 2, A. G. G. du 29 mars 1926, art. 7 à 14; *Afrique Equatoriale,* décret du 7 avril 1911, art. 25 à 27, A. G. G. du 11 février 1923, art. 16, 17 et 18; *Madagascar,* décret du 22 septembre 1925, art. 41, 43 à 50).

20. — **Sanctions pénales.** — Le législateur colonial a incriminé au point de vue pénal un certain nombre de faits énumérés dans les décrets réglementant le contrat de travail.

Sans rapporter les variantes qui existent entre les textes et pour s'en tenir aux infractions qui ont été généralement retenues, citons :

a) Le fait de passer ou consentir des contrats de travail fictifs;

b) Le fait, à l'aide de menaces, violences, dons, promesses, manœuvres frauduleuses ou dolosives, de détourner ou tenter de détourner un ou plusieurs indigènes de contracter des engagements;

c) Le fait, dans les mêmes conditions, de déterminer ou tenter de déterminer un ou plusieurs indigènes déjà engagés à rompre leurs engagements (1);

d) Le fait d'avoir consciemment excipé d'une convention de travail à laquelle on n'est pas partie;

e) Le fait pour un indigène déjà lié par un engagement, de s'engager ou de tenter de s'engager au service d'un autre employeur.

Ces différentes infractions sont punies d'emprisonnement et d'amende; il pourra même, en Afrique Occidentale, s'y ajouter, pour l'employeur délinquant, la suspension du droit d'engager ou de rengager, sous certaines conditions et pendant un certain temps. Les tribunaux répressifs de droit commun (en Afrique Occidentale, les tribunaux indigènes) sont compétents pour en connaître.

(Afrique Occidentale, décret du 22 octobre 1925, art. 27 à 35; *Afrique Equatoriale,* décret du 4 mai 1922, art. 6 à 10; *Madagascar,* décret du 22 septembre 1925. art. 53 à 55).

---

(1) Le Gouverneur général de Madagascar a instamment demandé aux employeurs de porter plainte contre ceux trop nombreux qui débauchent les ouvriers, soit par l'appât de salaires plus élevés, soit, chose plus grave et plus fréquente aussi, par la promesse de journées de travail de durée de plus en plus réduite. *(Discours de M. le Gouverneur général Olivier à l'ouverture de la session des délégations économiques et financières de Madagascar 1928).*

Signalons enfin le décret du 28 août 1921, spécial à Madagascar, qui réprime le vagabondage des indigènes en ꞌe punissant de trois mois à un an de prison et de cinq à dix ans d'interdiction de séjour. Sont réputés en état de vagabondage : 1º Les indigènes et assimilés qui ne justifient pas de moyens réguliers et avouables d'existence provenant soit de leurs biens propres, soit de leur travail (sauf le cas d'inaptitude physique au travail); 2º Les indigènes qui n'ont pas de domicile certain ou de résidence habituelle, fixe ou variable, suivant la nature de leur profession.

Ces intéressantes dispositions, renforcées d'ailleurs, par la répression des contrats de travail fictifs, — contrats par lesquels le vagabond réussirait à se soustraire aux peines frappant le vagabondage, — sont appelées à rendre aux colonies les plus grands services et à contraindre au travail les professionnels de la paresse, lesquels se recrutent en fait le plus souvent parmi les indigènes qui, une fois leur contrat d'engagement expiré, restent comme « travailleurs libres » dans le pays où ils sont venus et ne travaillent en réalité qu'un jour de temps à autre.

La Chambre de commerce de Tananarive souhaite que cette réglementation soit strictement appliquée (*Quinzaine coloniale*, année 1928, p. 442). Et le gouverneur général a donné des instructions en ce sens afin que la répression du vagabondage soit aussi active que le permettent l'immensité du pays et les moyens limités dont il dispose (Discours de M. le Gouverneur général Olivier à l'ouverture de la session des délégations économiques et financières de Madagascar, 1928). Une circulaire du 8 décembre 1928 enjoint aux employeurs de remettre à leurs engagés en déplacement une feuille de permission visée par l'autorité du lieu; et un A. G. G. du 30 novembre 1928 autorise la saisie des livrets de travail portant des inscriptions présumées fausses, inexactes ou irrégulières en vue de déférer le porteur aux juridictions compétentes.

Par ailleurs, au Gabon où, comme en beaucoup d'autres colonies la répression du vagabondage n'existe pas encore, un récent projet de décret tend à l'y introduire (*Quinzaine coloniale*, année 1928, p. 402).

21. — Règlement des contestations relatives aux contrats de travail; les conseils d'arbitrage. — On trouve dans chacun des décrets réglementant le travail en Afrique Occidentale, en Afrique Equatoriale et à Madagascar, l'institution de conseils d'arbitrage.

Le législateur colonial a entendu, en effet, retirer aux tribunaux de droit commun la connaissance des contestations relatives aux contrats de travail afin de l'attribuer à des juridictions spéciales, composées et organisées de telle façon qu'elles doivent s'efforcer surtout de concilier les parties et qu'elles puissent, tout au moins, trancher rapidement et simplement les conflits.

Les textes disposent, en conséquence, que les conseils d'arbitrage « connaissent des contestations individuelles et collectives entre les travailleurs et leurs employeurs, relatives aux conventions réglementant les rapports des employeurs et des indigènes employés ou ouvriers »; et ceci, ajoutent certains textes, « que ces conventions soient contenues dans un contrat de travail ou qu'elles résultent d'un engagement verbal ou de l'usage des lieux ». En un mot, la compétence des conseils d'arbitrage est tout à fait générale en ce qui concerne les différends auxquels peuvent donner lieu les engagements de travail. Ils prononcent sur l'interprétation des conventions, leur validité et sur les voies d'exécution nécessaires.

Les conseils d'arbitrage sont créés par l'autorité administrative, dans des conditions qui varient suivant les colonies et qui répondent spécialement aux besoins locaux (A Madagascar, par exemple, il y a un conseil d'arbitrage par district).

De même, leur composition n'est pas rigoureusement identique quoiqu'elle réponde aux mêmes nécessités. D'une façon générale, la présidence est attribuée au chef de la circonscription administrative où siège le conseil; à ses côtés siègent des assesseurs qui sont en nombre égal colons français et indigènes, et qui sont choisis d'après des règles fixées dans les textes; enfin un fonctionnaire désigné par le président est attaché comme secrétaire.

Les décrets réglementent la procédure qui est suivie devant les conseils d'arbitrage : formes de la requête (verbale ou écrite) par laquelle le conseil est saisi; formes et délai de la citation des parties; comparution en personne ou par mandataire; serment ou récusation des assesseurs; délibération et jugement; appel devant le juge de paix à compétence étendue ou devant le tribunal de première instance et opposition au jugement par défaut dans un délai qui, suivant les colonies, varie de 24 heures à 8 jours; exécution de la sentence avec contrainte par corps, s'il y a lieu, contre l'indigène.

Cette procédure très simple et particulièrement rapide, puisque les formalités et délais ont été réduits au minimum, est, au surplus gratuite : toutes les pièces sont dispensées des droits de timbre et d'enregistrement.

(*Afrique Occidentale*, décret du 22 octobre 1925, art. 12 à 26; *Afrique Equatoriale*, décret du 4 mai 1922, art. 12 à 30; *Madagascar*, décret du 22 septembre 1925, art. 57 à 90).

§ 3. — LES CONDITIONS DU TRAVAIL.

Non content de réglementer le contrat de travail lui-même, le législateur colonial africain a très justement estimé qu'il convenait également de réglementer les conditions mêmes du travail. C'est sur ce terrain surtout que la protection du travailleur indigène devait être assurée.

Ainsi s'expliquent les très nombreuses dispositions des décrets qui visent à ce que le travail soit effectué selon des règles conformes à la justice et à l'humanité et dans des conditions satisfaisantes d'hygiène et de salubrité.

22. — **Âge et aptitude physique des travailleurs.** — Les textes réglementant le travail contiennent tous des dispositions aux termes desquelles il est interdit d'employer comme travailleurs des indigènes physiquement inaptes soit à raison de leur âge, soit à raison de leur état de santé.

Une limite d'âge minimum est fixée dans chaque colonie par l'autorité administrative. A titre d'indication elle est de 18 ans en Guinée (A. L. G. 30 août 1926, art. 2.), de 20 ans pour les travaux de force et de 15 ans pour les travaux légers à la Côte d'Ivoire (A. L. G. 15 mars 1927, art. I.), de 20 ans pour les travaux de force et de 16 ans pour les travaux légers au Dahomey (A. L. G. 17 août 1927, art. I); de 16 ans à Madagascar sauf s'il s'agit de travaux urgents et peu pénibles nécessitant en certaines saisons une main-d'œuvre nombreuse et spéciale (fécondation de la vanille, cueillette des clous de girofle...) auquel cas les mineurs peuvent être employés à la journée et dans des conditions déterminées pour chaque région par l'office du travail (décret du 22 septembre 1925, art. 3 et 8).

Quant à l'appréciation de l'aptitude physique des travailleurs aux travaux qui leur sont demandés, elle est faite par le service médical qui visite les travailleurs lors de leur engagement ou de leur incorporation; les individus inaptes ou en mauvais état de santé sont ainsi éliminés.

(*Afrique Occidentale*, A. G. G. du 29 mars 1926, art. 4, 34 et 35; *Afrique Equatoriale*, décret du 7 avril 1911, art. 7; *Madagascar*, décret du 22 septembre 1925, art. 3, 8 et 31.)

23. — Disposition spéciales aux femmes. — En *Afrique Occidentale*, les femmes indigènes qui sont employées pour le travail dans les entreprises commerciales, industrielles et agricoles peuvent prétendre à un congé de maternité de huit semaines donnant droit à la ration alimentaire et à la moitié du salaire (art. 42 de l'A. G. G. du 29 mars 1926).

Au *Moyen-Congo* et en vertu d'un arrêté du Lieutenant-gouverneur du 28 octobre 1924, il est interdit d'employer des femmes enceintes ou ayant des nourrissons sur tous les chantiers publics ou privés, et ceci, sous menace des peines de simple police ou de celles de l'indigénat.

A *Madagascar*, à défaut de disposition de ce genre, l'art. 27 du décret du 22 septembre 1925 interdit d'employer les femmes à aucun travail entre neuf heures du soir et cinq heures du matin.

24. — Durée de la journée de travail. — En *Afrique Occidentale* c'est l'autorité administrative qui fixe la durée de la journée de travail dans les exploitations agricoles et dans les établissements commerciaux et industriels.

La durée normale est de 10 heures, compte tenu du temps qui s'écoule entre le départ pour le lieu du travail et le retour au campement.

Ainsi en est-il à la Côte d'Ivoire (A. L. G. 15 mars 1927, art. 2), au Dahomey (A. L. G. du 17 août 1927, art. 2), au Soudan (A. L. G. du 6 sept. 1927 pour les indigènes engagés par l'administration). En Guinée, la durée de 10 heures n'est applicable que pour les exploitations agricoles; pour les entreprises commerciales et industrielles, la durée de la journée de travail est de 9 heures (A. L. G. 30 août 1926, art. 3).

Dans tous les cas, s'il y a urgence ou nécessité, il pourra être convenu entre employeur et travailleurs que des heures supplémentaires seront fournies; elles donneront lieu à un supplément de salaire dont le taux et les conditions d'allocation sont déterminés par l'autorité administrative.

En *Afrique Equatoriale*, la durée de la journée de travail est également de 10 heures. Mais pour les travailleurs dont c'est le premier engagement et qui ne sont pas encore acclimatés, la durée de travail ne devra pas dépasser 6 heures par jour pendant le premier mois et 8 heures par jour pendant le second mois.

A *Madagascar*, la durée de la journée de travail est fixée par l'office régional du travail, elle varie donc suivant les régions et le genre de travail. Si le travail est entrepris à la tâche, sa durée ne doit pas être supérieure à celle du travail effectué normalement dans une journée réglementée. Enfin, il est prévu que si la journée de travail a une durée supérieure à huit heures, ou s'il s'agit d'un travail pénible et de nuit, le travailleur devra recevoir une ration alimentaire plus forte.

(*Afrique Occidentale*, A. G. G. du 29 mars 1926, art. 5 et 23; *Afrique Equatoriale*, A. G. G. du 11 février 1923, art. 14; *Madagascar*, décret du 22 septembre 1925, art. 21, 22 et 26.)

25. — **Repos.** — C'est à un triple point de vue que les textes en vigueur prescrivent le repos des travailleurs.

D'une part, le travail (dont la durée journalière est fixée comme il a été dit au numéro précédent) doit être interrompu par un repos de deux heures qui doit être, en principe, accordé au milieu de la journée.

D'autre part, le travailleur a droit à un jour de repos après six jours de travail consécutifs. Ce repos hebdomadaire doit être accordé en principe le dimanche. Cependant, dans les entreprises où le repos simultané de tout le personnel présente de graves inconvénients, le repos hebdomadaire pourra être accordé par roulement.

Enfin, les travailleurs ont droit au repos les jours de fête légale et ceux qui sont considérés comme tels par les us et coutumes des travailleurs.

(Afrique Occidentale, A. G. G. du 29 mars 1926, art. 5 et 6; Afrique Equatoriale, A. G. G. du 11 février 1923, art. 14; Madagascar, décret du 22 septembre 1925, art. 23.)

26. — Dispositions relatives aux salaires. — Le législateur s'est montré, à juste raison, très attentif à la question du taux et du règlement des salaires; en cette matière, en effet, le travailleur indigène doit être spécialement protégé non seulement contre la cupidité de certains employeurs, mais aussi contre sa propre faiblesse. Ces considérations expliquent les dispositions relatives au taux minimum des salaires, au mode et à l'époque du règlement, aux avances, aux retenues et à la constitution d'un pécule.

27. —- *a*) Taux minimum du salaire. — Tous les textes exigent que le taux du salaire qui doit être indiqué sur le contrat de travail ou qui est convenu verbalement ne soit pas inférieur à un minimum.

Ce minimum est fixé par arrêté des Gouverneurs ou Lieutenants-gouverneurs selon les colonies, régions ou circonscriptions, après consultation ou sur proposition des autorités ou organismes désignés.

Parfois même, à côté du taux minimum, sera déterminé le taux normal; ainsi en est-il à Madagascar.

(Afrique Occidentale A. G. G. du 29 mars 1926, art. 18; Afrique Equatoriale, A. G. G. du 11 février 1923, art. 9; Madagascar, décret du 22 septembre 1925, art. 24.)

28. — *b*) Mode et époque de règlement. — Afin d'éviter que ne se produisent des abus tels que ceux que l'on a pu constater dans la métropole, les textes prescrivent bue le salaire devra être payé en espèces, monnaie métallique ou fiduciaire ayant cours légal. Les payements en nature ou en marchandises sont donc interdits à raison des dangers et abus qu'ils peuvent présenter. Dans le même ordre d'idées, le décret relatif à Madagascar défend de procéder à la paye dans un débit de boissons ou dans un magasin de vente.

D'autre part, les salaires doivent être payés à période fixe, soit une fois par mois au moins, (Afrique Occidentale et Madagascar) soit tous les quinze jours (Afrique Equatoriale). Certains textes prohibent la paye les jours de repos.

(*Afrique Occidentale*, A. G. G., du 29 mars 1926, art. 18; *Afrique Equatoriale*, A. G. G. du 11 février 1923, art. 9 et 19; *Madagascar*, décret du 22 septembre 1925, art. 24.)

29. — *c*) **Avances**. — D'une façon générale les avances sur salaires ne sont pas autorisées à raison des dangers qu'elles présentent et de la situation dans laquelle elles peuvent mettre l'indigène qui serait tenté d'y recourir trop aisément. Les seules avances autorisées sont celles qui sont consenties au moment de l'engagement, à une époque où elles peuvent être, en effet, tout à fait justifiées. Dans ce cas, c'est alors à l'autorité administrative qu'il appartient de fixer le taux et les époques de remboursement.

Le législateur a dû, d'ailleurs, se préoccuper de la tendance qu'avaient les indigènes à ne pas rembourser les avances qui leur avaient été consenties et même à ne pas exécuter le travail auquel ils s'étaient engagés pour recevoir ces avances. Des textes spéciaux sont alors intervenus pour réprimer, par le moyen de peines équivalentes à celles de l'article 408 du Code pénal, le délit de détournement d'avances.

(*Afrique Occidentale* A. G. G. du 22 octobre 1925, art. 20 et pour le détournement d'avances : décret du 10 juin 1911; *Afrique Equatoriale*, décret du 14 avril 1920; *Madagascar*, décret du 22 septembre 1925, art. 25, et pour le détournement d'avances : décret du 7 novembre 1911).

30. — *d*) **Retenues**. — Les retenues sur les salaires ne peuvent être faites que pour les cas et dans les conditions

spécifiées par les textes en vigueur, soit pour le remboursement des avances autorisées, soit pour le payement des impôts, soit en vertu d'une décision du Conseil d'arbitrage.

L'autorité administrative détermine leur montant. A Madagascar, notamment, le remboursement des avances ne peut être obtenu que par retenues successives ne dépassant pas le dixième du montant des salaires.

(*Afrique Occidentale*, A. G. G. du 29 mars 1926, art. 22; *Afrique Equatoriale*, A. G. G. du 11 février 1923, art. 20; *Madagascar*, décret du 22 septembre 1925, art. 25 et 39.)

31. — *e*) **Constitution d'un pécule**. — On trouve en Afrique Occidentale et en Afrique Equatoriale d'intéressantes dispositions qui ont pour but de permettre aux travailleurs indigènes de se constituer un pécule payable, le plus souvent, à l'expiration de leur engagement, et au lieu de leur résidence. Ainsi l'indigène qui revient dans son village, après une campagne de travail, n'est-il pas sans ressources et acquiert-il une notion des bienfaits de l'épargne.

En Afrique Occidentale notamment, les versements qui servent à la constitution du pécule sont faits sous forme d'une retenue exercée chaque mois sur le salaire et dans des conditions fixées par arrêté du Gouverneur général; la retenue est destinée à l'acquisition de timbres spéciaux dits « timbres-pécules » qui sont apposés sur des carnets individuels dits « carnets de pécule », établis au nom de chaque travailleur.

La législation locale réglemente avec soin le fonctionnement de l'institution et les opérations de comptabilité auxquelles elle donne lieu.

(*Afrique Occidentale*, décret du 22 octobre 1925, art. 3 et 4; *Afrique Equatoriale*, A. G. G. du 11 février 1923, art. 19.)

32. — **Nourriture des travailleurs**. — Désireux de faciliter la vie matérielle des travailleurs, les textes relatifs à l'Afrique Occidentale et à l'Afrique Equatoriale prescrivent que les travailleurs ont droit, outre le salaire,

à une ration journalière de vivres. Et si le contrat d'engagement prévoit que le travailleur est accompagné de sa famille, celle-ci a droit aux vivres dans les mêmes conditions que le travailleur.

La ration doit être fournie en nature; ce n'est que tout à fait exceptionnellement et dans les cas déterminés par l'autorité administrative que la ration peut être remplacée par une indemnité représentative.

Le taux et la composition en nature et en poids de la ration sont fixés dans chaque colonie par l'autorité administrative et il en est fait mention dans le contrat de travail.

Par ailleurs, en Afrique Occidentale, il est prévu que, dans tous les cas où il n'y a pas impossibilité absolue et en vue de faciliter l'alimentation des travailleurs et de leurs familles, les grandes exploitations industrielles et agricoles seront tenues de mettre à la disposition de ces derniers des lots de terrains de culture dans des conditions fixées par l'administration et en tenant compte du chiffre des engagés.

Il existe à Madagascar des dispositions analogues sauf que la ration journalière n'est due aux travailleurs que sur leur demande. Et le contrat doit alors stipuler si la ration doit être fournie en plus du salaire ou si au contraire, elle doit venir en déduction. Le texte qui vise la composition de la ration ajoute opportunément qu'il est absolument interdit de faire figurer l'alcool dans la ration.

(*Afrique Occidentale*, A. G. G. du 29 mars 1926, art. 26, 32, 33 et 36; *Afrique Equatoriale*, A. G. G. du 11 février 1923, art. 10; *Madagascar*, décret du 22 septembre 1925, art. 26.)

33. — **Logement des travailleurs.** — Quand l'engagement comporte l'emploi de travailleurs indigènes en dehors de leur résidence, ceux-ci doivent être logés et couchés, eux et leur famille (si l'engagement le prévoit), par les soins et aux frais de l'employeur.

Les textes qui édictent cette obligation comportent des détails plus ou moins variés et précis sur ce que doivent être les logements ainsi aménagés. Ils insistent à juste raison sur ce fait que les camps ou villages de travailleurs doivent être situés dans des emplacements ayant fait l'objet d'un choix minutieux au point de vue de l'hygiène et de la salubrité, et en tenant compte de toutes les données relatives à l'étiologie des maladies et endémies tropicales. Les camps et villages doivent être pourvus, dans les conditions prévues par les autorités administratives et médicales, des installations nécessaires d'hygiène individuelle et collective (épuration de l'eau de boisson, évacuation des matières usées, installations hydrothérapiques, etc.). Certaines dispositions visent aussi la dimension des logements, leur couverture et leur fermeture, l'élévation des lits au-dessus du sol. Enfin, il est spécifié que l'employeur peut être tenu d'effectuer les transformations, agrandissements, aménagements et déplacements qui seront jugés nécessaires à la suite des visites des inspecteurs du travail.

(*Afrique Occidentale*, A. G. G. du 29 mars 1926, art. 27 et 37; *Afrique Equatoriale*, A. G. G. du 11 février 1923, art. 11; *Madagascar*, décret du 22 septembre 1925, art. 28.)

34. — Habillement des travailleurs. — En Afrique Occidentale, les travailleurs doivent être pourvus par les soins de l'employeur, dès leur départ du lieu de l'engagement, d'un équipement suffisant pour les protéger contre les intempéries, le modèle de cet équipement étant fixé par l'autorité administrative, après avis du service de santé.

A Madagascar, si le travail est effectué dans la région des hauts-plateaux, à plus de 800 mètres d'altitude, les travailleurs doivent recevoir une couverture au départ, et, dès leur arrivée au chantier, un vêtement chaud.

(*Afrique Occidentale*, A. G. G. du 29 mars 1926, art. 39; *Madagascar*, décret du 22 septembre 1925, art. 31.)

35. — Mesures relatives à la santé des travailleurs. — Les textes obligent l'employeur à se préoccuper de la santé des travailleurs indigènes et de celle de leur famille si, aux termes de l'engagement, celle-ci les accompagne. Et ceci, à un double point de vue :

36. — *a)* **Organisation sanitaire et prophylaxie.** — Les textes ont prévu l'organisation et la composition du service médical et pharmaceutique qui doit fonctionner dans les entreprises et exploitations, l'installation des infirmeries ou postes de secours avec la nomenclature des médicaments qu'ils doivent contenir. Les textes comportent à ce sujet des variantes très raisonnables qui sont en fonction du nombre des travailleurs employés dans une même exploitation et des ressources en personnel médical de la colonie envisagée.

Au surplus, en Afrique Occidentale et en Afrique Equatoriale, les textes font allusion à des visites périodiques faites par les médecins de l'assistance médicale indigène qui jouent en quelque sorte le rôle de médecins inspecteurs (inspection des infirmeries et vérification de leur approvisionnement en médicaments; constatation de l'état sanitaire des agglomérations d'ouvriers avec observations portant sur l'hygiène générale, le logement, la nourriture, l'alimentation en eau, le nettoyage des fosses d'aisance, l'exécution des travaux périodiques de débroussaillement, etc.). Le résultat de ces visites doit être consigné dans un rapport qui, dressé en double exemplaire, est envoyé à l'autorité administrative d'une part, et au chef du service de santé, d'autre part.

Et s'il apparaissait que l'état sanitaire d'une agglomération de travailleurs laisse à désirer ou que sa défectuosité provient d'une maladie épidémique ou contagieuse, l'autorité administrative serait qualifiée pour ordonner les mesures exceptionnelles que comporterait la situation, sans que l'employeur puisse prétendre à être indemnisé du préjudice susceptible de résulter pour lui d'un arrêt éventuel, partiel ou total, du travail. Ainsi, du moins, en est-il en Afrique Occidentale.

(*Afrique Occidentale*, A. G. G. du 29 mars 1926, art. 38, 40 et 41; *Afrique Equatoriale*, A. G. G. du 11 février 1923, art. 12 et 13; *Madagascar*, décret du 22 septembre 1925, art. 32.)

Adde l'A. G. G. de l'*Afrique Equatoriale* du 18 janvier 1927 qui complète l'organisation du service médical du service de la main-d'œuvre indigène et les circulaires du Ministre des Colonies du 22 juillet 1924 et du 4 octobre 1924 prescrivant un ensemble de mesures sanitaires à appliquer à tous les chantiers publics ou privés, à tous les travailleurs indigènes de toutes les colonies.

37. — *b)* **Soins et prestations en cas de maladie.** — Si le travailleur est malade ou victime d'un accident en dehors du travail (sur les accidents et maladies du travail, voir numéro suivant), l'employeur doit lui fournir gratuitement les soins médicaux et pharmaceutiques. Sur ce principe dont, remarquons le bien, il n'y a pas d'équivalent dans la métropole, les textes relatifs à nos différentes colonies africaines sont unanimes.

Mais quelques divergences apparaissent relativement à la durée pendant laquelle les soins médicaux et pharmaceutiques sont dus et aussi relativement à la perception pendant la durée de la maladie, de la ration de vivres et parfois même d'une partie du salaire. Il convient, sur ces différents points, de se reporter aux textes qui ne sont pas, d'ailleurs, toujours bien nets et complets. Notons qu'en Afrique Occidentale, le travailleur a droit, pendant un délai qui est fixé par l'administration, aux soins, à la nourriture, au logement et à une portion de salaire également fixée par l'administration. A Madagascar, le travailleur a droit aux soins, à la ration et au logement (sans salaire pendant un mois au maximum).

Si à l'expiration du temps pendant lequel l'employeur doit les soins et autres prestations au travailleur malade, ce dernier n'est pas rétabli et se trouve dans l'impossibilité de reprendre immédiatement son travail, la résiliation de l'engagement pourra être prononcée; il faut, le plus généralement, s'adresser au conseil d'arbitrage.

A signaler le parti que peut prendre en Afrique Occidentale, l'employeur qui préfère ne pas résilier l'engagement : il peut exiger, à l'expiration de l'engagement, que le travailleur fournisse un nombre de journées de travail égal à celui qui excède la durée de l'indisponibilité autorisée au cas de maladie (cas d'absence légitime); le travailleur aura droit alors, pour ces journées supplémentaires, à l'intégralité du salaire et aux diverses prestations.

Notons enfin qu'en Afrique Occidentale, en cas de décès du travailleur, la famille de celui-ci touche une indemnité fixée par l'administration et moins forte naturellement que si le décès est dû à un accident ou une maladie du travail (cf. *infra*, n° 38). Au Soudan, cette indemnité est de 150 fr. pour les travailleurs employés par l'administration (A. L. G. 6 septembre 1927, art. 8).

(*Afrique Occidentale*, A. G. G. du 29 mars 1926, art. 9, 29 et 40; *Afrique Equatoriale*, A. G. G. du 11 février 1923, art. 12 et 18; *Madagascar*, décret du 22 septembre 1925, art. 46, 47 et 48.)

Il est à noter que ces dispositions très généreuses relatives à la santé des travailleurs, jointes d'ailleurs à celles qui concernent la nourriture et le logement, paraissent avoir, dans l'ensemble, donné de bons résultats. Et si certaines maladies endémiques ont continué de faire des ravages dans certains chantiers, — épidémies dont on a parfois exagéré la violence et l'importance, — on s'est plu, dans bien des cas, à constater les excellents effets de la réglementation.

C'est ainsi que, dans son discours prononcé à l'occasion de l'ouverture de la session du Conseil de Gouvernement en 1928, M. Carde, Gouverneur de l'Afrique Occidentale, a souligné que la mortalité parmi les travailleurs des chantiers publics était tombée à un pourcentage bien inférieur à celui qui concerne la population des villages. D'autre part, de 5 % en 1926, elle est tombée en 1928 entre 1,6 et 2 %. Enfin à l'expiration des contrats, dont d'ailleurs ils demandent souvent le renouvellement, les travailleurs retournent dans leurs villages très améliorés physiquement par leur passage sur les chantiers.

Ce n'est pas à dire, cependant, qu'il n'y ait plus d'efforts à faire et plus spécialement dans certaines colonies. On s'est plaint au Gabon, par exemple, de la pénurie de médecins pour effectuer des tournées d'inspection sur les chantiers forestiers; il a été suggéré alors de faire verser par les sociétés forestières une indemnité supplémentaire par homme et par an qui, s'ajoutant au traitement des médecins, inciterait ces derniers à se rendre au Gabon (*Quinzaine coloniale*, année 1928, p. 402). Il y a là, en effet, un procédé qui pourrait être utilisé avec profit dans les colonies dont le séjour ne tente point les Européens.

38. — Dispositions régissant les accidents et maladies du travail. — Les dispositions que contiennent les textes sur ce point diffèrent beaucoup suivant les colonies.

En *Afrique Occidentale*, il y a lieu de signaler tout d'abord que, s'agissant d'un accident ou d'une maladie professionnels et à la différence de ce qui se produit en cas d'accident ou de maladie non professionnels (Cf. *supra* n° 37), l'employeur perd la faculté de résiliation au cas où l'indisponibilité dépasse la durée fixée par l'autorité administrative, et qu'il perd aussi le droit d'exiger que le travailleur fournisse, à l'expiration de l'engagement, un nombre de journées de travail égal au nombre de jours qui ont dépassé la durée d'indisponibilité autorisée (art. 9 de L'A. G. G. du 29 mars 1926).

Quant aux droits que possède le travailleur, outre les prestations en nature (ration journalière, logement et portion de salaire fixée par l'administration) accordées en cas d'accident ou maladie même non professionnels, ils sont contenus dans l'article 40 de l'A. G. G. du 29 mars 1926. « En cas de maladie ou de blessure ayant sa cause directe, dans un risque de la profession, les travailleurs reçoivent jusqu'à guérison complète ou constatation d'incurabilité, ou jusqu'à consolidation de la blessure, les soins motivés par leur état, sans préjudice des réparations civiles auxquelles ils peuvent prétendre le cas échéant ».

Ainsi donc, en dehors des soins et des prestations en nature qui lui sont accordées de plein droit, le travailleur ne peut obtenir d'indemnité que s'il prouve, dans les conditions du droit commun, la faute et la responsabilité du chef d'entreprise.

Cependant, si l'accident ou la maladie professionnelle entraînent la mort du travailleur, la famille de celui-ci peut, sans autre condition, obtenir de l'employeur une indemnité; celle-ci est plus forte qu'au cas de mort naturelle et le taux en est fixé par l'autorité administrative (art. 29 de l'A. G. G. du 29 mars 1926). C'est ainsi, par exemple, qu'au Soudan, pour les indigènes engagés par l'administration, cette indemnité est fixée à 500 francs par l'A. L. G. du 6 septembre 1927, art. 8.

En *Afrique Equatoriale*, les accidents du travail (il n'est pas question des maladies du travail) ont fait l'objet d'une disposition spéciale très libérale.

L'article 15 de l'A. G. G. du 11 février 1923 commence par poser le principe que « L'employeur est responsable des accidents subis par les engagés pendant leur présence sur les chantiers durant les heures de travail ». C'est là, il faut bien le reconnaître, un texte dont la portée parait tout à fait générale; il semble signifier que l'employeur est responsable des accidents, indépendamment de toute faute relevée et prouvée contre lui et qu'il ne peut s'exonérer de cette responsabilité qu'en prouvant lui-même la force majeure, la faute de la victime ou d'un tiers; on aboutirait ainsi à un système dérogatoire au droit commun et voisin dans son esprit de celui de la loi métropolitaine de 1898. Mais est-ce bien la pensée du législateur colonial ? Ou bien n'a-t-il pas employé une formule dont le sens a dépassé sa pensée ? Il est assez difficile de le savoir. Cependant en raison de son analogie avec ce qui est décidé dans les autres colonies, nous pencherions volontiers vers la seconde interprétation; l'employeur ne serait responsable qu'au cas de faute de sa part prouvée par l'ouvrier.

Quoi qu'il en soit, et après avoir posé le principe de la responsabilité de l'employeur, le texte procède à la détermination des droits des travailleurs, en faisant une distinction suivant que l'accident est compatible ou non avec la reprise ultérieure du travail.

« Si l'accident est compatible avec la reprise du travail,

l'employeur a la charge des soins médicaux donnés à l'engagé soit par un médecin attaché à l'entreprise, soit dans une formation sanitaire de l'administration. Pendant la durée de l'indisponibilité, l'engagé touche un demi-salaire; la ration entière lui est due s'il n'est pas soigné dans une formation militaire.

Si l'accident entraîne l'incapacité pour l'engagé de continuer ses services, l'employeur sera tenu de lui garantir une indemnité dont la quotité sera fixée par un arrêté ultérieur. En attendant la promulgation du dit arrêté, la quotité de l'indemnité sera déterminée amiablement par les parties; en cas de désaccord, l'affaire sera portée devant le conseil d'arbitrage ».

L'arrêté auquel il est fait allusion comme devant fixer la quotité des indemnités dues dans ce second cas n'a pas encore été promulgué, à notre connaissance. On s'en rapporte donc actuellement à l'accord des parties ou à la décision du conseil d'arbitrage.

Quoi qu'il en soit, et si l'on fait abstraction du cas des maladies professionnelles que le texte n'a point visées, il semble que le régime en vigueur en Afrique Equatoriale soit, dans l'ensemble, satisfaisant.

A *Madagascar*, le législateur colonial s'est montré beaucoup moins large.

Le travailleur frappé d'une indisponibilité, accident ou maladie, résultant du travail peut exiger de l'employeur les soins médicaux et pharmaceutiques, la ration et le demi-salaire pendant un mois au maximum (art. 46 et 47 du décret du 22 septembre 1925).

Mais, il résulte de l'article 48 du décret, texte conçu en termes tout à fait généraux et ne faisant pas de différence entre les accidents ou maladies professionnels et ceux qui ne le sont pas, que, : « A l'expiration de ce délai (d'un mois), l'employeur pourra demander au conseil d'arbitrage la résiliation du contrat, sous réserve des suites judiciaires que pourrait entraîner l'accident ou la maladie ».

C'est là, à la vérité, une disposition assez rigoureuse et qui manque de souplesse. Il aurait mieux valu, au lieu de fixer le délai d'un mois, tenir compte, comme en Afrique Equatoriale, de la possibilité ou non de la reprise ultérieure du travail. D'autre part de la finale du texte, il résulte que l'employeur n'est responsable de l'accident ou de la maladie que selon les principes du droit commun, c'est-à-dire moyennant faute de sa part prouvée par le travailleur.

Sans doute, ce régime n'est-il pas envisagé comme définitif; l'art. 52 du décret décide, en effet, que : « Les dispositions des articles 46, 47 et 48, édictées à titre provisoire, resteront en vigueur jusqu'au moment où devra entrer en application la réglementation d'ordre général prévue par la circulaire ministérielle du 22 juillet 1924 ». Mais, du fait que cette réglementation n'a pas été promulguée, les solutions provisoires des articles 46, 47 et 48 sont toujours en vigueur.

Cette dernière observation pose le grave problème de savoir si le régime métropolitain de la loi du 9 avril 1898 sur les accidents du travail et des lois qui l'ont modifiée et étendue, doit ou peut être appliqué aux colonies.

Seules jusqu'alors, les colonies de la Martinique, de la Guadeloupe, de la Réunion et de la Guyane ont été, par deux décrets du 19 juillet 1925, soumises à ce régime.

La question de son extension aux autres colonies et spécialement à l'Afrique Occidentale, à l'Afrique Equatoriale et à Madagascar, est, en vérité, très difficile et très délicate.

Une première difficulté provient de ce que le fonctionnement du régime métropolitain des accidents du travail suppose, de la part des bénéficiaires, un degré suffisant d'évolution et une aptitude acquise à profiter des réformes sociales. Or, n'est-il pas à craindre que l'indigène du continent africain insuffisamment formé à ce point de vue ne soit poussé, par sa nature et son indolence mêmes, à trouver dans les prestations et indemnités accordées par la loi un prétexte pour se laisser aller à la paresse ? Ne sera-t-il point tenté de commettre des fraudes ou tout au moins d'exagérer le degré et la durée de l'indisponibilité, et ceci d'autant plus aisément qu'il n'y aura pas toujours de médecin à proximité pour dépister ses tentatives ? Cette supposition n'est pas chimérique; l'on sait que, en France même, le fonctionnement de la loi de 1898 ne va pas sans abus. Et ces abus sont bien plus à redouter aux colonies du fait de la mentalité des indigènes et de la difficulté du contrôle.

Une autre difficulté, non moins considérable provient de ce que le fonctionnement de la loi de 1898 suppose des conditions matérielles d'organisation administrative (service médical, contrôle, fonctionnement des sociétés d'assurances, etc.) qui ne sont pas, dès maintenant, réalisées dans les colonies du centre africain et qui, on peut le dire sans crainte d'erreur, ne sont pas à la veille d'être rigoureusement au point.

D'autre part, conviendra-t-il, aux colonies, d'assimiler les maladies aux accidents professionnels ? On voit tout de suite à quelles difficultés on se heurte ici à raison de l'existence aux colonies de certaines maladies endémiques dont il sera très délicat de savoir si elles peuvent être considérées, dans certains cas, comme professionnelles étant donné qu'elles auront pu être contractées sur le chantier et par suite du travail. Cette observation explique peut-être le silence qu'a gardé relativement aux maladies professionnelles l'A. G. G. du 11 février 1923, en Afrique Equatoriale, texte qui se montre par ailleurs si complet relativement aux accidents du travail.

Enfin, et si, renonçant à cause de toutes ces difficultés à se prononcer en faveur de l'application intégrale du régime de la loi de 1898 aux colonies, on adopte le parti de ne procéder qu'à une « application fragmentaire », c'est-à-dire si on ne l'étend qu'à une catégorie d'ouvriers européens ou indigènes spécialistes (solution qui peut paraître plus sage), à quelles difficultés ne se heurtera-t-on pas encore lorsqu'il s'agira d'établir la discrimination entre ceux qui seront soumis au régime de la loi de 1898 et ceux qui n'y seront point soumis?

La conclusion qui résulte de ces observations c'est que, en cette matière, comme d'ailleurs en toute autre matière touchant aux questions sociales, — et nous pensons à plus forte raison au grave problême des assurances sociales, — il faut se montrer d'une extrême prudence. Il est essentiel de ne pas perdre de vue que la législation sociale doit suivre et non point précéder l'évolution économique et sociale des populations coloniales. Méconnaitre cette vérité d'expérience et se laisser emporter par quelque généreuse idéologie, serait s'exposer aux plus graves mécomptes et aux plus cruelles désillusions.

(Sur la question de l'introduction aux colonies de la législation métropolitaine sur les accidents du travail, consulter l'étude de M. Maurice Besson : *La Législation ouvrière coloniale, Quinzaine coloniale*, année 1928, p. 63; *Adde* les observations présentées à ce sujet par les différentes sections de l'Union Coloniale, *Quinzaine coloniale*, année 1928, pp. 404 et 443.)

39. — **Sanctions pénales.** — Les prescriptions qui viennent d'être exposées, concernant la réglementation des conditions du travail, sont assorties par les textes de sanctions pénales prononcées par les tribunaux répressifs de droit commun.

Suivant les colonies et suivant la gravité des infractions, ces peines varient. Les textes prononcent une amende (1 à 15 francs ou 16 à 100 fr.) et un emprisonnement (1 à 5 jours et 6 à 15 jours ou 2 mois) ou de l'une de ces peines seulement.

Les peines sont plus fortes en cas de récidive. Mais à l'inverse, elles peuvent être adoucies par le jeu des circonstances atténuantes.

Notons que le fait, par un employeur, d'apporter ou de faire apporter des entraves à l'exercice du contrôle et de la surveillance par les inspecteurs du travail figure au nombre des infractions.

(*Afrique Occidentale*, décret du 22 octobre 1925, art. 32 et A. G. G. du 29 mars 1926, art. 46; *Afrique Equatoriale*, décret du 4 mai 1922, art. 8 et 9 et A. G. G. du 11 février 1923, art. 22; *Madagascar*, décret du 22 septembre 1925, art. 54 et 55).

40. — L'inspection du travail. — Il était nécessaire pour assurer la bonne application et la stricte observation des dispositions qui réglementent les conditions du travail d'instituer un organisme de surveillance et de contrôle ; le législateur y a pourvu en créant dans les colonies africaines une inspection du travail.

L'organisation de l'inspection du travail est, il est vrai, assez rudimentaire en Afrique Equatoriale. Les autorités administratives, les agents des douanes, les agents forestiers, les médecins dépendant de l'administration y sont habilités pour surveiller l'exécution des clauses du contrat de travail et constater par des procès-verbaux les manquements aux obligations.

Elle est au contraire réglementée avec précision en Afrique Occidentale et surtout à Madagascar.

Les textes en vigueur dans ces colonies déterminent quel est le personnel de l'inspection du travail (personnel spécialisé à Madagascar et choisi parmi les fonctionnaires de l'ordre administratif ou parmi les médecins des troupes coloniales hors cadres ou les médecins européens de l'assistance médicale indigène que leur grade et leur expérience du pays désignent particulièrement pour ces fonctions, tous devant recevoir une commission spéciale et devant être préalablement assermentés); ils énoncent l'objet et l'étendue de la mission des inspecteurs du travail : ces derniers doivent, au cours de leurs tournées, visiter les chantiers, ateliers et plantations qui utilisent la main-d'œuvre indigène, ainsi que les camps et habitations des travailleurs; ils y font toutes les vérifications et constatations utiles, examinent les contrats et livrets de travail; ils reçoivent les déclarations et les réclamations des employeurs et travailleurs; au cas de conflit ou de désaccord ils s'efforcent de les concilier, sous réserve de recours au conseil d'arbitrage. Enfin, ils constatent les infractions à la réglementation en vigueur par des procès-verbaux; et ils font chaque année un rapport sur l'application de la réglementation du travail avec indication de toutes les propositions et suggestions qui leur paraissent utiles.

(*Afrique Occidentale*, A. G. G. du 29 mars 1926, art. 45, 46 et 47; *Afrique Equatoriale*, décret du 4 mai 1922, art. 11 et A. G. G. du 11 février 1923, art. 21; *Madagascar*, décret du 22 septembre 1925, art. 16, 17, 18 et 19.)

41. — **Dispositions relatives à l'apprentissage.** — L'enseignement professionnel a été organisé dans chacune des colonies du continent africain; des écoles professionnelles ont été créées dans les principaux centres en vue de donner aux indigènes l'enseignement industriel, commercial et agricole. Pour nous en tenir aux textes les plus récents, citons :

Afrique Occidentale : A. G. G. du 1er mai 1924 portant organisation générale de l'enseignement dans la colonie : art. 38 à 43 relatifs à l'enseignement professionnel; Sénégal : A. L. G. du 9 juin 1927 relatif à l'enseignement professionnel; A. G. G. du 1er mai 1924 créant à Dakar une école d'apprentissage; Dahomey : A. L. G. du 1er septembre 1924 réorganisant l'école primaire supérieure et professionnelle.

Afrique Equatoriale : A. G. G. du 13 septembre 1926 réglementant le contrat d'apprentissage dans les colonies de l'A. E. F.

Madagascar : A. G. G. du 20 décembre 1910 organisant l'apprentissage industriel des indigènes; A. G. G. du 5 février 1921 organisant l'enseignement professionnel des indigènes et réglementant l'école industrielle de Tananarive, modifié par A. G. G. du 27 février 1924 et du 23 avril 1926.

CONCLUSIONS

I. — Les développements qui précèdent montrent à quel point a été ressenti par le législateur colonial français le souci d'établir le régime et l'organisation du travail des indigènes dans les colonies africaines sur des bases tout à la fois humanitaires et utilitaires, en prenant pour point de départ la liberté des indigènes.

Cette préoccupation qui a été celle du législateur d'hier ne cessera point assurément d'être celle du législateur de demain. Les déclarations faites tout récemment par M. Maginot, Ministre des Colonies, à la tribune de la Chambre lors de la discussion du budget des Colonies, en sont le témoignage. Elles peuvent se résumer en une brève formule : améliorer les conditions de travail et d'existence des indigènes.

II. — Déjà, le présent rapport a permis de s'en rendre compte, beaucoup a été fait pendant ces dernières années pour le bien social des travailleurs indigènes.

L'engagement de travail a été soumis à une réglementation protectrice de la liberté et de la personnalité des travailleurs indigènes (Cf. n ᵛ 13 à 21).

Les conditions du travail : âge et aptitude physique des travailleurs (cf. nᵒˢ 22 et 23), durée du travail et repos (cf. n ᵛˢ 24 et 25), dispositions touchant le salaire, son montant, son payement, les retenues et la constitution d'un pécule (cf. n ᵛ 26 à 31), prescriptions relatives à la nourriture, au logement et à l'habillement des travailleurs (cf. n ᵛˢ 32 à 34), mesures assurant l'hygiène, la santé et la sécurité des travailleurs (cf. n ᵛ 33 à 38), enfin, organisation des sanctions et du contrôle (cf. nᵒ 39 et 40) et de l'apprentissage (cf. nᵒ 41), toutes ces matières ont été l'objet de dispositions dont on ne trouvait point, il y a soixante ans à peine, l'équivalent dans la métropole et dont certaines (nourriture, logement, habillement, soins en cas de maladie ou accident non professionnels) n'existent pas dans la métropole. Tout cela, il importe de ne pas l'oublier.

III. — Est-ce à dire, cependant, que tout soit pour le mieux ? Il serait puéril et assurément inexact de l'affirmer. Nous ne nions point que des abus ont été commis, que d'autres sont encore possibles, malgré les précautions prises.

Remarquons toutefois que, pour juger sainement la très abondante réglementation dont nous avons rapporté la teneur, il faut lui laisser le temps de pénétrer la vie et les mœurs et d'être ainsi en mesure de produire les résultats pratiques qu'on en attend.

Car l'œuvre n'est pas finie quand la réglementation est promulguée; nous pensons bien plutôt qu'elle commence seulement. Et il faut alors donner aux artisans de sa mise en œuvre les moyens et le temps matériel nécessaires pour savoir et pouvoir l'appliquer. C'est ainsi que nous avons pu signaler les heureux effets des mesures sanitaires prises sur les chantiers de l'Afrique Occidentale française, effets qui sont le résultat d'efforts patients et prolongés; mais ce n'est là qu'un exemple relatif à un point particulier.

En tous cas, à quiconque veut réformer et perfectionner la législation coloniale ouvrière en vigueur, des règles s'imposent dont l'examen de ce qui a été fait dans les colonies africaines françaises nous révèle l'opportunité.

IV. — Un premier principe, c'est assurément que la question de l'organisation et du régime du travail des indigènes ne peut être résolue utilement qu'en envisageant chaque colonie séparément et en s'inspirant des circonstances particulières et spéciales à chacun des différents territoires coloniaux : degré d'évolution, tendances naturelles et mentalité des indigènes; importance et répartition des productions locales, agricoles, industrielles ou commerciales; nature des travaux à accomplir, publics ou particuliers; ressources du pays en main-d'œuvre; vigueur physique de celle-ci, etc... toutes conditions qui, variant d'une colonie à l'autre, ne peuvent être exactement définies que moyennant une connaissance approfondie de la colonie envisagée.

V. — Un autre principe qu'il ne faut pas davantage perdre de vue, c'est qu'il importe avant tout, aux colonies, de prendre garde que la législation ouvrière ne devance point l'évolution économique et sociale. La plus grande prudence s'impose; tout ce qui est bon dans la métropole ne l'est pas nécessairement dans les colonies.

C'est ainsi, et à titre d'exemple, qu'en ce qui concerne la réglementation des accidents du travail et des maladies professionnelles, il est bien évident qu'il ne peut être question d'appliquer purement et simplement la législation de 1898 aux colonies et au profit des indigènes. Plusieurs raisons s'y opposent : 1o les bénéficiaires d'une telle législation doivent, sous peine d'abus, avoir atteint un degré suffisant d'évolution et d'aptitude à profiter des lois sociales; 2ᵒ le fonctionnement d'une législation relative à la responsabilité des accidents du travail suppose des conditions matérielles d'organisation administrative (service médical, contrôle, fonctionnement de l'assurance, etc.) qui ne sont pas réalisées dès maintenant dans les colonies du continent africain; 3ᵒ l'assimilation des maladies aux accidents professionnels se heurterait à des difficultés insurmontables provenant de ce qu'il existe dans les colonies des maladies endémiques dont il sera très délicat de savoir si elles doivent être considérées comme professionnelles, parce qu'elles se sont déclarées sur le chantier. (Sur tous ces points, cf. *supra*, n 38.)

VI. — Enfin, il convient de ne pas oublier que, en dehors des moyens de technique juridique proprement dite, — les seuls dont il a été fait état dans ce rapport, — il en existe d'autres dont la mise en œuvre ne doit pas moins puissamment contribuer à l'amélioration du régime et de l'organisation du travail des indigènes dans les colonies.

C'est, d'une part, le développement d'un outillage perfectionné qui, par sa puissance et son rendement, réduira l'effort demandé à la main-d'œuvre indigène et suppléera aux bras qui peuvent faire défaut.

C'est, d'autre part, les progrès de l'hygiène sociale générale et le souci de l'amélioration de la santé publique qui mettront au service de l'agriculture, de l'industrie et du commerce des travailleurs plus robustes et plus actifs.

L'administration coloniale africaine paraît être entrée résolument dans cette double voie.

Le Régime

et

l'Organisation du Travail des Indigènes

dans les Indes Néerlandaises

par

W. M. G. SCHUMANN

Docteur en Droit
Ancien Président du Volksraad des Indes Néerlandaises
Membre de l'Institut.

INTRODUCTION

Le remarquable rapport reproduit ci-après a été écrit par M. Schumann en néerlandais. La traduction que nous en donnons est malheureusement très imparfaite. Le manque de temps n'a pas permis au secrétariat de l'Institut d'en faire rédiger une meilleure. Il s'en excuse.

§ 1. — Sous le nom de travail des indigènes, décrit dans les pages suivantes, je comprends exclusivement le travail exécuté par les indigènes des Indes Néerlandaises sous la direction de chefs européens.

En est donc exclu d'abord le travail dans l'industrie du pays, dirigé par des indigènes ou autres Asiatiques, tels que les Chinois et les Arabes : principalement l'agriculture, l'industrie à domicile ou la petite industrie, la pêche ou la navigation côtière. En sont également exclues les « corvées » qui sont considérées comme des impôts payés non en argent mais en main-d'œuvre. Ces corvées, en usage en Europe avant la Révolution française et qui ont existé dans différents pays longtemps après la Révolution, sont sur le point de disparaître dans l'Inde. Pareilles corvées sont dues tant au Gouvernement qu'aux propriétaires de certaines terres par leurs occupants. Le Gouvernement s'occupe depuis de longues années de l'achat ou de l'expropriation de ces terres; de cette façon les corvées seront abolies pour toujours.

§ 2. — Comme tous les pays orientaux, la législation du travail — ainsi que celle concernant l'ouvrier européen — a fait peu de progrès dans l'Inde Néerlandaise. Le besoin de cette législation ne s'est pas encore fait sentir dans la classe ouvrière, aussi n'existe-t-il pas de syndicats assez puissants pour en réclamer une. Sans pouvoir parler d'une vaste organisation, il y a pourtant quelques ouvriers indigènes syndiqués, mais ces syndicats sont presque tous

des réunions politiques sous une direction communiste, qui
au fond ne se réjouirait nullement d'une amélioration du
sort de l'ouvrier; elle ferait perdre beaucoup de son
influence à la propagande communiste.

La législation existante n'a pas répondu à un désir de la
classe ouvrière. Elle est due à l'initiative du Gouvernement qui, spontanément dans ces dernières années,
sous l'influence des Etats-Généraux, du Conseil du Peuple
et des Européens de l'Inde, a répondu aux idées sociales
et fait le nécessaire. Boeyenga (1), dans son étude sur la
législation du travail aux Indes Néerlandaises, fait remarquer que l'évolution de la législation du travail des Indes
Néerlandaises se trouve à l'antipode de celle de l'Europe.

Toutes les deux traitent de la protection des faibles
dans la société, mais en Europe on s'occupa d'abord des
faibles au point de vue physique : les enfants et les femmes
et beaucoup plus tard, après une transition graduelle, des
adultes. Il en fut tout autrement pour la législation de
l'Inde. Les règlements les plus anciens sont une conséquence
de l'institution de l'esclavage; ils contribuent à restreindre
le nombre des « non-libres » et à adoucir leur sort pour arriver peu à peu à l'abolition de l'esclavage. De cette façon,
ils militent directement en faveur des ouvriers adultes. A
côté de ces règlements, on prit, en 1819 déjà, des dispositions en vue de protéger les ouvriers indigènes libres.
On prescrivait entre autres, que, quand un maître n'était
point un indigène, le contrat de travail devait être octroyé
par le Résident. Ce ne fut que plus tard, au XXe siècle,
que la législation moderne fît son apparition dans l'Inde.
Entre les règlements anciens et la législation moderne
d'importation européenne figuraient les ordonnances concernant les colies avec sanction pénale.

§ 3. — La législation moderne a son origine dans une
motion, adoptée en 1919 par le Conseil du Peuple, invitant

---

(1) M. H. J. Boeyenga, *Arbeidswetgeving in Ned. Indië* : Diss.
Leiden 1926, p. 3-7.

le Gouvernement à instituer une Commission du Travail, chargée d'examiner quelles mesures d'ordre social devraient être prises pour les Indes Néerlandaises.

Le Gouvernement donna suite à cette motion.

« Le rapport ample et détaillé du travail considérable, accompli par cette Commission, a bien établi que presque pas une idée moderne ne lui était étrangère. Elle traça le plan d'un règlement concernant l'établissement d'un minimum de salaire, elle projeta l'institution de conseils du Travail en vue de prévenir des conflits, elle disserta sur une introduction éventuelle de l'assurance contre le chômage subsidiée par l'Etat et conçut l'idée d'une assurance contre la vieillesse et l'invalidité. La plupart des propositions de la Commission se sont heurtées à des difficultés d'application (1) ».

Mais de cette Commission est né, en 1921, le Bureau du Travail, qui forme à l'heure actuelle une section du Ministère de la Justice et qui s'occupe des questions relatives au travail. De ce bureau naîtra sans doute un département spécial du Travail, que le Gouvernement n'estime pas encore nécessaire, mais qui pourtant s'impose de l'avis de plusieurs compétences.

Il va sans dire que, dans un pays où la législation du travail est encore en voie de formation, la législation proprement dite doit subir des études préparatoires, ce d'autant plus qu'on ne connaît pas encore assez bien les conditions du travail indigène. C'est pourquoi plusieurs enquêtes sont en cours et que d'autres doivent encore se faire, telles celles qui traitent du chômage, question intéressant uniquement les ouvriers européens et les ouvriers indigènes outillés et non pas les ouvriers proprement dits. Ensuite, nous avons l'enquête relative à une grève dans une usine de construction mécanique à Soerabaja. Son rapport contribua beaucoup à l'amélioration du logement et de la situation sanitaire des ouvriers dans l'arsenal de la Marine.

---

(1) K. G. J. VAN DER MANDERE. *De Javasuikerindustrie,* 1928, bl. 50.

Dès lors, on jugea que d'autres règlements n'y furent point nécessaires. Nous possédons aussi les grandes enquêtes de 1926 sur la situation des industries locales, notamment celles du batik et l'ébénisterie.

Une partie de l'expérience acquise fut publiée dans les *Bulletins du Bureau du Travail*. Comme nous le verrons, les mesures législatives prises, sauf la révision des dispositions sur le recrutement et les ordonnances concernant les colies avec sanction pénale, l'ont été presque exclusivement en application des réglementations internationales du Travail, résultant des conférences internationales de Washington, de Genève et de Gênes.

Le service de l'Inspection du Travail relève du Bureau du Travail.

§ 4. — L'observation insuffisante de l'ordonnance de colies avec sanction pénale fut la cause d'abus fréquents et fit naître, comme par réaction, l'Inspection du Travail, créée d'abord sur la côte orientale de Sumatra, le pays par excellence de la sanction pénale. Plus tard, elle fut étendue à presque toute l'Inde, Java excepté.

Les rapports de l'Inspection du Travail forment une riche documentation concernant l'organisation du travail dans la grande industrie européenne des îles, Java excepté.

Dans l'île de Java l'Inspection est chargée de l'inspection du travail des enfants, du travail de nuit des femmes, du contrôle de l'enrôlement des ouvriers engagés pour des entreprises tant à l'intérieur qu'à l'extérieur des Indes Néerlandaises. Cette dernière surveillance nécessite de temps en temps des inspections dans les colonies étrangères : Malacca, Bornéo et la Nouvelle-Calédonie.

D'ores et déjà on a vivement critiqué l'Inspection du Travail. Les critiques vinrent en premier lieu des employeurs intéressés. Il est sans doute vrai qu'au début l'Inspection du Travail a procédé avec trop de précautions. On peut cependant affirmer qu'on aurait dû montrer plus d'énergie dès le début. En effet, les patrons auraient alors été convaincus qu'il ne leur restait rien d'autre à faire que de suivre ponctuellement la loi. De cette façon leur ligne de conduite se fût tracée d'emblée.

Par suite d'une intervention trop circonspecte, l'employeur s'est mis dans la tête qu'il pouvait marchander, quoique l'Inspection ne s'y prêtât pas. C'est ainsi que le patron s'est senti lésé et a commencé par exprimer de temps en temps ses sentiments par des plaintes aiguës contre l'Inspection. Par contre les ouvriers sont d'avis que l'Inspection prend avant tout à cœur les intérêts du patron. Ce fut du moins le cas au début lorsque, pour prévenir des contraventions et des poursuites, les inspecteurs informèrent directement ou indirectement les directeurs de leurs prochaines visites. Les inspecteurs prirent même la liberté de loger chez des administrateurs. Naturellement les ouvriers évitèrent de signaler leurs griefs à ces inspecteurs qu'ils virent trop souvent en compagnie de leurs patrons dont ils étaient les hôtes bien venus.

Le cadre de l'Inspection du Travail, qui, en dehors des employés européens, dispose de contrôleurs et d'interprètes javanais, n'est pas, hélas ! formé comme il devrait l'être. Le manque d'hommes compétents est dû surtout à des motifs financiers.

Malgré l'avis répété du Conseil du Peuple, le Gouvernement s'est toujours opposé à un accroissement du nombre des employés. Cette extension pourtant s'est fait sentir de plus en plus, car la tâche de l'Inspection embrasse d'un jour à l'autre un plus vaste champ d'action. Dans l'avenir celle-ci sera appelée sans doute à s'étendre à toutes les entreprises.

Il est très pénible de lire dans le onzième rapport de l'Inspection du Travail de 1926 (p. 17) :

« Cependant lorsqu'on apprit que chez l'entrepreneur en cause ne travaillaient que des ouvriers indigènes, ne tombant point sous l'ordonnance de colies ou sous la réglementation du travail libre, l'Inspection n'était pas compétente pour intervenir. »

Ce triste fait prouve une fois de plus l'opportunité d'édicter, pour certaines petites industries, quelques dispositions réglementant en particulier l'habitation, les soins médicaux et l'hygiène. Nous sommes heureux de pouvoir dire qu'à l'heure actuelle cette extension du cadre est prise en considération par le Bureau du Travail. Elle a déjà eu un commencement d'exécution dans l'ordonnance de 1928, n° 341 (voyez p. 24).

L'inspection et la surveillance de la sécurité des travailleurs relève également du Bureau du Travail. Elle est chargée de l'inspection des machines à vapeur, du règlement de sécurité, du travail des enfants et des femmes. A Java, l'Inspection du Travail n'est pas encore suffisamment organisée. L'Inspection technique dans les mines, vu les conditions spéciales exigées, relève du service des ordonnances des mines, qui, de son côté, ressort du Département des industries gouvernementales, département auquel appartient la direction des mines de l'Etat. Cette organisation peut produire des inconvénients pour l'indépendance de l'Inspection, si le directeur de ce département a des tendances plus économiques que sociales.

CHAPITRE I

RECRUTEMENT DES OUVRIERS

§ 5. — Le recrutement proprement dit n'existe pas dans les entreprises situées dans l'île de Java. Vu son surcroît excessif de population, il n'y a guère de manque de bras. Toutefois, il peut se faire qu'un patron ait des difficultés pour se procurer les ouvriers nécessaires lors des grands travaux dans des régions isolées, et, même alors on ne peut pas encore parler d'un recrutement organisé. Généralement c'est une question de salaires à débattre. D'ordinaire on charge des contremaîtres indigènes de chercher des coulis. En conséquence, il n'existe pas de législation concernant le recrutement d'ouvriers indigènes à Java.

Il en est tout autrement en dehors de Java, dans les îles beaucoup moins peuplées. Leur population trouve un bien être suffisant dans l'industrie locale et surtout dans l'agriculture. C'est pourquoi l'habitant n'y est pas obligé de louer ses services. Et voilà pourquoi dans beaucoup de régions il y a manque de bras lors des récoltes annuelles. A cette époque, on doit même faire venir des ouvriers de Java pour travailler dans les cultures indigènes, c'est-à-dire celles du poivre et du caoutchouc. A plus forte raison, les entreprises européennes ne pouvant pas trouver les ouvriers dont elles ont besoin dans la région elle-même, sont obligées de les recruter à Java et en Chine. Ceci explique pourquoi le recrutement dans les îles autres que Java est très rare et n'est pas réglementé, tandis qu'à Java et en Chine il est soumis à des precsriptions légales.

Lorsqu'en 1864 on commença la culture du tabac sur la côte orientale de Sumatra, on dut recruter des Chinois à Pénang et à Singapore, car le concours des Malais, établis là-bas, parut vite insuffisant. Beaucoup plus tard seulement, après avoir obtenu en 1888 l'autorisation des autorités chinoises, on recruta directement des ouvriers en Chine même. Ces ouvriers furent alors engagés par des agents au service des plantations de tabac. Le recrutement direct en Chine s'améliora bientôt, car la prime de recrutement baissa et la supercherie autour des recrutements disparut aussi. Pourtant le recrutement rencontra encore moins de difficultés lorsque plus tard, après l'expiration de leur contrat, on envoya en Chine des ouvriers chinois, dignes de confiance, pour y enrôler des hommes pour Deli. Mais lorsqu'en 1885, les Chinois ne se présentèrent plus en nombre suffisant pour Déli, on se tourna vers Java. Ce n'est que beaucoup plus tard que la nécessité d'une réglementation légale de ce recrutement se fit sentir, lorsqu'après 1908, en attendant la promulgation de l'ordonnance de recrutement, les résidents furent chargés de veiller aux abus du recrutement d'ouvriers indigènes, engagés par contrat.

L'expérience de la première ordonnance de recrutement, en 1909, fit naître celle de 1914 n° 613; depuis lors elle fut maintes fois modifiée.

La surveillance est exercée par les fonctionnaires de l'administration civile et de l'Inspection du Travail sous la direction générale du Directeur de la Justice, tandis que la partie sanitaire est confiée au service médical civil.

Quant au recrutement professionnel de la main-d'œuvre dans les agglomérations de Java et Madoura, les entrepreneurs doivent demander une autorisation au Directeur de la Justice et verser à cet effet une caution effective. Celle-ci est confisquée au profit du Gouvernement lorsque l'autorisation est retirée, contre le gré du détenteur. Des conditions spéciales peuvent lier cette autorisation. Sont tout d'abord interdits, les contrats de travail passés avec des indigènes non-adultes. On entend par « non-adulte » toute personne, jugée incapable, par le contrôleur du recrutement, de faire la besogne mentionnée dans le contrat de travail, qu'elle ait atteint l'âge de 21 ans ou non.

Ensuite les femmes mariées ne peuvent s'engager sans

le consentement de leur mari, qui peut exiger que les époux ne soient pas séparés. L'agent de recrutement doit établir des dépôts servant de logis temporaires aux engagés, aussi bien dans l'intérieur du pays, où le recrutement se fait, que sur la côte, où le contrat est conclu, c'est-à-dire des dépôts de plage. Aucun dépôt ne peut être mis en usage sans l'autorisation de l'administration civile et doit répondre à toutes les exigences de ces autorités.

L'autorisation de recruter est accordée par écrit et sous peine de résiliation; elle peut être subordonnée à des conditions particulières. Ces conditions mentionnent notamment le nombre maximum de personnes qui peuvent être logées, le gîte pendant le jour, les chambres à coucher pour les hommes mariés, les chambres pour les célibataires et celles pour hommes et femmes, la grandeur du dépôt de la plage, la libre circulation des fonctionnaires qualifiés, tandis que l'administration est compétente pour nommer les personnes à qui l'accès et le séjour dans les dépôts est défendu.

L'agent de recrutement est en outre obligé de traiter, de nourrir et de vêtir convenablement les personnes admises dans les dépôts et de veiller qu'elles aient une quantité suffisante d'eau potable et d'eau de bain. De plus, l'agent a l'obligation de transporter au plus tôt les malades dans un local séparé ou dans un hôpital et de veiller à ce que le nécessaire soit fait pour la vaccination et la revaccination.

L'inspection du travail peut faire des règlements spéciaux quant à l'aménagement des dépôts, l'alimentation, l'habillement et les soins médicaux.

L'agent recruteur ne peut loger en dehors des dépôts reconnus les travailleurs recrutés qui ont fait la déclaration mentionnée ci-après, ni y admettre ceux qui ne l'ont pas faite.

Les ouvriers qui désirent s'engager doivent en faire la déclaration par devant le fonctionnaire compétent. Celui-ci s'assure de l'exactitude des renseignements fournis par l'ouvrier sans la présence des personnes qui sont directement ou indirectement intéressées au recrutement. L'agent recruteur, de son côté est obligé, à l'arrivée des ouvriers dans les dépôts, de les faire examiner par un médecin s'ils n'ont pas encore passé d'examen médical, afin de savoir s'ils sont physiquement aptes au travail imposé. L'examen des ouvriers se fait par un médecin désigné par le Gouvernement, conformément aux exigences minimum, auxquelles chaque ouvrier doit donner satisfaction. Il y a lieu de faire une distinction entre le travail : agricole, de fabrique et de mines.

En outre, une photographie des ouvriers, déclarés aptes à un travail déterminé, doit être fournie.

Ceux qui ont été réformés ou ceux qui, pour d'autres motifs, ont été refusés, doivent être renvoyés dans leurs pénates, avec femmes et enfants, aux frais de l'agent recruteur. Quant à ceux qui ont été déclarés aptes, on établit leur contrat de travail, qui, — afin d'éviter des abus, — est soumis à des stipulations sévères. Les contrats sont signés par devant les inspecteurs du travail, établis à Batavia, Samarang et Soerabaja ou en présence des contrôleurs, qui leur sont adjoints. Ils doivent refuser leur ministère dans les cas à désigner par le gouverneur général, notamment si l'acte n'est pas conforme aux prescriptions ou si la convention est en conflit avec les ordonnances légales, si l'ouvrier est victime de pression, de supercherie ou de dol, s'il y a un doute sérieux au sujet de l'identité de l'ouvrier ou des membres de sa famille qui l'accompagnent. On peut interjeter appel de ce refus auprès du chef de l'administration du district. Le texte du contrat de travail doit être clairement expliqué aux ouvriers par le contrôleur du recrutement. En même temps il est obligé de leur donner tous les renseignements nécessaires quant aux conséquences de leurs conventions. Il peut aussi leur poser les questions qu'il juge nécessaires. Les ouvriers qui se seront présentés librement et qui se sont mis volontairement à la disposition de patrons, peuvent encore renoncer à leurs engagements. Ceux-ci doivent également être rapatriés aux frais des agents de recrutement.

Le contrat de travail énumère, outre les noms de l'ouvrier, de l'agent recruteur et du futur patron, la nature du travail (agriculture, mines, etc.), le montant du salaire, éventuellement la condition de l'alimentation libre, mais dans tous les cas le logement libre avec bonne eau potable et eau pour bains en quantité suffisante, les médicaments nécessaires, même en cas de maladie non contractée en service, les jours de paie du salaire (salaire journalier, salaire hebdomadaire, salaire mensuel ou mi-mensuel), le nombre des heures de travail, le droit au transport gratuit au lieu de destination et après dissolution du contrat, soit par suite de l'expiration de sa durée, soit par suite d'incapacité physique au travail et en cas de renvoi motivé ou non de l'ouvrier par le patron, ce dont le chef de l'administration locale décidera, son rapatriement gratuit avec sa famille dans son lieu d'origine.

Enfin le contrat de travail stipulera la durée du travail.

Au cas où le recrutement se fait conformément à l'ordonnance de coulis, les clauses inscrites dans cette ordonnance ne doivent plus figurer dans ce contrat.

Le contrat de travail est fait en trois exemplaires, dont un reste entre les mains du contrôleur du recrutement. Les deux autres exemplaires sont remis aux autorités compétentes dans le port de destination. Il est interdit de porter en compte ou de retenir sous n'importe quelle forme des payements faits ou du matériel quelconque fourni par l'agent recruteur aux ouvriers. L'avance usuelle de jadis, payée avant l'embarquement, a été récemment défendue, mais les patrons la donnent à forfait, depuis peu, en partie lors de la conclusion du contrat et en partie lors de l'embarquement. L'avance payée au débarquement ou à l'arrivée à la plantation est limitée à 10 florins pour les simples coulis.

Pour faciliter le contrôle, l'embarquement est autorisé à Batavia, Samarang et Soerabaja uniquement.

Pour des pays et des régions déterminés, le gouverneur général peut fixer la proportion du nombre d'hommes et de femmes pour chaque embarquement et défendre, s'il le faut, leur transport vers une certaine zone ou vers une partie d'une région des Possessions extérieures.

C'est ainsi, par exemple, que les fondateurs d'entreprises nouvelles ont à pourvoir dans un délai fixé au logement et à l'approvisionnement de la main-d'œuvre venue d'ailleurs, sous peine de se voir refuser le droit d'embarquer cette main-d'œuvre.

Pourtant on aurait mieux fait de stipuler que tout embarquement serait interdit aussi longtemps, par exemple, que l'employeur n'aurait pas procuré le logement. Car dans le régime actuel, l'ouvrier fera défaut malgré tout, dans chaque cas, endéans le terme fixé.

L'interdiction d'embarquement a été appliquée déjà plusieurs fois.

L'agent recruteur est obligé de se conformer aux règlements existants quant à l'embarquement des ouvriers et des membres de leurs familles, qui les accompagnent, et de supporter les charges imposées par ces règlements pour le débarquement, obligatoire dans un ou plusieurs ports; il est tenu aussi de se conformer aux règlements relatifs au transport, à l'alimentation et aux soins médicaux des ouvriers.

Le transbordement a lieu sous la surveillance de la police, qui examine avec soin si toutes les formalités ont été remplies et qui vérifie aussi l'identité des ouvriers. Lorsque l'embarquement est refusé par le fonctionnaire compétent, les coulis seront renvoyés au dépôt, où ils attendront la décision du contrôleur du recrutement. Mais au dernier moment les coulis recrutés peuvent encore refuser de s'embarquer, ils peuvent même refuser de partir après l'embarquement, dans ce cas on ne peut les empêcher de quitter le navire.

Pendant le voyage en mer on donnera aux ouvriers et à leurs familles un logement convenable, de la nourriture suffisante, de l'eau potable et d'autres vivres de bonne qualité.

Après l'arrivée au port de destination, le chef de l'administration locale leur demande explicitement s'ils ont à se plaindre du traitement et des soins reçus pendant leur voyage en mer. Il adresse, après son enquête, un rapport au sujet de ces plaintes à l'administration principale de l'embarquement à Java.

La même enquête a lieu dans le port d'arrivée de Java, pour les ouvriers qui retournent dans leur pays et les membres de leur famille qui sont rapatriés aux frais des employeurs.

Ces dispositions, qui pourraient avoir de bons effets, sont hélas, souvent inefficaces par le fait que les ouvriers engagés refusent de collaborer ou même tâchent de tromper les fonctionnaires. Cette supercherie trouve souvent son origine dans la crainte des recruteurs qui, trop souvent, ne reculent pas devant la menace, pas même devant la violence.

Si le recrutement, tel qu'il est réglementé, doit être encouragé dans l'intérêt des cultures des agglomérations extérieures, on est cependant vite désillusionné par le fait que nombre de machinations ne peuvent être combattues efficacement. Ce recrutement professionnel ne jouit pas d'une grande popularité auprès de la population indigène et, de plus en plus, la masse se montre réfractaire à signer un contrat de coulis. C'est pourquoi le recruteur promet trop souvent monts et merveilles sans pouvoir réaliser ses promesses.

Des mariages simulés sont conclus; le recruteur prétend faire lui-même un contrat, donc émigrer avec sa victime, mais au dernier moment il disparaît habilement de la surface. Ces abus, qui avaient une mauvaise influence sur la valeur des ouvriers ainsi que sur leur ardeur au travail, incitaient plusieurs employeurs à essayer une autre façon et à avoir recours au « recrutement » personnel proprement dit; dans ce système l'agent recruteur est remplacé par un représentant du patron qui n'envisage pas des bénéfices directs, mais qui cherche des ouvriers contents et travailleurs.

§ 6. — A côté du recrutement professionnel, exposé plus haut, on a créé par le M. 1915, p. 693, le recrutement personnel selon lequel les employeurs peuvent être autorisés à recruter des indigènes à Java et à Madoura exclusivement, au profit de leurs propres entreprises situées dans les Possessions extérieures. Il vise les entreprises commerciales, agricoles et industrielles, ainsi que les travaux publics de construction ou d'exploitation de chemins de fer et de tramways vicinaux. Un employeur, qui obtient du Directeur de la Justice l'autorisation exigée, agit comme administrateur de son recrutement personnel, mais il ne peut pas désigner de délégués sans autorisation écrite du Directeur de la Justice. Cependant cette autorisation n'est pas accordée, par exemple, aux agents recruteurs ou à leurs acolytes s'occupant de recrutement professionnel. L'ordonnance ordinaire de recrutement, à l'exception de quelques modifications non essentielles est d'ailleurs applicable au recrutement personnel.

Au début, avant l'existence d'un bureau de recrutement professionnel, la plupart des employeurs exprimaient leurs griefs contre ce recrutement personnel, à cause des frais en bâtiments qu'il occasionnait et du nombre des employés qu'il nécessitait.

Si chaque employeur se mettait à recruter de sa propre initiative, il s'en suivrait naturellement une augmentation des frais, une hausse des salaires et une jalousie réciproque. Afin de prévenir de tels abus, plusieurs planteurs se sont groupés et le recrutement se fait par les planteurs réunis, qui ont un bureau spécial de recrutement à Java et emploient, outre les recruteurs professionnels de caractère douteux dont ils ne peuvent se passer à cause de leur habileté et leur manque de scrupules, des ouvriers ou des anciens ouvriers à contrat, qui sont envoyés en congé chez eux. Ils sont plus aptes à gagner la confiance de leurs amis et voisins.

Les coulis admis sont envoyés dans des entreprises déterminées, de sorte que la concurrence et la hausse des salaires sont exclues.

L'expérience fut tellement favorable que le recrutement professionnel est à peu près évincé par le recrutement personnel.

L'autorisation de faire du recrutement personnel est accordée uniquement à des patrons présumés ne pas se rendre coupables d'agissements malhonnêtes.

Une des conditions de cette autorisation stipule qu'au cas où un ouvrier, déjà arrivé dans l'exploitation, demande la résiliation de son contrat, le patron est obligé de l'accorder pour autant que l'Inspection du Travail juge opportun le renvoi de l'ouvrier, aux frais du patron. Par exemple lorsqu'il s'agit de gagne-pain, de personnes abandonnées, de femmes parties sans autorisation de leur époux et ayant des enfants nécessitant des soins maternels, des ouvriers qui ont été amenés par des moyens illicites à s'engager.

Comme cas particuliers de recrutement personnel, on peut citer celui du Chemin de fer d'Etat en construction dans le Sud du Sumatra ainsi que quelques autres travaux publics. Ils eurent lieu à l'intervention des administrations locales, c'est à dire par l'autorité publique. Dans ce recrutement l'ordonnance de recrutement n'est pas applicable. Le chef de la construction de ces chemins de fer peut désigner des personnes qui, munies d'une déclaration de l'administration locale, peuvent recruter des indigènes à Java et à Madoura et les embarquer, sans plus, vers le lieu de destination où ils passent des contrats verbaux en vertu de l'ordonnance (1911 n° 540, deuxième partie, voyez, p.22), donc sans sanction pénale.

Le recrutement pour les autres entreprises du Gouvernement se fait au contraire d'après l'ordonnance de recrutement.

§ 7. — Il était défendu jusqu'en 1927 aux coulis, non engagés par des contrats valides, de s'embarquer vers les Possessions extérieures. Par cette disposition, qui avait pour but de garantir les coulis contre la fraude des conditions de recrutement et de travail, les industries indigènes, non en mesure de supporter les frais de recrutement, furent frappées en premier lieu. Ainsi la culture indigène, spécialement celle du caoutchouc, fut entravée par le manque de bras; cette culture se développa les dernières années beaucoup plus vite que la culture du caoutchouc dans les plantations des Européens — bien que celle-ci atteigne un plus haut niveau — et ait défriché des centaines d'hectares au moyen d'ouvriers libres exclusivement.

C'est pourquoi, dans l'ordonnance de 1927 nº 142, il a été stipulé que l'émigration des coulis sera entièrement libre dans le cas où ils ne sont liés par aucun contrat à Java. Celui qui veut employer des coulis libres, pourra donc les recruter librement. Quand les coulis ne se plaisent pas chez leur patron, il n'y a rien qui peut les empêcher de partir. Mais malgré que le recrutement soit libre, la loi n'abandonne pas les coulis tout à fait à leur sort. Dans les exploitations, où l'ordonnance de coulis est applicable, ceux non liés par contrat tombent néanmoins sous les dispositions protectrices de l'ordonnance de 1911 nº 540, tandis que pour une autre catégorie d'entreprises l'ordonnance 1928 nº 341, dont nous parlerons plus loin est appliquée.

Dans des cas exceptionnels ces coulis peuvent aussi être transportés à Java aux frais de l'Etat.

Pour prévenir la fraude des stipulations de recrutement en important les coulis comme des coulis libres et en passant par après avec eux un contrat sans sanction pénale, il est formellement stipulé que passer de pareils contrats avec des indigènes, originaires de Java, n'est permis que dans l'Ile de Java même.

Le directeur du Bureau du Travail peut cependant, moyennant des conditions posées par lui, dispenser de cette obligation certains bureaux recruteurs, à condition qu'ils fournissent des garanties suffisantes pour un recrutement sérieux.

§ 8. — RECRUTEMENT POUR LES PAYS HORS DE L'INDE.

Non seulement les entreprises établies dans les îles hors de Java et de Madoura cherchent de la main-d'œuvre javanaise mais aussi les entreprises des îles anglaises de Malacca et Bornéo, celles de la Nouvelle-Calédonie française, et celles des colonies hollandaises d'Amérique. Comme ce recrutement comporte aussi des manœuvres malhonnêtes, il fut défendu dès 1887 de recruter des ouvriers pour l'extérieur sans autorisation du gouverneur général. Elle fut cependant accordée chaque jour plus largement. En même temps, des prescriptions furent édictées concernant l'inspection du transport de personnes au moyen de navires, en tenant surtout compte du transport des indigènes en masse.

Le recrutement et le transport pour Suriname ont été réglés d'une façon spéciale, ainsi que la réglementation du recrutement pour des représentations à l'étranger. Souvent il arrivait que des impresarios sans scrupules, séduisaient les indigènes, et naturellement les plus primitifs, afin de donner avec eux des représentations en Europe et en Amérique. Ces impresarios, lorsqu'il leur en venait l'idée, ne voyaient guère d'inconvénients à abandonner tout à coup leur troupe.

C'est pourquoi l'autorisation du gouverneur général, qui peut exiger une caution en vue de couvrir les frais de séjour à l'étranger et de retour, est requise de l'employeur pour le cas où il manquerait à ses obligations.

On trouve la sanction pénale de toutes ces interdictions dans l'article 239 du Code pénal, par lequel tout recrutement pour l'étranger est défendu à moins que le Gouverneur général n'en accorde l'autorisation. Cette autorisation est seulement accordée pour les pays où il existe une législation ouvrière, donnant des garanties suffisantes de bon traitement; en même temps le Gouvernement veille aussi sur ces ouvriers, en se réservant le droit d'envoyer un fonctionnaire sur place, afin d'être renseigné. Cela se fait d'ailleurs régulièrement.

En outre, le Gouvernement a décidé que l'autorisation sera uniquement accordée pour les pays, vers lesquels des émigrations, plus ou moins régulières, ont déjà eu lieu. C'est pour ce motif, qu'en 1926, des demandes réitérées faites au Gouvernement par la Nouvelle-Calédonie en faveur d'entreprises françaises dans les Nouvelles-Hébrides et par le Gouvernement français pour l'Ile de la Réunion, ainsi que pour Brunei (Bornéo anglais), furent rejetées.

Les dispositions du recrutement pour l'étranger et Suriname sont presque identiques à celles des Possessions extérieures. On a actuellement permis le recrutement pour les Etats Fédérés Malais, la Nouvelle-Calédonie et le Sarawak.

Quant à l'étendue du recrutement, on ne connaît que le nombre de ceux qui ont émigré en vertu des stipulations de l'Ordonnance de Recrutement. Il n'existe aucune statistique de ceux qui partent sans contrat; elle serait d'ailleurs impossible, car aucune surveillance n'existe sur le va-et-vient de ces ouvriers. Pourtant, une telle surveillance serait désirable, surtout en vue de la fraude possible quant à l'interdiction du recrutement pour l'étranger sans autorisation. C'est pourquoi des mesures de contrôle sont en préparation au Bureau du Travail.

En 1926, 90,741 sont partis comme ouvriers vers les Possessions extérieures; 1,324 vers Suriname et 2,378 vers des colonies étrangères. Il est probable que le recrutement clandestin — le plus souvent avec des navires chinois, vers Singapore — est encore assez élevé; ce qui d'ailleurs, est très compréhensible, vu que les recruteurs complotent avec les recrutés pour éluder les dispositions réglementaires.

Enfin, bien que l'Inspection du Travail ait pu combattre en grande partie les abus, le recrutement n'est pas encore entièrement impeccable. C'est pourquoi l'Inspection a commencé une enquête générale en vue de l'établissement d'une réglementation nouvelle.

Ces chiffres, empruntés au dernier rapport de l'Inspection du Travail, sont les derniers chiffres officiels relevés. D'après des données non officielles, le nombre de travailleurs disposés à contracter, est en diminution, alors que les besoins en main-d'œuvre augmentent.

Par contre, l'émigration des travailleurs libres autorisée depuis le 1er janvier 1929, semble s'accroître. Mais le temps est encore trop court pour se prononcer sur ce point.

Car, bien que le recrutement personnel ou privé dépasse en importance le recrutement professionnel, les abus se

constatent surtout chez le personnel inférieur du recrutement, tant de la première catégorie de recrutement que de
la seconde. La méthode suivie pour le recrutement personnel
d'envoyer de vieux serviteurs coulis à Java afin de recruter
des amis et connaissances n'a pas de succès suffisant pour
pouvoir renoncer au personnel d'une autre espèce.

Un pareil serviteur ancien n'amène en moyenne que
1 1/2 travailleur nouveau, de manière que le recrutement
privé ne peut se passer de l'aide de toutes espèces d'inter-
médiaires avec tous les abus y inhérents.

CHAPITRE II

LES REGLEMENTATIONS DU TRAVAIL

§ 10. — Il est de règle que les rapports entre patrons et ouvriers soient régis par les articles 1601-1603 du Code civil.

L'article 1601 constitue le premier alinéa de l'article 1780 du Code civil français et l'article 1602, l'article 1781 du Code civil, supprimé en 1868. L'article 1603 est du pur Droit hollandais ancien.

Voici la teneur de ces articles :

1601. — On ne peut engager ses services que pour un temps ou pour une entreprise déterminée.

1602. — Le patron est cru sur parole, confirmée en cas de besoin par serment pour ce qui concerne :

Le montant du salaire;

Le paiement du salaire de l'année échue;

L'avance sur le salaire de l'année courante et la durée de l'engagement.

1603. — Les serviteurs et les ouvriers ne peuvent sans motifs légaux quitter — quand ils sont engagés pour une époque déterminée — leur service ni être renvoyés avant la fin du terme. Dans le cas ou ils quittent, sans motifs légaux, leur service pendant le temps fixé, ils perdent le salaire gagné.

Pourtant le patron a le droit de les renvoyer en tout temps sans donner de raisons, mais dans ce cas, il est obligé de payer le salaire afférent au temps échu plus un dédommagement de six semaines, à compter du jour du départ.

Si l'engagement a été pris pour un terme de moins de six semaines ou s'il échoit endéans les six semaines, ils ont droit dans ce cas au salaire total.

Quoique réglées, en général, à l'avantage du patron, ces dispositions lèsent complètement l'employeur, car une condamnation éventuelle en dédommagement prononcée contre l'ouvrier, ne possédant généralement rien, est inopérante.

C'est pourquoi le patron se résigne plutôt à rompre le contrat sans désirer voir ses pertes encore augmentées de frais de justice irrécupérables. Ce qui est encore plus désagréable, c'est que l'ouvrier, ne possédant rien, commence par demander une avance, même les mauvais ne voient aucun inconvénient à s'éclipser avant la fin du travail, pour lequel ils ont été payés.

Aussi, l'ouvrier n'invoque-t-il presque jamais ces articles. C'est ainsi que les articles 1601 et 1603 sont, en réalité, lettre morte.

Les articles 1601-1603 du Code civil, ne visant au début que les Européens, puis appliqués en 1879 aux indigènes, ne comptent, depuis 1926, que pour les indigènes, puisque ces articles sont remplacés pour les Européens par la nouvelle réglementation du contrat de travail (*Moniteur* 1926, n° 835). Dans ces articles, les indigènes et les Chinois ne sont pas visés provisoirement, parce que cette législation atteint trop profondément la situation intérieure indigène. L'article 1603, X. C. C. 1er alinéa, stipule pourtant : des contrats de travail passés entre un patron, soumis aux prescriptions précédentes de ce titre et un ouvrier non assujetti à celles-ci, sont régis par ces dispositions, nonobstant l'intention des parties, quand il s'agit de travail égal ou presque égal à celui qui est généralement fourni par des ouvriers assujettis aux dispositions de ce titre.

Comme aux Indes Néerlandaises on ne trouve guère d'ouvriers européens proprement dits, ce cas ne peut se présenter, notamment que parmi les contremaîtres et le personnel de bureau. Mais là aussi, il est très rare que les Européens et les indigènes travaillent côte à côte dans des fonctions semblables ou à titres égaux, ce qui rend inutile une plus ample explication de ce contrat de travail.

§ 11. — Le second cas, d'après lequel l'ouvrier indigène est soumis à une réglementation spéciale, est celui de l'indigène faisant partie de l'équipage d'un navire armé à l'européenne. Ces indigènes sont soumis aux prescriptions du quatrième titre du deuxième livre du Code de Commerce (Art. 394-452, pour une partie, et art. 250-275 du Code de Commerce et, pour le reste, l'ancien Droit hollandais), en vertu des dispositions finales de l'ordonnance sur l'administration et la discipline à bord des navires marchands néerlandais. Ind. 1873 : — 119, depuis modifiées plusieurs fois.

Si d'une part le Code de Commerce renferme les dispositions concernant les relations civiles, presque identiques dans le monde entier, la sanction criminelle, d'autre part, qui se rencontre également partout dans ce contrat de droit privé, est comprise dans les articles 454 et suivants du Code pénal joint à l'ordonnance de 1873, déjà mentionnée. Ainsi sont poursuivis criminellement, entre autres : la désertion, le refus de faire son service, la récalcitrance, l'insubordination, etc., donc des ruptures de contrat, qui, à d'autres égards ne donneraient lieu qu'à des dédommagements.

Est d'application aussi l'article 402, en vertu duquel le capitaine ou son remplaçant peut solliciter main-forte contre ceux qui refusent de venir à bord ou le quittent sans permission et refusent d'accomplir leur service.

§ 12. — Le troisième cas comprend la réglementation du travail libre, inscrite sous le 2º dans l'ordonnance du 3 octobre 1911 nᵗ 540, dernièrement modifiée par le *Moniteur*, 1924 nº 250; cette réglementation tend uniquement à fournir aux entreprises, en dehors de Java et de Madoura, l'occasion de passer des contrats de travail sans sanction pénale. Ces contrats ne peuvent pourtant pas être arrêtés dans les agglomérations extérieures avec la population indigène de la section où l'entreprise est située. Afin d'empêcher la fraude éventuelle des prescriptions de l'ordonnance de coulis, on ne peut laisser main-libre aux patrons. Aussi sont-ils obligés pour cette catégorie d'ouvriers de tenir un registre, mentionnant le commencement et la fin de leur contrat, le salaire convenu, et éventuellement la dette de l'ouvrier. Ce registre doit évidemment être soumis aux autorités compétentes.

Cette ordonnance comprend en outre les prescriptions suivantes sur les conditions mêmes du travail.

Les contrats de travail non passés pour un temps déterminé sont considérés pour une durée de trois mois renouvelable par tacite reconduction.

Le patron est obligé de payer régulièrement aux ouvriers les salaires exigés.

Il ne peut être retenu sur le salaire de l'ouvrier aucune autre somme que celles stipulées au contrat et celles saisies par un jugement.

En aucun cas, la retenue ne peut dépasser le quart du salaire gagné depuis le paiement précédent.

Lorsque l'ouvrier a fini son service ou est forcé, par incapacité physique, de quitter plus tôt son service que le contrat le prescrit, le patron est obligé de lui fournir, à sa demande, les moyens de retourner à la première occasion avec sa famille au lieu de recrutement. La même obligation incombe à l'employeur pour les ouvriers qui, avant l'expiration de leur contrat, sont congédiés involontairement, ce que le chef de l'administration locale appréciera.

Lorsque le patron n'observe pas ou pas convenablement les obligations précitées, le rapatriement se fera par le chef de l'administration locale aux frais du patron.

Le patron est obligé de fournir aux ouvriers l'occasion de se loger convenablement dans l'entreprise et de leur procurer les soins médicaux, y compris les médicaments nécessaires, même pour les maladies non contractées à son service. Il doit s'assurer aussi de la qualité de l'eau potable et de la quantité d'eau nécessaire pour les bains.

Bien que la rupture de contrat ne soit guère punissable — comme celle du contrat sous sanction pénale — l'Ordonnance rend néanmoins punissables, les délits de trop peu d'importance pour tomber sous le Code pénal mais qui mettent en danger un travail utile, tels sont la révolte, l'injure, la menace contre l'employeur ou contre son personnel, la perturbation de l'ordre, la bagarre, l'ivresse ou d'autres délits semblables contraires au bon ordre, ainsi que l'excitation à la non-observation du contrat ou l'encouragement à cette non-observation. Ce qui est en outre caractéristique dans ce contrat, c'est que l'infraction au contrat du chef de l'ouvrier ne donne lieu qu'à réparation civile, (ex. art. 1603, C. C.), tandis que le patron peut être condamné à une amende s'il n'observe pas les stipulations concernant le salaire, l'alimentation et l'hygiène.

Cette ordonnance n'est d'application que pour les ouvriers des régions où le travail est permis sans sanction pénale et pour Bali et Lombok.

Ces contrats sans sanction pénale ne sont pas recherchés par les patrons, car ils ne garantissent pas suffisamment la sûreté du travail. En 1926, il y avait dans les Possessions extérieures un total de 38,310 coulis, qui tombaient sous cette réglementation, sur 341,388 coulis contractants.

Le *Moniteur* de 1928 n° 341 a étendu dernièrement la sphère d'action de cette réglementation. Des abus manifestes ont poussé le Gouvernement — qui ne s'occupait jusque-là que des coulis recrutés ailleurs — à changer d'attitude. C'est pourquoi des entreprises commerciales, agricoles et industrielles, travaillant avec des coulis originaires de la région même, ont été soumises à l'ordonnance de 1911. Ce ne sont cependant que des entreprises désignées par le chef de l'administration régionale qui, à cause de leur position isolée ou pour d'autres motifs particuliers pourraient commettre facilement des abus. Le Gouvernement crut que le temps n'était pas encore arrivé pour y soumettre les autres industries et notamment les petites industries. A l'heure actuelle, une réglementation pour les petites industries est en préparation.

§ 13. — Le quatrième cas comprend les contrats de coulis avec sanction pénale. Comme nous l'avons déjà vu, les entreprises dans les Possessions extérieures étaient obligées d'importer des ouvriers de Chine et plus tard aussi de Java pour avoir la main-d'œuvre nécessaire. Dès le début, le Gouvernement avait compris la nécessité de protéger aussi bien les ouvriers devant quitter temporairement le pays, que les employeurs qui avaient déjà eu de grands frais pour le recrutement et le transport de travailleurs.

C'est pourquoi, dès 1880, des réglementations furent décrétées pour les différentes régions des Possessions extérieures. Elles comprenaient des droits mutuels et des obligations réciproques pour employeurs et ouvriers, originaires d'autres pays, occupés dans les entreprises agricoles et industrielles. La première réglementation, celle de la côte orientale de Sumatra, à laquelle appartient Déli, — le pays renommé pour ses cultures de tabac, — a servi de modèle pour les autres régions.

La première importation de main-d'œuvre dans ces contrées ne comprenait que des Chinois, mais bientôt on passa au recrutement de Javanais. Les stipulations de la première ordonnance n'étaient donc destinées qu'aux Chinois, loin de leur pays et sans instruction aucune. Ceux-ci seraient livrés complètement à la merci de l'entrepreneur si le Gouvernement n'exerçait pas une surveillance sévère. Comme l'abolition de l'esclavage dans l'Inde, en 1880, ne fut pas encore très éloignée, la crainte fut apparemment vive que ces ouvriers ne retombassent facilement dans l'esclavage, si un contrat sévère ne protégeait leur liberté. C'est pourquoi on prescrivit un contrat de travail écrit, d'un texte déterminé et enregistré. La durée du contrat fut fixée en outre à trois ans. Dans ce laps de temps, le congé, une maladie de plus d'un mois, la désertion et les moments de loisirs ne furent point comptés. On fixa également à dix heures le maximum de travail par jour. Ceci se passait donc longtemps avant que la limitation des heures de travail fut introduite aux Pays-Bas.

Mais, le plus marquant de cette réglementation, c'est la sanction pénale en vertu de laquelle le juge peut punir la rupture de contrat. Tous les deux, l'employeur et l'ouvrier pouvaient être punis pour infraction volontaire au contrat de travail, l'assimilation cessa dans la suite.

Tandis que le patron pouvait être condamné à une amende maximum de cent florins — l'ouvrier, en cas de récidive, — pouvait encourir une peine d'un an. Néanmoins on peut constater ici de bonne heure un grand progrès. La sanction pénale existait déjà pour l'ouvrier indigène. Pour la première fois le patron européen y fut soumis. Cette première ordonnance de coulis fut modifiée et complétée à diverses reprises; elle fut aussi introduite dans d'autres régions et déclarée applicable à d'autres entreprises. Elle fut étendue successivement à l'exploitation des mines, aux chemins de fer et chemins de fer vicinaux, à l'exploitation forestière, à l'abatage des arbres et à la construction des navires. Mais cette extension visait uniquement les ouvriers, originaires d'autres régions.

Le droit commun avait force de loi vis-à-vis des ouvriers régionaux. Mon étude serait trop longue, si je traitais ici des différents amendements à l'ordonnance de coulis; je crois que le présent exposé suffit amplement. Les ordonnances de coulis sont en vigueur dans presque toutes les régions des Possessions extérieures. Elles ne sont pas toutes d'égale portée, mais les différences sont insignifiantes. Vu qu'elles ont été appliquées pour la première fois sur la côte orientale de Sumatra, où les conditions du travail sont les plus intéressantes, puisqu'on y rencontre le plus grand nombre de coulis — 223,219 en 1926 contre 118,119 dans toutes les autres régions — et que les conditions de travail y sont les plus développées, je me bornerai à parler de cette région sans toutefois négliger les autres.

§ 14. — Des ouvriers peuvent donc être enrôlés en vertu d'un contrat de travail écrit pour les besoins d'entreprises commerciales, agricoles, industrielles, dans les Possessions extérieures, ainsi que pour ceux des chemins de fer et chemins de fer vicinaux. Il est défendu de passer ces contrats avec la population locale. Ces ententes sont des contrats dits d'immigration, lorsque l'ouvrier s'engage pour la première fois sinon de réengagement. A l'exception des contrats d'immigration, déclarés, en vertu de l'Ordonnance de recrutement, en vigueur à Java et Madoura, les autres contrats d'immigration sont seulement valables après que leur légalité a été vérifiée par actes passés devant un fonctionnaire désigné par le chef de l'administration régionale.

Sont également valables : les contrats d'immigration, passés dans une localité étrangère, où, d'après la déclaration explicite et publique du gouverneur, un contrôle suffisant est exercé sur l'émigration, à condition toutefois qu'ils soient validés par un fonctionnaire, désigné par le chef de l'administration régionale.

Cette validation est refusée, si le contrat ne remplit pas les conditions légales ou s'il n'a pas été présenté au fonctionnaire compétent dans le délai fixé.

Une semblable validation est exigée pour les contrats de réengagement.

Le patron peut appeler de ce refus devant le chef de l'administration régionale. En cas d'annulation. le contrat de travail n'est plus en vigueur à partir du jour du refus.

On distingue donc :

1º Les contrats d'immigration passés à Java en vertu de l'ordonnance de recrutement (1914 nº 613).

2º Les contrats d'immigration, passés à l'étranger, où un contrôle suffisant est exercé sur l'émigration.

3º Les contrats de travail, passés dans la région où se fait l'exploitation.

4º Les contrats de réengagement, passés dans la région où se fait l'exploitation.

§ 15. — La durée du contrat pour les nouveaux engagés est de trois ans, maximum, et de treize mois pour les réengagements. Le temps, pendant lequel l'ouvrier n'a pas travaillé par suite de maladie, diminué de la dixième partie de la durée du contrat de travail et le temps perdu pour cause de congé, ou par suite de désertion ainsi que les jours, pendant lesquels il a été en prison, sont ajoutés à la durée du contrat.

Les jours que l'ouvrier a manqués sans motifs valables, ne sont également point comptés. Au contraire, les jours de maladie, passés dans un hôpital désigné gar le chef de l'administration régionale, sont portés en compte. Mais en aucun cas la durée prolongée ne peut dépasser le tiers de la durée stipulée au contrat.

On a prescrit d'une façon détaillée ce qui doit être inséré dans les contrats de travail. Ainsi, ces contrats doivent stipuler la nature du travail pour lequel l'ouvrier est engagé et le nombre d'heures de travail. Celui-ci ne peut dépasser dix heures par jour. Ce nombre est rapporté à huit heures lorsque le travail se fait entièrement ou en partie sous terre ou après dix heures du soir. En réalité, la journée normale de travail est de neuf heures et même moins. Presque tous les ouvriers à la tâche — et ce sont la plupart — retournent à la maison beaucoup plus tôt que le temps légal le prescrit. En outre, on considère comme durée de travail — en opposition par exemple, avec Malacca, qui parle de 9 heures de travail effectif, — le temps nécessaire pour venir de la maison et pour y retourner. La durée du travail dans l'exploitation des chemins de fer et des tramways peut être de 12 heures.

Une durée de travail prolongée est permise dans des circonstances extraordinaires, mais moyennant un salaire plus élevé fixé et à condition qu'elle soit stipulée dans le contrat de travail. Un travail supplémentaire, qui ne peut être imposé qu'avec l'autorisation de l'ouvrier intéressé, se présente rarement (10e rapport de l'Inspection du Travail).

En outre, on ne peut forcer l'ouvrier à travailler plus de six heures consécutives; le temps de repos doit être d'une heure au moins.

Le salaire normal et celui pour un travail supplémentaire doivent être également mentionnés dans le contrat.

Beaucoup d'entrepreneurs et d'administrateurs accordent, en dehors du salaire journalier, une prime pour du bon travail et pour une présence régulière et continuelle sur les travaux.

Le plus souvent, on travaille à tâche ou à forfait. Ce salaire doit être plus élevé que le salaire horaire stipulé dans le contrat, parce que la jurisprudence considère celui-ci comme salaire minimum. Après avoir fourni le nombre d'heures de travail, l'ouvrier a donc droit à recevoir, sans plus, le salaire exigé et convenu.

Ensuite doivent être stipulés explicitement le montant et le règlement des avances dont le maximum est fixé par le chef de l'administration régionale. Car, au cas d'une retenue importante, l'ouvrier se trouverait dans l'impossibilité de subvenir à ses besoins. C'est pourquoi l'avance maximum est fixée par le chef de l'administration régionale.

Pour faciliter le contrôle, le patron est obligé, suivant une méthode indiquée par le chef de l'administration régionale, de tenir au courant les livres de paiement ainsi que tous les registres, contenant les comptes des ouvriers. En outre, il est obligé de tenir à la disposition de l'administration et des fonctionnaires de l'Inspection du Travail tous les documents et règlements de compte.

Doivent être mentionnés aussi : la durée du contrat de travail, la durée du repos, ainsi que les jours fériés et autres où l'ouvrier ne travaille pas. Le nombre de jours de repos est fixé au moins à deux jours par mois. En outre on ne peut exiger des ouvrières aucun travail pendant les trente jours précédant l'accouchement, ni pendant les quarante jours qui suivent ou après une fausse couche, ni pendant les deux premiers jours de la menstruation périodique. Ces jours sont considérés comme des jours de maladie, quoiqu'ils ne soient point passés dans un hôpital.

Sur la côte orientale de Sumatra beaucoup de patrons vont cependant plus loin que ne leur prescrit l'ordonnance. Ainsi, pour l'Union des Planteurs de Deli, sur la côte orientale de Sumatra, il fut stipulé déjà en 1919 de n'exiger aucun travail d'une femme pendant le mois présumé précéder l'accouchement et même plus tôt, à la demande de la future mère avec l'autorisation du médecin de l'hôpital. Pendant ce temps, la nourriture gratuite ou son équivalent en argent lui est fourni.

L'association générale des Planteurs de caoutchouc

accorde à la femme enceinte dispense de travail, dès la fin du sixième mois avant l'accouchement ainsi qu'un subside alimentaire et une ration de riz. Les deux ligues des Planteurs accordent donc plus que l'ordonnance de coulis prescrit. Dans beaucoup d'autres entreprises, non affiliées à ces deux Ligues, les futures mères jouissent des mêmes avantages. Souvent on accorde même deux mois de repos après l'accouchement alors que l'ordonnance de coulis ne prescrit que quarante jours.

En outre, le patron a pour obligation de fournir le logement et les soins médicaux à l'ouvrier et à sa famille. Il doit aussi procurer à la famille de l'ouvrier malade, soigné en dehors de sa maison, une nourriture gratuite pendant toute la durée de la maladie.

L'obligation de payer les frais d'enterrement, si l'ouvrier meurt avant l'expiration du contrat, incombe également au patron.

Une autre stipulation oblige le patron à renvoyer à ses frais, vers le pays d'origine, l'ouvrier et sa famille après l'expiration du contrat de travail, à moins que celui-ci ne préfère rester dans la région et que, d'autre part, il n'y ait pas d'obstacles à ce séjour prolongé.

Enfin, il est stipulé que l'ouvrier ne peut, sans son consentement, être séparé de sa famille.

L'ouvrier, de son côté, doit tenir bien propre la maison qui lui a été désignée par l'administration et doit en user suivant sa destination.

Dans le contrat sont indiquées, l'heure à laquelle l'ouvrier devra se trouver sur les travaux, celle où il devra se présenter auprès de son chef et enfin les conditions de dissolution du contrat, à la demande d'une des parties, par un fonctionnaire de l'Inspection du Travail ou par le chef de l'administration locale, dans les cas stipulés aux articles 1603 O et 1603 P ainsi que dans l'article 1603 V du Code civil. Néanmoins l'employeur est toujours obligé de renvoyer à ses frais l'ouvrier et sa famille au pays d'origine.

Voici les causes de dissolution de contrat.

Pour le patron : des actes, des défauts, des agissements de la part de l'ouvrier, d'un caractère tel qu'il ne serait pas raisonnable d'exiger que le patron continue le contrat. Ainsi, par exemple : 1° Lorsqu'à la conclusion du contrat, l'ouvrier a trompé le patron en lui montrant des certificats faux ou falsifiés ou lorsqu'il a fourni intentionnellement de faux renseignements sur la façon dont il a quitté son service précédent;

2° Lorsqu'il appert que l'ouvrier manque considérablement de capacité ou d'aptitude pour le travail imposé;

3° Lorsqu'il s'adonne, malgré des avertissements, à l'ivresse, à l'opium ou mène une conduite déréglée;

4° Lorsqu'il se rend coupable de vol, de détournements, supercheries, fraudes ou autres méfaits par lesquels il devient indigne de la confiance de l'employeur;

5° Lorsqu'il maltraite, offense grossièrement ou menace de l'une ou l'autre façon le patron, les membres de sa famille, les personnes habitant avec le patron ou ses propres collaborateurs;

6° Lorsqu'il corrompt ou essaie de corrompre à des actes contraires aux lois ou aux bonnes mœurs, le patron, les membres de la famille, les cohabitants du patron ou scs propres collaborateurs;

7° Lorsque, intentionnellement ou témérairement, malgré les avertissements répétés, il endommage ou expose à des dangers sérieux la propriété du patron;

8° Lorsque, malgré les avertissements, il expose expressément ou témérairement sa vie ou celle d'autres personnes à des dangers graves;

9° Lorsqu'il divulgue des particularités du ménage et de la profession du patron, qu'il importait de tenir secrètes;

10° Lorsqu'il refuse opiniâtrement d'accomplir les ordres et charges qui lui ont été raisonnablement commandés par le patron ou en son nom;

11° Lorsqu'il néglige grossièrement d'une façon ou de l'autre, les devoirs que lui impose son contrat;

12º Lorsqu'il devient intentionnellement ou témérairement incapable d'accomplir le travail dû.

Les raisons de dissolution de contrat pour l'ouvrier sont: les circonstances qui font qu'on ne peut raisonnablement attendre de l'ouvrier qu'il prolonge encore son service, ainsi :

1º Lorsque le patron maltraite, offense grossièrement ou menace d'une manière grave l'ouvrier, les membres de sa famille ou ses cohabitants. Egalement lorsque le patron tolère que pareils agissements soient commis par un de ses cohabitants ou un de ses subordonnés;

2º Lorsqu'il corrompt ou essaie de corrompre à des actes contraires aux lois ou aux bonne mœurs l'ouvrier, les membres de sa famille ou ses cohabitants. Egalement lorsqu'il tolère qu'une pareille corruption ou tentative de corruption soit commise par un de ses cohabitants ou de ses subordonnés;

3º Lorsqu'il ne paie pas le salaire à l'époque déterminée;

4º Lorsqu'il ne pourvoit pas d'une façon satisfaisante à la pension complète, si elle est convenue;

5º Lorsqu'il ne fournit pas à l'ouvrier — dont le salaire est fixé en raison du travail produit — de la besogne suffisante ou qu'il ne lui donne pas les secours nécessaires;

6º Lorsque, d'une autre façon, il néglige grossièrement les devoirs que lui impose le contrat;

7º Lorsque l'ouvrier, sans que la nature du service l'exige, est commandé, malgré son refus, à faire du travail dans l'industrie d'un autre patron;

8º Lorsque la prolongation du service de l'ouvrier compromettrait gravement sa vie, sa santé, sa moralité ou son bon renom, — autant de circonstances qui n'existaient évidemment pas lors de la signature du contrat;

9º Lorsque, par suite de maladie ou d'autres raisons involontaires, l'ouvrier est devenu incapable d'accomplir le travail exigé.

Par raisons importantes, on entend les vicissitudes dans la situation personnelle ou dans la situation de fortune des parties, les changements des conditions du travail, qui sont de nature telle, que le service devra prendre fin immédiatement comme de juste ou quelque temps après.

§ 16. — OBLIGATIONS DE L'EMPLOYEUR.

L'employeur est tenu d'avoir soin de ses ouvriers, de leur payer directement et régulièrement le salaire convenu. Il doit fournir gratuitement aux ouvriers et à leurs familles un bon logement avec de la bonne eau potable et de l'eau de bain. En cas de maladie, il doit les faire soigner dans un hôpital convenable et leur procurer un traitement médical gratuit, même en cas de blessures non occasionnées en service.

La manière dont les ouvriers sont traités dans l'entreprise, se reflète dans leur état d'âme. Les bons traitements matériel et moral doivent aller de pair. Là où le traitement moral laisse à désirer, le patron oublie souvent ses autres devoirs; c'est à tort qu'il croit devoir établir son autorité par la rigueur. Il peut arriver que la gifle réponde quelquefois à des provocations de la part des ouvriers, mais il arrive plus souvent que ces provocations proviennent de mauvais traitements des employeurs.

Très fréquemment, l'assistant européen qui exécute les commandements et règlements de l'employeur, suit trop ponctuellement les instructions de son chef pour avoir une promotion. Se voyant contrarié dans son zèle par le mécontentement et la rébellion des ouvriers, il se sert très facilement de la gifle, qui pourrait avoir pour lui des conséquences funestes. C'est pourquoi il a été jugé nécessaire de mettre l'assistant dans une position plus indépendante de l'employeur et de régler leurs rapports réciproques. Le Conseil local du district de cultures de la côte orientale de Sumatra publia d'autre part, en 1926, l'interdiction pour les ouvriers de porter des armes, etc., pendant les heures du travail, sans l'autorisation de l'employeur.

Il fut prouvé plus d'une fois que les coulis sont apostrophés brutalement par le personnel européen. Ce traitement brutal et rude provient parfois du fait que l'assistant ne

connaît pas assez bien la langue indigène et que d'autre part,
il est imbu de la fausse idée qu'il doit se faire craindre et
respecter des coulis uniquement par un traitement rude et
brutal. On ne doit pas oublier de faire remarquer à cet
égard que parmi les assistants il y a hélas des brutes, qui,
dans leurs rapports avec les co-Européens aussi ne sont pas
toujours un exemple de bonnes manières.

Tout ceci montra l'opportunité de soumettre dans l'ordonnance de coulis, la nomination et le maintien du personnel
Européen pour les exploitations, à une autorisation du
Gouvernement. Afin d'empêcher qu'un assistant ou un
chef brutal et agressif, déjà puni pour des actes de brutalité,
soit maintenu, il a été réglé par le *Moniteur* 1926, numéro 26,
que seuls peuvent être chefs, inspecteurs ou assistants, les
personnes qui ont reçu une autorisation écrite à cet effet
par le chef de l'administration locale — autorisation accordée seulement jusqu'à nouvel ordre. — Hélas, cette stipulation s'applique seulement aux entreprises qui travaillent
avec des ouvriers selon l'ordonnance de coulis et non à celles
qui travaillent exclusivement avec des ouvriers libres et
non plus au personnel qui était déjà en fonction le 1er avril
1926.

En outre, il a été inséré dans le *Moniteur* 1927, no 417,
qu'à l'article 352 du Code pénal a été ajouté comme élément
d'aggravation de peine la circonstance du délit commis
contre une personne au service du délinquant ou contre
une personne subordonnée à lui.

§ 17. — Il est de règle que l'ouvrier, après avoir achevé
sa tâche quotidienne, peut s'éloigner librement de l'entreprise, même s'il va porter plainte au sujet de mauvais traitements de la part de l'employeur, de l'administrateur ou
d'un membre de son personnel. Malgré que le chef
de l'administration régionale ait prescrit par arrêté
dans l'intérêt de l'ordre et de la sûreté publics, que les
ouvriers d'une ou de plusieurs entreprises ne peuvent
quitter temporairement l'exploitation que moyennant une
autorisation écrite, délivrée par les personnes désignées

dans l'arrêté en question, une telle autorisation pour déposer plainte contre mauvais traitement ne peut pas être refusée.

Les ouvriers ayant comparu devant le tribunal ou ayant été emprisonnés endéans la durée du contrat, en dehors de l'entreprise, et les ouvriers en retard de congé de maladie ou en retard pour autre motif, donc ne rentrant pas en temps voulu ou estimé suffisant par l'administration locale, peuvent être reconduits, — au nom de la loi, — à l'exploitation par le personnel du patron.

Dans des cas particuliers, soumis à l'approbation du chef de l'administration locale, la police peut intervenir, aux frais de l'employeur. Le patron supporte également les frais du transport de l'ouvrier vers le lieu où il doit être jugé pour infraction à un article de cette ordonnance.

Des ouvriers qui, sans autorisation écrite du médecin-directeur, quittent l'hôpital où ils étaient admis, peuvent y être reconduits — à la demande du médecin — par la police ou au nom de celle-ci par le personnel du patron, à qui incombent tous les frais.

Généralement, le retour se fait par le personnel du patron au nom de la police; la police intervient seulement lorsque le chef de l'administration le juge nécessaire. Dans ces deux cas, les frais sont à charge du patron ainsi que, éventuellement, les primes pour prises de corps des déserteurs, qui étaient retenues jadis sur le salaire.

Ici surgit la question de savoir pourquoi on ne charge pas du retour la police au lieu du personnel de l'employeur; la raison en est évidente : d'abord, l'aide du personnel est indispensable affn de pouvoir reconnaître les contractants fugitifs et exiger chaque fois la présence des policiers nécessiterait de son côté l'extension de ce corps, ce qui surchargerait le trésor public. L'administration régionale peut cependant créer pour la sûreté et la protection des entreprises, un corps de policiers de secours soumis à l'inspection de l'administration locale, mais salarié par le patron.

§ 18. — Obligations de l'ouvrier.

L'ouvrier est obligé de faire régulièrement son service, d'observer fidèlement les commandements de l'administration ou de son personnel et de se comporter en tout d'après le contrat. En outre, il est obligé de porter gratuitement secours en cas de catastrophes ou danger de catastrophes, en cas de malheurs, d'éboulements de terre, incendies, inondations, qui menacent la culture, la récolte ou les produits de l'employeur ou qui menacent la sûreté ou la continuation de l'industrie ou la circulation publique.

Il est même obligé de porter ce secours les jours qu'il ne travaille pas, s'il se trouve sur les lieux.

A première vue il paraîtrait injuste d'imposer ces obligations à l'ouvrier pour prévenir des dommages au patron. Cependant aux Indes Néerlandaises, la population est partout obligée, d'après les ordonnances régionales, de prêter main-forte pour combattre pareilles catastrophes et de porter secours à quiconque en serait menacé.

§ 19. — Le logement.

En général, le logement des ouvriers est très satisfaisant. La plupart des maisons sont en bois, avec toit en asbeste, ciment ou fer galvanisé. Parfois on rencontre des maisons en briques. Les coulis ont leurs chambres avec une entrée particulière. Chaque ménage a une chambre spéciale et parfois deux. Les ouvriers non mariés doivent partager une chambre. Tout en tenant compte que les Chinois et les indigènes ont généralement une autre opinion sur la propreté et l'utilité de l'hygiène que les Occidentaux, la nécessité de la propreté des habitations et des enclos s'impose. Là où il n'y a pas de bonne eau potable ou de conduite d'eau, on fournit presque partout du thé.

L'ouvrier marié, qui a travaillé pendant cinq années chez le patron a droit, pour le temps suivant qu'il travaille dans l'entreprise, à l'usage d'un logement séparé, situé à l'écart ou bien à une maison de ménage se composant de deux parties. Cette maison doit satisfaire aux exigences du site et de l'espace.

L'habitation laisse cependant à désirer dans quelques régions.

§ 20. — Soins médicaux.

Par l'article 12 (1) de l'ordonnance de coulis, le patron est obligé de faire soigner gratuitement, si nécessaire, les contractants dans un hôpital, et par l'article 4 (9) de cette ordonnance d'insérer cette obligation dans le contrat de travail. L'article 4 de l'Ordonnance de coulis libres prescrit aussi au patron les soins médicaux convenables pour ses ouvriers.

L'ouvrier ou le membre de sa famille, qui est admis dans un hôpital pour soins médicaux, a droit à une nourriture gratuite et complète aussi longtemps qu'il y restera.

L'employeur est obligé de prendre soin à ce que le transport des ouvriers vers les hôpitaux se fasse d'après les prescriptions du chef de l'administration régionale.

Pour alléger cette obligation, fort onéreuse pour l'employeur, le Gouvernement a établi des moyens permettant de faire, autant que possible, face à cette obligation.

Ainsi, par l'article 11 de l'Ordonnance de coulis, main-forte est accordée pour ramener les contractants évadés d'un hôpital, où ils étaient soignés, et le *Moniteur*, 1910, n° 469, apporta déjà d'autres stipulations, ayant pour but de favoriser et de maintenir l'ordre et la discipline dans les hôpitaux de coulis. Dans cette ordonnance, il fut également stipulé que le médecin-directeur serait compétent pour imposer des punitions disciplinaires pour simples perturbations de l'ordre. Le médecin-directeur est lié dans l'exercice de son droit criminel disciplinaire, par quelques stipulations simples de l'Ordonnance, entre autres, l'obligation de faire périodiquement un rapport sur les punitions imposées.

Surtout sur la côte orientale de Sumatra, dont Deli fait partie, les soins médicaux sont excellents.

Toutes les entreprises sont affiliées aux 44 hôpitaux, qui disposent d'une pharmacie, d'une chambre de pansements et d'une salle d'opération; là où c'est nécessaire, les chambres sont séparées par des moustiquaires en gaze.

Quelques entreprises possèdent entre autres un petit hôpital, sous la direction d'un infirmier indigène ou Chinois, contrôlé par l' médecin de l'hôpital. Ici sont admis provisoirement les ouvriers qui sont légèrement malades, tandis que ceux qui le sont gravement sont transportés immédiatement à l'hôpital central. L'alimentation des malades est excellente. Les naissances et les décès dans les résidences des coulis sont déclarés régulièrement par les parents, parce que ceux-ci reçoivent, lors de la naissance d'un enfant, un cadeau en espèces ou une avance, tandis que les frais d'enterrement sont supportés par l'entreprise.

Quelques hôpitaux à Déli disposent de grands laboratoires et de cabinets de radiographie.

A leur arrivée, les contractants sont examinés par le médecin de la quarantaine; ceux qui sont suspects de maladies contagieuses sont conduits aux postes de quarantaine, les autres à l'hôpital pour y être observés pendant quelques jours et y passer une cure de ver de mines, car presque tous les indigènes souffrent d'ankylostomiase. Les ouvriers, qui sont réformés, surtout ceux atteints d'un commencement de lèpre ou de tuberculose, sont renvoyés à leur pays d'origine.

§ 21. — L'ALIMENTATION DES OUVRIERS.

La faculté de se procurer des vivres dans les exploitations des Possessions extérieures, situées loin des marchés, ne va pas toujours sans difficultés. Il est même difficile de pourvoir à l'alimentation journalière et surtout d'obtenir du riz, qu'on ne cultive ni dans l'exploitation, ni dans le voisinage et surtout pas en quantité suffisante. Quoique l'ordonnance de coulis n'y obligeât point, il fut de règle, sur la côte orientale de Sumatra et ailleurs, en vertu d'un complément au contrat légal de travail prescrit par l'administration locale et l'Inspection du Travail, que l'employeur prît soin d'avoir sur le lieu de l'exploitation suffisamment de riz dont une partie est soldée avec le salaire.

L'Inspection du Travail doit exercer en la matière une surveillance spéciale, car dans plus d'une exploitation on a remarqué que du riz a été vendu à bénéfice et que ce profit n'était pas toujours réparti entre les ouvriers. En outre, les mesures des rations de riz n'étaient pas justes. Là où les entreprises sont situées loin des centres, on a dû créer des magasins de plantation, ici aussi la fraude n'était pas inconnue. Les enquêtes faites ont prouvé qu'il faut chercher les fautes plutôt dans le personnel que dans les industries mêmes. Ceci paraît évident là où l'alimentation est fournie par l'entreprise, mais est cédée ensuite aux magasins ou au contre-maître en chef chinois. D'un autre côté, les ouvriers eux-mêmes vendent une partie du riz distribué et ainsi le but, rendre les ouvriers plus aptes à leur travail par une forte nourriture, ne fut pas toujours atteint.

Dans les exploitations de Déli, où la distribution de riz se fait par l'intermédiaire des chefs mêmes, la nourriture est excellente, et même on y fournit du riz en dessous du prix d'achat.

Dans beaucoup d'exploitations on sert du thé gratuit, afin d'empêcher les ouvriers d'aller boire aux fossés ou à des puits suspects.

§ 22. — FIN DU CONTRAT.

Le contrat de travail finit, par l'expiration du terme, la dissolution déjà mentionnée et par la mort de l'ouvrier, mais non par celle de l'employeur. L'employeur est obligé de donner une lettre de démission à l'ouvrier partant et cela dans le délai de trois jours suivant la dissolution du contrat de travail.

Le patron est obligé, après chaque dissolution de contrat et aussi, si l'approbation pour son émigration ou son réengagement est refusée, de le renvoyer à la première occasion sans frais, ainsi que sa famille, ou lors de son décès, sa famille, vers le lieu d'origine, à moins que l'ouvrier exprime le désir de rester dans le pays et qu'il satisfasse aux stipulations de permis de séjour et d'établissement dans la colonie.

Cette obligation reste maintenue, même si le voyage ne peut être effectué par suite de maladie ou d'un autre cas de force majeure. L'employeur reste responsable de l'entretien de l'ouvrier et de sa famille jusqu'à ce qu'une occasion de transport se présente. L'obligation de renvoi reste aussi maintenue lorsque l'ouvrier, après la fin de son contrat de travail, continue à travailler librement auprès de son patron et se présente dans le délai d'un mois après la fin de son travail libre pour être renvoyé dans ses pénates.

Quand l'ouvrier et sa famille ne profitent pas immédiatement de l'occasion de renvoi, l'employeur en reste toutefois responsable vis-à-vis de l'ouvrier pendant trois mois. Si l'employeur est en défaut quant à ces obligations, le chef de l'administration locale fait exécuter le renvoi aux frais de l'employeur.

§ 23. — Les différends au sujet de l'interprétation des contrats de travail sont réglés, par le chef de l'administration locale, pour autant que possible, d'une manière amicale, et sans autre forme de procès. Quand il n'est pas possible de se mettre d'accord, il envoie, s'il le faut, les parties devant le juge civil ou devant le juge criminel. Chaque infraction arbitraire au contrat de travail est punie d'un mois de prison maximum ou d'une amende de 150 florins maximum à la première infraction et en cas de récidive dans les deux ans d'une peine d'emprisonnement maximum de trois mois ou d'une amende de 500 florins maximum. Les faits, pour lesquels l'ouvrier est considéré transgresser arbitrairement son contrat de travail, sont les suivants :

a) Ne pas satisfaire à l'obligation de se rendre au travail et ne pas se présenter au chef de l'entreprise à l'heure fixée.

b) La désertion;

c) Le refus obstiné de terminer le travail imposé;

On constate surtout la désertion parmi les ouvriers arrivés récemment de Java, qui ne s'habituent pas très vite à un travail régulier et ne peuvent pas s'adapter à de nouveaux milieux. Les désertions parmi les mineurs à Benkoulen sont aussi assez nombreuses, malgré qu'ils y soient assez bien traités. Mais ces désertions sont plutôt dues au travail souterrain.

Pour autant que les faits ci-dessous ne soient point considérés comme délits criminels, les ouvriers sont punis pour rébellion ou menace vis-à-vis des employeurs ou des membres de leur personnel, d'un emprisonnement d'un mois maximum ou d'une amende de 59 florins maximum. De plus, ils sont punis d'un emprisonnement de douze jours maximum ou d'une amende de 25 florins maximum pour injures à l'égard des mêmes personnes, pour troubles, refus d'accomplir le travail imposé, rixe, ivresse et autres délits contre le bon ordre; en cas de récidive dans le délai de deux ans, ils sont punis pour les mêmes faits à trois mois de prison maximum.

L'excitation ou l'encouragement à la non-observation des contrats de travail est puni d'un emprisonnement d'un mois maximum ou d'une amende de 200 florins maximum.

La punition infligée pour une première désertion n'est pas exécutée, si l'ouvrier retourne à l'exploitation dans le délai fixé par le juge.

La transgression des prescriptions de l'ordonnance et des conditions stipulées dans les contrats de travail, pour lesquels il n'y a pas de sanctions déterminées, est punie d'un emprisonnement de douze jours maximum et d'une amende de 100 florins maximum.

Chaque infraction au contrat de travail par l'ouvrier est poursuivie uniquement sur plainte du chef de l'entreprise à laquelle appartient l'ouvrier.

Par contre, l'infraction au contrat de travail par l'employeur peut être poursuivie d'office.

§ 24. — Le gouverneur général peut, soit pour tous les contrats de travail, soit pour quelques catégories seulement, à déterminer par lui, réduire leur durée maximum soit pour les entreprises de tout le district, soit pour une partie déterminée du district.

Les dispositions, contenant une sanction pour infraction aux contrats de travail de la part des ouvriers et pour refus de terminer le travail obligatoire, ainsi que les stipulations quant au retour forcé des ouvriers vers l'exploitation, ne sont applicables que dès que les circonstances le permettent et à un moment jugé opportun par le gouverneur général, aux entreprises du district entier, soit pour une partie de la zone, soit pour tous les contrats de travail, soit pour des contrats de travail spéciaux à indiquer par lui.

Le but de cette réglementation, qui a été étendue à toutes les Possessions extérieures, est d'arriver peu à peu à l'abolition complète des dispositions pénales et coercitives du contrat de travail. Cette prescription, qui date déjà de 1915 a eu en 1924 sa première application, lorsque le terme de dix-huit mois pour un contrat de réengagement a été réduit à treize mois.

En 1925 : 201, un article a été inséré dans l'ordonnance, pour la côte orientale de Sumatra, prescrivant d'instituer une commission permanente pour l'étude des conditions du travail sur la côte orientale de Sumatra. Les membres en sont nommés par le gouverneur général. Ces membres ont la mission de donner leur avis tous les cinq ans. Ils le donneront pour la première fois en 1930, quant à la possibilité de réduire les contrats de travail et de suspendre la sanction pénale. Cette commission est composée de fonctionnaires, d'employeurs et d'un indigène, médecin de profession. Il est très compréhensible qu'on ait insisté, du côté des ouvriers indigènes, pour faire admettre aussi un ouvrier indigène dans la dite commission. On a l'intention de faire servir de modèle aux autres districts, les réglementations modifiées de la côte orientale de Sumatra.

§ 25. — L'INDUSTRIE « PANGLONG ».

Strictement, les stipulations concernant l'industrie « Panglong » n'appartiennent pas à ce sujet, car n'y travaillent que des ouvriers chinois, — venus pour la plupart de Singapore, donc territoire anglais, — et quelques ouvriers malais au service d'employeurs chinois. Les « Panglongs » sont de petites entreprises de scieries, d'abattage de solives, de bois de chauffage et de distillerie de charbon de bois sur la côte orientale de Sumatra, près de Riouw. Depuis longtemps on se doutait que les conditions de travail dans ces panglongs n'étaient pas des meilleures. Mais ces coulis ne sont pas la fine fleur de leur race. Aussi, les chefs des panglongs n'ont pas facile de s'entendre avec ces ouvriers. En outre, les panglongs ne sont jamais situés le long des routes, mais presque toujours près de petites rivières peu accessibles, où la navigation est très difficile à cause du flux et du reflux.

Ainsi des abus pouvaient se commettre sans que la direction ou la police puissent les découvrir, car les coulis, aussi maltraités qu'ils puissent même l'être, hésitent cependant à se plaindre et à en témoigner, par crainte de subir des traitements encore plus mauvais. Il va sans dire que ces situations causèrent une grande criminalité. Néanmoins, on a réussi à améliorer de beaucoup les conditions de travail, depuis que les panglongs se trouvent (depuis 1925) sous la surveillance de l'Inspection du travail. Plusieurs de ces scieries de bois ont disparu, parce qu'elles ne rendaient que par suite d'abus révoltants.

Le nombre des mauvais traitements et des crimes connus a été beaucoup moindre en 1926 qu'en 1925. Au point de vue du salaire administratif, de l'alimentation, du logement et des soins médicaux, on avait déjà alors obtenu un beau résultat, ce qui ne veut pas dire qu'il n'y a plus lieu à améliorer encore. Grâce à un contrôle régulier, le nombre des bons panglongs s'accroîtra progressivement (1).

Le règlement actuel sur les panglongs : *Moniteur*, 1922 n° 220, avec son complément de 1927 n° 198, exige une autorisation pour l'exercice de cette industrie. Elle peut être retirée, si le patron n'est pas un bon employeur, c'est-à-dire s'il

______

(1) Pastor. *Les Panglongs.* 1927, *Publication du Bureau du Travail,* n° 3, p. 82.

a été condamné pour mauvais traitements, s'il s'est rendu coupable d'actes irréguliers ou de rébellion contre le bon ordre des choses, s'il ne soigne pas convenablement le logement, l'alimentation, le traitement médical de son personnel, ou entrave celui-ci dans sa liberté d'action.

Plusieurs panglongs ont été fermés par l'Administration, parce que leurs chefs refusèrent de se soumettre aux prescriptions réglementaires.

Il est à remarquer qu'en opposition avec l'ordonnance de coulis, seul l'employeur est punissable. Par contre, il n'y a rien qui oblige le couli à devenir un bon ouvrier, tandis que le patron est obligé par la loi, de devenir un bon employeur.

Les prescriptions concernant les règlements de prévoyance ouvrière proprement dites, ne figurent pas dans ces deux règlements, mais dans les règlements mis à exécution par les chefs de l'administration régionale. Ainsi les lieux de séjour des ouvriers et les alentours doivent toujours être en bon état. Il doit toujours y avoir une quantité suffisante de vivres d'excellente qualité, de l'eau potable ou du thé et des médicaments.

L'entreprise doit payer les frais de logement (y compris des moustiquaires), d'alimentation et de traitement médical et aussi, où c'est l'usage, les frais d'habillement des ouvriers. On a prescrit en particulier pour le traitement médical, de construire des hôpitaux dans les panglongs, de les entretenir par des fonds, auxquels l'entreprise contribue par le versement d'un florin par mois et par tête d'ouvrier.

Les frais pour soins médicaux ou de transport sont à la charge de l'employeur. Le patron doit remettre à chaque ouvrier un livret de salaire, qui doit être tenu régulièrement et qui doit toujours rester en sa possession. La retenue du salaire pour habillement, articles usuels, nourriture extra-ordinaire, opium, etc., peut se faire sur des livrets et être décompté exclusivement au prix de revient, donc sans bénéfice.

La durée du travail est fixée à 10 heures maximum,

avec un repos de 11 à 1 heure, heures les plus chaudes de la journée. On doit accorder quatre jours de congé par mois en dehors des jours fériés chinois.

Personne ne peut être retenu aux panglongs malgré lui et sans sa volonté expresse. Un couli, parti du panglong, ne peut y être ramené malgré lui. Un couli, qui veut quitter le panglong, peut le faire aux frais de l'exploitation.

Lorsque le couli a encore de l'argent à toucher, on doit le lui donner. Si un couli est endetté, ce ne doit pas être un motif pour le retenir plus longtemps sur'le panglong.

§ 26. — TRAVAIL DES ENFANTS ET TRAVAIL DE NUIT DES FEMMES.

Par le *Moniteur* de 1925 nº 657, furent décrétées des réglementations concernant le travail des enfants et le travail de nuit des femmes, conformes à la Conférence du Travail de Washington de 1920. Comme on le sait, les membres de l'organisation internationale du travail, instituée par l'article XIII du Traité de Paix de Versailles, sont obligés, en vertu de l'article 421 d'appliquer dans leurs colonies, possessions et protectorats, les traités auxquels ils ont adhéré pour autant qu'ils ne soient pas inexécutables en raison des circonstances locales. Ils peuvent être modifiés suivant ces circonstances. Le Gouvernement en a profité, en tenant compte de la maturité précoce des peuples orientaux, de porter ainsi la limite d'âge, fixée à quatorze ans par le Traité de Versailles, à douze ans.

Quant au travail des enfants dans les exploitations industrielles, une enquête nous a appris qu'il n'y a pas ici d'abus proprement dits ou d'exploitation nocive. Pourtant, il se présentait partout dans les cultures de tabac à Java des situations inopportunes d'exploitation de l'enfance imputables surtout aux parents des enfants. Dans l'industrie sucrière, au contraire, le travail des enfants était aboli depuis longtemps ainsi que dans les autres cultures, excepté donc dans les cultures de tabac de Java, où on n'en a pas besoin.

Quant au travail des enfants, le Code pénal contenait déjà une disposition, en son article 301, en vertu de laquelle quelqu'un qui cède ou abandonne un enfant en dessous de douze ans, placé sous son pouvoir légal, à un autre en sachant qu'il est employé à l'exercice de la mendicité ou à des acrobaties dangereuses ou pour un travail dangereux pour sa santé, est puni de quatre ans de prison maximum.

En 1925, tout travail de nuit fut interdit aux enfants en dessous de douze ans, la nuit étant comptée de huit heures du soir jusqu'à cinq heures du matin. En outre il est défendu aux enfants, de travailler dans les fabriques et usines, dans les travaux de terrassement, de canalisation et les travaux hydrauliques, les travaux de bâtiments et de routes, les travaux de chemins de fer et tramways vicinaux et les travaux de transport dans les ports, stations et entrepôts. Il en est de même lorsqu'il s'agit de déplacer de lourdes charges dans n'importe quelle industrie et surtout lorsque ces charges demandent un trop grand effort pour les enfants.

Exception est faite seulement, pour le travail dans un local où on travaille avec les membres d'une famille, ainsi que pour les occupations dans la maison paternelle ou des œuvres de secours mutuel, ainsi que pour le travail dans les écoles professionnelles, les prisons, les maisons d'éducation, etc. A bon droit, la réglementation ne s'occupe pas du travail agricole, de sorte que l'aide des enfants, connue de vieille date dans le travail des champs, est laissée libre.

En résumé, le travail salarié d'un enfant en dessous de douze ans est interdit.

Pour combattre la fraude, il est encore stipulé qu'un enfant de huit à douze ans, qui est rencontré dans un local où l'on travaille, est considéré comme y travaillant.

En dehors de l'ordonnance, il a été convenu d'accorder avec le Bureau de Travail et les employeurs de l'industrie du tabac dans les résidences Besoeki et Pasoeroean, de réduire la durée du travail des enfants, — qui est permis, — de six heures avant midi jusqu'à deux heures après-midi, avec des intervalles d'un total d'une heure.

Une autre réglementation du travail des enfants vient de la Conférence Maritime de Gênes de 1920. Elle est d'application pour tous les navires transatlantiques internationaux qui jaugent plus de 500 mètres cubes, à l'exception des navires de guerre. Le travail des enfants en dessous de douze ans à bord d'un navire est défendu à moins qu'ils n'aident leur père ou un parent au troisième degré. Est défendu aussi le travail de chauffeur ou soutier en dessous de seize ans, excepté lorsque le navire est un navire école placé sous une autorité compétente ou lorsque le principal moteur n'en est pas une machine à vapeur.

Quant au travail de nuit des femmes, celui-ci est en général interdit entre dix heures du soir et cinq heures du matin dans les mêmes industries, classées pour le travai. des enfants. Néanmoins des exceptions sont permises, le gouverneur général peut indiquer les industries pour lesquelles l'interdiction n'est pas en vigueur soit tout à fait, soit dans des circonstances déterminées.

Le gouverneur général a profité de ce pouvoir pour permettre le travail de nuit à cinq genres de travail. Les chefs des entreprises sont simplement obligés de dresser une statistique sur le travail à des époques régulières, tandis qu'ils doivent consacrer tous leurs soins au bon éclairage des ateliers. De plus, ils doivent défendre le travail de nuit aux femmes enceintes, qui sont sur le point de devenir mère. Les directeurs de sucreries ont l'obligation spéciale d'annoncer le commencement et la fin du temps de broyage.

L'autorisation de laisser travailler les femmes pendant la nuit, peut être retirée par le gouverneur général aux usines qui observent insuffisamment ces stipulations.

La faveur du travail de nuit des femmes peut être accordée à sept sortes de fabriques, pour des époques déterminées et pour un nombre déterminé de femmes, après obtention de l'autorisation du Bureau de Travail, qui peut y mettre des conditions spéciales. Le Bureau du Travail peut aussi accorder cette faveur à d'autres industries en tenant compte de conditions techniques spéciales à stipuler par lui et cela moyennant appel supérieur devant le Directeur de la Justice.

§ 27. — Le premier, et jusqu'à présent le seul essai de réglementation légale pour résoudre les différends ouvriers se trouve dans le *Moniteur* de 1923 n° 80, remplacé par celui de 1926 n° 225, dans lequel se trouve une Réglementation pour le Conseil d'arbitrage pour les chemins de fer et les tramways vicinaux de Java et de Madoura. En même temps, nous voyons pour la première fois dans la législation du travail des Indes, un contact direct avec le mouvement syndical des Indes, parce que la nomination d'une partie des membres du Conseil est laissée aux syndicats des Chemins de fer.

D'autre part, les membres sont désignés par l'Inspecteur en chef des chemins de fer de l'Etat et des tramways vicinaux et par les directions des sociétés particulières de chemins de fer et tramways vicinaux, tandis que le présid nt et le vice-président sont nommés par le gouverneur général.

La tâche du Conseil d'arbitrage consiste à prêter son intervention lorsqu'un différend au sujet d'intérêts ouvriers dans les Chemins de fer et les tramways vicinaux de Java et de Madoura menace d'éclater ou a éclaté et qu'il pourrait donner lieu à une grève ou être nuisible de l'une ou de l'autre manière à l'intérêt général. Cette intervention se fait par une commission du Conseil d'arbitrage, qui décide s'il y a lieu d'intervenir. Le gouverneur général peut aussi ordonner l'intervention.

Cette réglementation doit être considérée pour l'Inde comme un essai, qui sera suivi par d'autres industries, dès que son utilité pratique pour les Chemins de fer et les tramways vicinaux aura été prouvée. Hélas, les différends ouvriers ne sont presque jamais purement économiques aux Indes. Les buts politiques des conflits des dernières années entravent de beaucoup l'œuvre du Conseil d'arbitrage.

Ce sont précisément ces agitations politiques, tendant à une grève générale de nature politique. qui ont forcé le

Gouvernement en 1923, d'insérer dans le Code pénal, un article 161*bis* par lequel l'excitation à la grève est rendue punissable, si le trouble de l'ordre public ou la dislocation de la vie économique peuvent en résulter. Le but est ici évident : d'un côté ne pas contrecarrer la grève qui, dans certains cas peut être regardée comme un moyen licite pour obtenir une amélioration urgente du sort, mais d'un autre côté, assurer la protection de la société et de l'ordre public.

C'est pourquoi cet article ne va pas à l'encontre des grévistes mêmes qui, lorsqu'ils ne posent pas d'actes punissables, peuvent agir librement, mais il est dirigé contre les excitateurs et est, par conséquent, pour ce motif (pour les partis extrêmes) une épine dans l'œil.

§ 28. — LÉGISLATION SUR L'HYGIÈNE ET LA SÉCURITÉ DU TRAVAIL.

Celle-ci comprend d'abord le règlement sur les machines à vapeur du *Moniteur* 924 n° 242, modifié depuis ; l'inspection de l'emploi des machines à vapeur aux Indes Néerlandaises y est réglementée. Il est défendu de mettre en mouvement une machine à vapeur sans autorisation de l'autorité. Ensuite un contrôle régulier a lieu, le contrôleur compétent est autorisé à mettre des appareils hors service, de prescrire les mesures de sécurité nécessaires et ainsi il a aussi le pouvoir d'interdire à certaines personnes le droit de diriger les machines, s'il trouve que ces personnes n'ont pas les connaissances voulues. Dans ce règlement on ne comprend pas les machines à vapeur sur les navires, qui ressortissent au Département de la Guerre et de la Marine ainsi que celles des chemins de fer et des tramways vicinaux qui ont leurs règlements spéciaux.

Fait partie aussi de cette législation, le règlement de sûreté *(Moniteur* 1910 n° 406), modifié plusieurs fois et contenant des stipulations quant à la sécurité dans les fabriques et les usines. Il vise tous les espaces ouverts ou fermés dans lesquels une ou plusieurs forces motrices sont employées, les endroits où le travail se fait avec des explosifs, des liquides facilement inflammables, bouillants ou mordants, ou avec des gaz déterminés.

Enfin, pour le travail dans les mines en particulier, l'ordonnance des Mines de 1906 (*Moniteur* n° 344), modifié plusieurs fois est d'application.

Une interdiction de l'emploi de matières explosives dans la fabrication des feux d'artifice est à l'étude.

CHAPITRE III

L'EVOLUTION DU DROIT DE TRAVAIL
DANS UN AVENIR PROCHAIN

§ 29. — Une question brûlante, ces premières années, est celle du maintien de la sanction pénale. Cette question ne préoccupe pas seulement le Gouvernement, les employeurs et les partis politiques, mais aussi le Bureau du Travail de la Société des Nations qui est en train d'en faire une étude approfondie.

Malgré les bonnes intentions du Gouvernement, l'ordonnance de coulis n'a pas donné les résultats voulus et attendus. Au point de vue économique, elle a eu d'excellents résultats. La certitude de disposer de forces ouvrières suffisantes a poussé le capital européen — et non pas le capital néerlandais seul — à exploiter les riches trésors du sol des Indes Néerlandaises. Il y a porté dans beaucoup de régions, le progrès et le bien-être.

Surtout au point de vue de l'hygiène, les entreprises de cultures ont rendu de grands services : il est évidemment de l'intérêt même des entrepreneurs, de garder en bonne santé leurs coulis, qui leur ont coûté beaucoup d'argent avant d'avoir travaillé et c'est pourquoi ils ont, surtout à Déli, fondé des cliniques et des hôpitaux, organisé un brillant service médical, combattu les maladies des mineurs, la malaria, etc. Ici, l'intérêt général marche vraiment de pair avec l'intérêt privé, ce qui n'arrive pas toujours.

Mais d'un autre côté, quelle ombre au tableau ! Surtout dans le passé, heureusement.

Il va sans dire que presque tous les employeurs — comme d'ailleurs partout, — ennemis déclarés d'une législation ouvrière, tâchaient d'éluder le plus possible les charges, que les ordonnances leur imposaient, mais d'autre part, ils exigeaient aussi tous les droits, que les ordonnances leur accordaient; le pauvre couli, peu instruit et cultivé, lo n de son pays aurait été complètement impuissant vis-à-vis de l'employeur si les fonctionnaires de l'Etat ne leur avaient pas donné leur protection. On ne pouvait rien attendre de la colonie européenne dans ces régions, attendu qu'elle se composait principalement d'employés d'entreprises et de gens en dépendant plus ou moins et que la société indigène ne se souciait nullement de ces travailleurs étrangers. Cependant, les fonctionnaires du Gouvernement devaient, en tout cas, veiller à la stricte exécution des dispositions favorables aux travailleurs. Il n'en a pas toujours été ainsi; c'est le Gouvernement central qui est en grande partie responsable de cette situation, parce que pendant longtemps il ne jugea pas nécessaire d'organiser une inspection spéciale du travail, il en confiait la surveillance aux fonctionnaires de l'Administration intérieure déjà surchargés: c'est ainsi que cette surveillance laissait beaucoup à désirer et que l'action des ordonnances s'exerçait unilatéralement. Les dispositions ayant pour but de procurer à l'employeur la main-d'œuvre nécessaire, furent exécutées rigoureusement. Les intéressés y ve a ent en demandant aux fonctionnaires l'aide à laquelle ils avaient droit. Mais il n'en fut pas de même en ce qui concerne l'obligation de l'employeur de bien traiter ses ouvriers, de manière que les plus criants abus et les mauvais traitements sont restés cachés pendant longtemps. Mais quand on s'aperçut combien souvent les coulis étaient maltraités ou lésés dans leurs intérêts, quand on se rendit compte comment le travailleur était livré aux employeurs, sans surveillance vigilante du Gouvernement, lorsque le grand public connut les scandales des coulis, qui depuis ont stigmatisé pour toujours les contrats de coulis avec sanction pénale, malgré les améliorations ultérieures, le Gouvernement passa enfin aux réformes.

Les projets du Gouvernement, de temps en temps influencés par la défense acharnée des employeurs, furent modifiés plus d'une fois, et les tendances en faveur de l'abolition durent souvent faire place à une décision de maintien provisoire de la sanction avec une protection améliorée du couli. A la longue, malgré ses avantages économiques, la sanction pénale est condamnée à disparaître.

Réaliser l'abolition tout d'un coup, comme des éléments radicaux le prêchent, serait une grande faute. Celle-ci provoquerait non pas seulement une dislocation de l'industrie et de l'agriculture dans les possessions extérieures, mais elle exercerait aussi une influence néfaste sur le développement de l'Inde tout entière. Car, comme nous l'avons déjà vu, l'offre du travail est si minime sur place que les entreprises sont obligées de recruter presque toutes les forces ouvrières à Java et en Chine. Les mesures très nécessaires pour la protection des ouvriers lors du recrutement coûtent très cher aux entrepreneurs. Un célibataire coûte à peu près 105 florins, un ouvrier marié 150 florins, avant de mettre la main au travail.

Les mesures de prévoyance sociale des ordonnances de coulis rendent le travail des coulis 70 p. c. plus cher qu'à Java. Mais on se console de ces frais vu la sécurité que donne le contrat avec sanction pénale. Si cette sécurité vient à tomber, les frais d'exploitation augmentent automatiquement, puisque l'ouvrier, qui n'est plus obligé de fournir son travail, sera plus enclin de le négliger. On a pu constater la même chose dans les Etats Fédérés Malais où la sanction pénale fut abolie; on a pu constater ceci partout dans l'Inde, là où le couli travaille sans sanction pénale. C'est surtout l'industrie agricole qui en souffre le plus, puisque dans les pays tropicaux les produits agricoles pourrissent plus vite qu'en Occident.

Pour pouvoir résister à ces risques, on devrait pouvoir occuper un plus grand nombre d'ouvriers qu'il n'en faut. Le Département de l'Agriculture a calculé que l'abolition de la sanction pénale entraînerait une perte directe de 29 millions de florins, uniquement pour les contrats de réengagement à Sumatra seulement.

Les capitaux investis étant, à cette époque, d'environ

400 millions de florins, ces vingt millions représentent pour les entreprises moins bien placées une perte d'environ 5 p. c. du capital.

Or, ce ne seraient pas seulement les industries qui seraient atteintes par l'abolition, mais les finances coloniales aussi en seraient éprouvées.

On peut affirmer sans exagération que l'abolition hâtive ralentirait le développement de l'Inde pour beaucoup d'années, par le fait que le produit diminué des impôts de l'industrie agricole creuserait un grand trou dans le budget, qu'on peut difficilement tenir en équilibre à l'heure actuelle. Seules les entreprises sur la côte orientale de Sumatra rapportent déjà en impôts une somme de 30 à 40 millions de florins. D'un autre côté, on peut attendre que le contre-coup sera temporaire. Il s'est manifesté partout qu'une industrie bien outillée et bien dirigée, — la plupart des industries dans les Indes peuvent se vanter à juste titre de cette qualification, — a su faire face à l'augmentation des frais d'exploitation par suite des réglementations sociales. Mais pour cela il faut du temps, et ce temps on doit l'accorder aux entrepreneurs pour redresser les conséquences de l'abolition de la sanction pénale. L'assertion qui vient de la part des entrepreneurs, que l'abolition de la sanction pénale serait surtout un motif pour le capital étranger de ne plus fonder de nouvelles entreprises aux Indes, n'est guère persuasive, parce que hors de l'Inde, on ne trouve presque nulle part un sol si fertile, combiné avec une politique si libérale envers les capitaux étrangers. Néanmoins il ne faut pas sous-évaluer cette assertion.

§ 30. — Si donc l'intérêt du pays même engage à prendre en considération une transition graduelle, il ne faut pas oublier que les entrepreneurs, dont le travail a été et est encore un bienfait pour les régions intéressées ainsi que pour une grande partie de la population, ne méritent pas qu'on néglige leurs intérêts.

Tout d'abord ils ont, — bien que leur intérêt personnel soit en jeu, — transformé des contrées sauvages et incultes en de beaux pays de culture; ils ont ouvert des forêts inaccessibles à l'activité humaine. Sur la côte orientale de Sumatra uniquement, de vastes terrains de marais et de forêts vierges, d'une superficie de 8,000,000 d'hectares ont été transformées en quelques dizaines d'années, en terres fertiles. Un capital de 438 millions y fut attiré, ainsi que dans l'Atjeh, le pays voisin. En dehors de la côte orientale de Sumatra, on a encore consacré plus de 100 millions à des défrichements dans le sol des Possessions extérieures. Le besoin de main-d'œuvre a déchargé une partie de Java de son surcroît de population. Ensuite — fût-ce de nouveau de l'intérêt personnel, mais, n'est-ce pas heureux s'il est combiné avec l'intérêt général, — on a fait d'hommes mal nourris et pour la plupart souffrants de la maladie des mineurs et de la malaria, grâce à des mesures hygiéniques coûteuses, des hommes bien portants et avec eux leurs familles. Car toute la contrée, où le capital européen a pénétré a été couverte par des cliniques, des hôpitaux et de magnifiques laboratoires, comme il n'en existe nulle part aux Indes et dont profitent aussi les autres habitants qui ne sont pas occupés dans les exploitations.

La véritable situation est qu'il n'y avait, sans la sanction pénale, sur la côte orientale de Sumatra qu'une moyenne de 230,000 hommes (sur l'île entière, il y en avait au commencement de 1927 plus de 286,000) qui, pour la plupart, vivaient dans la misère dans leur pays, et qui y trouvent actuellement une existence convenable (1), qui y sont mieux logés que dans leurs villages d'origine, qui y jouissent de soins médicaux et sanitaires, uniques dans toutes les contrées ouvrières de l'Orient entier (2). On ne doit pas oublier que ces résultats hygiéniques favorables ont été possibles, grâce à la coercition, que la sanction pénale

----

(1) En 1925, pas moins de 39 millions de florins furent payés aux contractants sur la côte orientale de Sumatra pour salaires et primes.

(2) Voir l'intéressant exposé de la question de la sanction pénale par notre collègue : Prof. M. F. H. J. COWAN. Ec. sh. Berichten 18, 25 janv. et 1 février 1928.

apporte, car abandonnée à elle-même, la population indigène n'est nullement disposée à suivre les prescriptions hygiéniques et n'y coopère pas à cause de son ignorance, de sa superstition et de son conservatisme, bien au contraire.

Par la suppression de la sanction pénale, sans doute, toutes ces mesures sanitaires ne viendraient pas à disparaître, si pas le sentiment humanitaire, l'intérêt cependant, empêcherait de les réduire considérablement, et si même les employeurs devenaient alors moins accommodants, l'obligation de prendre des mesures hygiéniques resterait probablement inscrite dans la législation du Travail. Naturellement le résultat serait moins favorable, puisqu'on ne saurait plus obliger les ouvriers à se soumettre à ces mesures. Maintenant, on est parvenu sur la côte occidentale à réduire à 8 pour mille la mortalité parmi les contractants, en 1926. Si même on doit tenir compte du fait que tous ces engagés étaient déclarés aptes au travail sur avis médical, on doit pourtant reconnaître que ce résultat l'emporte favorablement sur celui de Java où la mortalité atteint 20 pour mille. La base de la mortalité pour les coulis de Déli est donc plus favorable que celle de la ville de Paris, par exemple, qui atteint jusque 18 pour mille.

§ 31. — Il y a encore autre chose qui plaide en faveur de la plupart des employeurs. Nous avons déjà vu qu'ils ont prolongé les heures de repos des travailleuses enceintes ou à peine accouchées. sans y avoir été obligés. A d'autres points de vue, ils ont fait plus que les prescriptions légales leur dictaient. Lorsque pendant la guerre mondiale on avait à lutter aux Indes pour l'approvisionnement en vivres, ils consacrèrent plusieurs millions à la fourniture régulière de riz à leur personnel coulis qui continuait à se procurer cet aliment au prix avantageux d'avant-guerre.

Plusieurs entreprises aussi ont pris à cœur les soins d'hygiène de l'enfance. Il y a même une distribution gratuite de riz pour les enfants. On a institué des crèches pour enfants et engagé en outre des infirmières spéciales indigènes. De plus, un médecin y fait régulièrement des inspections. Quant à la malaria, on met les femmes indigènes à la hauteur de la puériculture, on prévoit la surveillance des enfants des mères occupées dans les industries et on procure l'argent nécessaire aux mères pour payer cette surveillance. Ainsi, on a pu abaisser sur la côte occidentale de Sumatra à 6.3 p. c. la mortalité enfantine et ailleurs plus encore. Quoique ces mesures ne soient pas encore générales, le Gouvernement y donne sa préférence, plus qu'aux mesures légales, vu les résultats obtenus et il attend beaucoup de la pression douce de l'inspection pour l'évolution ultérieure.

Il en est de même de l'enseignement que le Gouvernement appuie par des subsides. Sur la côte occidentale, 99 entreprises sur 328 avaient déjà, en 1926, leurs écoles comptant environ 5,000 enfants, tandis que dans 83 autres, les enfants vont aux écoles publiques. Dans quelques-unes de ces écoles, les enfants ont l'occasion de se préparer au travail manuel ou de s'appliquer à l'agriculture. En 1926, il n'y avait que 2,600 enfants à qui manquait l'occasion de s'instruire. Dans les autres parties des Indes, il n'y a que dix pour cent des enfants indigènes qui fréquentent l'école. Pourtant, il y a des régions où les plantations négligent partiellement l'instruction, faute de moyens suffisants.

Comme la vie y est assez monotone, on tâche de l'égayer par l'organisation de fêtes populaires, de concours de football et de représentations cinématographiques. Dans plusieurs entreprises, on a fondé même des bibliothèques, dont les ouvriers profitent beaucoup. Un point noir cependant se dessine ici sur le tableau : on fournit trop d'occasions au jeu de hasard, dont tous les coulis, et surtout les Chinois sont friands. Si on interdisait ces jeux comme on l'a déjà fait ailleurs aux Indes, on favoriserait largement le jeu clandestin, qui est très fréquent. Pourtant on ne saurait nier que les employeurs voudraient bien interdire les jeux, si le couli qui a perdu ses économies, ne s'engageait pas plus tôt. Ainsi, il arrive souvent que les coulis, au point de partir avec une bourse bien remplie, trouvent l'occasion de perdre à la table de jeu tout ce qu'ils ont gagné à la sueur de leur front. Aussi le Gouvernement a décidé de mettre fin à ces jeux de hasard et d'en proposer l'abrogation complète en 1932.

Une seule société donne, après cinq ans de service, la permission de retourner dans le pays d'origine avec libre parcours, maintien de salaire et une prime au retour. Dans quelques entreprises, on accorde aux engagés mariés un lopin de terre, que la femme peut cultiver avec l'aide de son mari, à ses moments de loisirs.

Une autre société met à la disposition des Javanais engagés un terrain préparé pour la culture du riz en temps de service contre abandon de 10 p. c. de la récolte à l'entreprise et contre remboursement après la récolte de l'avance de 5 florins par mois et par homme. Le restant de la production peut être vendu à volonté.

Plusieurs sociétés ont fondé des fonds de pension pour les coulis engagés et des fonds de secours contre l'invalidité, ou bien ils ont assuré leur personnel contre les accidents et l'invalidité. Ce n'est cependant pas encore la règle générale sur la côte occidentale, vu que la plupart des entreprises n'existent que depuis trop peu d'années pour avoir déjà des ouvriers d'un certain âge, ayant droit à la pension. La règle la plus suivie, jusqu'à ce moment est la pension mensuelle de fl. 7.50 après 25 années de service.

Dans les entreprises qui n'accordent pas de pensions, on donne aux ouvriers invalides ou inaptes pour cause de vieillesse, le salaire total pour un travail léger, ou bien, on leur verse une somme une fois payée.

La plupart de ces arrangements ne suivent aucune règle fixe, mais se décident le cas échéant. Il ne peut être question d'un arrangement stable, puisque tout vient du directeur de l'entreprise. En outre, tout cela dépend du bon vouloir, car l'ouvrier n'a pas droit à ces allocations.

Des dispositions légales font ici complètement défaut. Pourtant, les grandes organisations patronales s'occupent actuellement d'un fonds général de pensions et ici une fois de plus, le Gouvernement donne la préférence à l'initiative privée, mais en donnant lui-même le bon exemple. En ce moment, on prépare un statut de pension pour les vieux contractants des industries de l'Etat des Possessions extérieures. Le Gouvernement croit aussi que le temps n'est pas encore venu pour les assurances contre les accidents mais il prépare cependant un règlement qui oblige les employeurs à assurer leurs ouvriers contre les accidents, aussi bien les ouvriers indigènes que les autres et cela, pour toutes les entreprises des Indes. Entretemps, le service de la surveillance examine déjà chaque accident et contrôle si on accorde une indemnité quelconque. Heureusement, la majorité des employeurs satisfait à cette obligation morale et humanitaire.

§ 32. — Maintenant, abordons la question des inconvénients de la sanction pénale. Il y a d'abord l'objection dogmatique juridique que l'observation des contrats civils est protégée par des dispositions du Code pénal, comme si ce serait un fait unique dans le droit, ce qui n'est pas. On n'a qu'à songer au contrat de travail universellement connu, celui de l'homme de l'équipage dans la navigation maritime. D'ailleurs, même s'il y a des parallèles, cela ne change rien, ce serait simplement un argument posthoc, car Boeyenga fait observer à juste titre (1) :

« La facilité avec laquelle on a repris les mesures coercitives, ne trouve pas son origine dans l'analogie de la navigation maritime avec les autres situations, mais plutôt dans une action indépendante de l'esprit du siècle dernier dans les milieux coloniaux, qui jeta un regard de dédain sur l'ouvrier colonial. »

Je crois que ce n'est pas l'intérêt général qui a donné naissance à cette disposition, — car qui comprenait jadis l'intérêt *général* dans l'industrie du tabac à Déli ? — c'était plutôt l'idée de venir en aide aux employeurs qui faisaient de grands frais pour le recrutement et avaient le risque de leur industrie. Mais cela n'empêche pas que, lors de la considération du maintien de l'abolition, l'intérêt *général* doit dominer la question.

____

(1) L. C., p. 36.

Je ne puis que mentionner l'objection éthique : ce serait une dégradation pour l'homme s'il était puni pour une infraction à un contrat et surtout s'il était obligé à remplir ses obligations *manu militari*. Je crois qu'il vaut mieux m'abstenir d'une discussion sur ce terrain et de déclarer simplement que je ne puis admettre qu'il serait immoral de contraindre quelqu'un à remplir des obligations qu'il s'est librement engagé à remplir. Le fait que le facteur moral pèse tellement lourd dans la balance des ennemis de la sanction pénale, provient des mauvais traitements jadis infligés fréquemment aux coulis et qui furent carrément niés au lieu d'être combattus par les employeurs.

Je ne fais que remarquer que cette objection tant morale que dogmatique n'est point ressentie par les coulis, ce qui étonnerait d'ailleurs beaucoup, puisqu'ils appartiennent au rebut de la société javanaise et chinoise. Cette origine explique en majeure partie, le grand nombre de coulis punis pour contraventions à l'ordonnance de coulis. C'est un chiffre variant de 6 à 10 p. c., dont presque 90 p. c. sont punis d'emprisonnement et seulement 10 p. c. de peines d'amende. Pour plusieurs, ce n'est sans doute pas la première fois qu'ils font la connaissance de la prison, néanmoins, ces chiffres sont effrayants.

D'autre part, on ne peut accepter comme argument le fait que la plupart se réengagent après l'expiration de leur premier contrat, c'est à dire que ces coulis acceptent avec plaisir la sanction pénale.

Car, outre leur pauvreté, ils sont souvent forcés de se réengager par leurs contremaîtres indigènes qui reçoivent pour ce service une prime, sans parler de moyens déshonorants, comme l'accès de prostituées à la plantation et l'occasion de se livrer aux jeux de hasard, afin de les plumer de leurs salaires et de les obliger ainsi à signer un nouveau contrat.

Non, le principal inconvénient de la sanction pénale, contre le renvoi de force au travail et l'obligation de terminer le travail commencé est la conséquence inévitable du fait que l'ouvrier est placé dans une situation très inférieure vis-à-vis du patron et de son personnel. Ajoutez à cela que chaque homme est enclin à abuser de sa puissance et de son pouvoir et on comprendra que l'ouvrier ainsi engagé doit se laisser maltraiter plus que l'ouvrier libre. L'Inspection du Travail a mis fin à beaucoup d'abus, mais son action est presque toujours répressive. Il n'y a pas un seul rapport annuel qui ne mentionne des abus de mauvais traitements de la pire espèce. Aussi, ne faut-il pas oublier que, malgré tout le dévouement et le flair des fonctionnaires, tout n'est pas connu. La découverte de vexations de la part du personnel indigène est assez difficile à cause de la crainte de l'ouvrier de dénoncer ses mandours, qui jouissent toujours de la protection du personnel européen. L'inspecteur du travail quitte son champ d'action, mais l'ouvrier reste, abandonné à la rancune de ses patrons. Par la jalousie réciproque des mandours, leurs méfaits s'ébruitent de temps en temps. Et devant les abus du personnel européen, l'ouvrier reste par la nature des choses encore plus fermé. Aussi, l'examen prescrit au retour des contractants à Java, fait par les contrôleurs du recrutement, donne peu de résultats, car la plupart des ouvriers ont hâte de rentrer dans leurs villages.

Il va sans dire qu'il y a beaucoup d'entreprises où l'ouvrier est bien traité, mais il y en a d'autres, hélas, où on lésine trop sur le salaire et les émoluments de l'ouvrier et où on prend à celui-ci ce qui lui revient tant en droit qu'en équité. Trop d'employeurs exploitent donc, dans le vrai sens du mot, la masse ouvrière uniquement dans un but lucratif. Ils exigent que l'ouvrier travaille régulièrement pendant le jour durant un certain nombre d'heures et qu'il termine la partie du travail indiqué, même s'il souffre de la maladie des mineurs par exemple, alors qu'il est moins apte à produire, sans pour cela ne pas encore être tout à fait incapable de travailler. Dans pareilles conditions, un ouvrier libre resterait chez lui ou ne travaillerait que pendant quelques heures.

En général, les employeurs se conforment aux prescriptions légales; en 1926, l'inspection du travail ne dut même pas dresser un seul procès-verbal pour infraction aux ordonnances de coulis, mais ce qui laisse surtout à désirer dans beaucoup d'entreprises, c'est la façon d'agir à l'égard de l'ouvrier, malgré qu'on lise avec plaisir dans le dernier rapport de l'Inspection du Travail : « Si on peut constater une amélioration dans le traitement de l'ouvrier en général on note avec plaisir qu'il y a une tendance à favoriser le contact entre administrateurs et ouvriers (1) »..

Dans plusieurs entreprises, on a fait savoir que les ouvriers pouvaient s'adresser certains jours à leur administrateur, mais pareilles mesures furent presque uniquement prises sur la côte occidentale de Sumatra. Un protagoniste non suspect de la sanction pénale, comme le professeur Cowan même, constata « un manque alarmant de tact dans les relations entre les ouvriers de race différente » (2).

Aussi bien chez le personnel européen que chez le personnel indigène, on remarque que ce dernier traite l'ouvrier avec brutalité, l'injurie et l'invective et plus d'une fois, un coup, une gifle dégénère en un mauvais traitement régulier. Le couli vexé par ces traitements inhumains y répond par des attentats.

En général, les deux parties en cause ont des torts réciproques. D'abord, le personnel des entreprises dans les Possessions extérieures comprend encore trop d'éléments non civilisés, originaires d'endroits où un langage rude et la brusquerie sont courants, et quoique la direction ait défendu, même sévèrement, la brutalité, cela n'empêche pas qu'ils ne soient pas toujours maîtres de leurs bras envers les indigènes et les Chinois, qui sont généralement moins forts que les Européens. Les mandours indigènes aussi, injurient et frappent; leur brutalité surpasse même celle des Européens, mais le couli supporte plus de son congénère que de l'Européen. De plus, on éveille chez le couli des griefs, sans le vouloir, parce que l'Européen ne le comprend pas : non seulement sa psychologie, ce qui est et reste pour nous

---

(1) IIe rapport, p. 60.
(2) L. C., p. 9.

autres, Européens, encore chose difficile, mais sa langue. Beaucoup moins que son collègue de Java, l'assistant dans les Possessions extérieures est préparé et formé pour cette tâche. Il passe généralement dans les cultures, après avoir eu d'autres occupations, il n'est parfois pas du tout préparé pour sa tâche et il se donne peu ou presque pas de peine pour apprendre les langues indigènes, ce qui est exigé de chaque assistant à Java.

Heureusement que la situation commence à changer; les grandes sociétés n'admettent plus le premier matelot déserteur ou le premier soldat venu pourvu qu'il soit muni d'un bon passeport; ils recherchent de plus en plus leur personnel dans les milieux hollandais civilisés et exigent une formation préliminaire convenable.

Mais dans les petites plantations et surtout dans quelques entreprises éloignées, tout ne marche pas bien, surtout là où la connaissance des langues est très imparfaite. L'incompréhension de part et d'autre donne inévitablement lieu à une irritabilité qui menace même d'atteindre les assistants de caractère flegmatique et libre du délire des tropiques. Ajoutez à la connaissance insuffisante des langues provoquant tant de malentendus, que l'assistant européen est obligé, par esprit de conservation, de faire passer les intérêts de l'entreprise au-dessus de ceux des coulis et de tirer de ceux-ci tout le profit possible. De son côté le couli qui n'a à faire qu'à l'assistant et qui ne comprend pas qu'il n'est que simple exécuteur d'ordres, voit dans l'assistant uniquement celui qui lui rend la vie difficile. Dans son for intérieur s'amoncelle tout doucement l'explosif qui, par une fatalité quelconque, s'enflammera d'un coup. Ce n'est pas seulement le traitement impudent, ce n'est pas seulement la canne ou le soufflet, qui le pousse à s'en prendre à l'assistant, mais c'est souvent la rancune d'une chose à laquelle l'assistant n'a rien à voir ou à laquelle il est souvent tout à fait étranger. Une observation méritée au sujet du travail, un refus de congé justifié, un préjudice subi lors du paiement du salaire peut pousser l'ouvrier à un attentat contre l'assistant ou à des bagarres (1).

J'ai déjà dit d'autre part, que les coulis ne sont pas des anges. Quant aux Javanais, ils sont loin de sortir de l'élite, mais après quelque temps de travail à Déli, on peut cependant constater une amélioration (2). Mais les Chinois sont encore moins bons, surtout ceux qui ont passé quelques années à l'arrière du front en Europe et qui y ont perdu une grande partie de leur respect pour les Européens. Les troubles permanents en Chine ont fait d'eux des gens terre à terre, formant des groupements peu recommandables.

Le Directeur de la Justice donne en 1928 la statistique suivante, concernant le nombre des attentats et leurs causes.

	Attentats	Coups	Paroles rudes
1926	57	26 %	10.5 %
1927	99	33 %	7 %
1928 (1 janv.-1 juin)	49	36.7 %	6.1 %

En outre, le nombre des poursuites, pour avoir giflé, s'est accentué aussi parce que les fonctionnaires ont reçu l'ordre formel de dresser procès-verbal pour chaque coup. Mais ce qu'un défenseur reconnu de la sanction pénale, comme le Dr Buffart écrit, ne sera pas sans influence non plus : « Le nombre de telles affaires à juger s'accentuera probablement encore davantage à l'avenir, non pas tant parce que le mal s'étend, mais parce que l'ouvrier, plus conscient de son droit, se plaindra beaucoup plus vite que jadis » (3).

---

(1) Parfois la superstition s'en mêle. Il est arrivé que le bruit se répandait parmi les coulis, que dans l'entreprise résidait un tjoulik, un démon, qui exigeait des sacrifices d'enfants et que cet esprit malin avait pris la figure d'un employé européen, qui sut à peine se dérober à la fureur du peuple.

(2) Voir : J. H. MARINUS et J. J. VAN DER LAAN, (Veertig jaren ervcing in de Deliculturen, *Quarante années de séjour et d'expériences dans les cultures de Déli*), 1929, pp. 100 et suiv.

(3) (Koloniale studiën, *Etudes coloniales*) 1927, p. 487.

Que la question de race, heureusement, ne joue dans l'occurrence aucun rôle, résulte du fait qu'en 1927, 50 Européens, sur 400 contremaîtres indigènes et Chinois furent traduits devant le juge comme coupables de mauvais traitements. L'influence de la sanction pénale est assez typique quant à la défense du port d'armes, à laquelle les coulis « contractés » seuls sont soumis, puisque les attentats ne sont presque jamais commis par des coulis libres. La conclusion vient toute seule. Ils ne sont pas obligés, comme les « contractants », à continuer de travailler dans des conditions irritantes, ils peuvent s'y dérober en démissionnant. Le patron et son personnel savent que l'ouvrier libre peut remettre à chaque instant sa démission, ils traitent partout l'ouvrier avec beaucoup plus d'égards.

Dans ces dernières années, on a pu constater un plus grand nombre d'attentats commis par des coulis, attentats auxquels les menées communistes ne sont pas étrangères. On a relevé le plus grand nombre d'attentats contre les assistants dans les régions où les agents politiques ont opéré le plus d'arrestations et où le plus de renvois vers Java ont eu lieu. Il est connu d'ailleurs que les communistes ont essayé de faire des adeptes parmi les coulis-contractants et même que des propagandistes se sont engagés comme de simples coulis.

C'est pourquoi les grandes exploitations ont senti le besoin de créer un service de renseignements, qui a pour mission, étant donné les efforts faits pour exciter le peuple et créer un centre de fermentation parmi les contractants, de se renseigner au plus tôt concernant ces tentatives de corruption et de renseigner les autorités civiles ainsi que la direction de l'exploitation des tendances d'esprit et des sentiments politiques des ouvriers.

Il serait cependant injuste d'attribuer exclusivement à la « sanction pénale » les attentats sur le personnel. Il ne serait pas non plus exact de dire, comme on le prétend parfois, que la « sanction pénale » ne peut pas exercer une mauvaise influence. Il n'est pas douteux qu'il y ait à tenir compte de plusieurs causes au sujet desquelles une enquête serait utile. Aussi le Gouvernement a-t-il chargé le Bureau du Travail d'y procéder.

§ 33. — Ce fut surtout le traitement des coulis qui a fait de la prolongation de la sanction pénale, une des questions brûlantes de la politique coloniale; soit qu'en dehors de la sanction pénale, on n'ait pas souvent non plus à se glorifier du traitement des ouvriers (1). Malgré que la situation de subordination soit considérablement tempérée par l'augmentation du nombre des motifs, pour lesquels le contrat peut être résilié pendant le travail, les mauvais traitements de jadis ont diminué mais ne sont pas encore extirpés. Ils ont condamné la sanction pénale. Son abolition est certaine, mais on ne sait quand elle aura lieu. Elle devra naturellement se faire insensiblement afin de ne pas nuire à l'industrie agricole qui est florissante. On devra prendre des mesures de nature à amoindrir les inconvénients résultant de cette abolition.

C'est là aussi le point de vue du Gouvernement, il l'a d'ailleurs exprimé plus d'une fois. C'est pourquoi le gouverneur général a été autorisé, comme je l'ai déjà mentionné au paragraphe 25 à réduire le maximum de la durée du contrat de travail et la sanction pénale ainsi que le renvoi forcé des ouvriers vers les exploitations dont il peut arrêter l'activité. C'est pourquoi aussi le Gouvernement, conformément au vote de la seconde Chambre des Etats Généraux de 1924, a institué une Commission du Travail qui doit lui faire connaître, tous les cinq ans, à partir de 1930, où et quand la sanction pénale devra être retirée, ainsi que les modifications qui peuvent être apportées entretemps. Pourquoi ne saurait-on pas réaliser aux Indes, ce qui a déjà été réalisé à Samoa et dans les colonies britanniques de l'Asie, surtout à Malacca ? Cependant, je ne suis pas tout à fait convaincu que le résultat aux îles de Samoa, où le

____

(1) Voir entre autres : Traitement des ouvriers dans l'industrie des locomotives (forces motrices) à Soerabaja. Rapport sur la situation ouvrière dans l'industrie métallurgique à Soerabaja, 1926, p. 13-16.

Gouvernement de la Nouvelle-Zélande a complètement aboli la sanction pénale, soit si favorable que l'a écrit le Dr Heyting : « On a constaté que les deux partis étaient contents des effets des nouvelles dispositions concernant le travail libre ; en voici les résultats : travail meilleur, plus de bénéfices, moins d'absences pour cause de maladie. La crainte, que les ouvriers, une fois en possession de grosses sommes, provenant de quelques journées de travail, iraient s'amuser, ne s'est pas vérifiée » (1). Le Dr Buffart fait remarquer que : « Cela ne concerne que 890 ouvriers chinois, à qui le Gouvernement paie en surplus le voyage aller et retour. Pareille situation ne peut être citée comme exemple pour nos agglomérations extérieures où il s'agit de centaines de milliers d'ouvriers, dont l'aller et le retour doit être payé par les employeurs. L'émigrant chinois est libre à Samoa de changer de travail s'il n'est pas satisfait chez le premier patron, mais il est obligé de travailler, comme le Dr Heyting le dit lui-même, sinon il est poursuivi pour vagabondage. Malgré cela, les employeurs et en particulier les planteurs de cacao ne sont pas contents des résultats de cette législation » (2).

Ce qu'on nous dit de Malacca, nous paraît plus vraisemblable : la désertion y a beaucoup augmenté depuis l'abolition de la sanction pénale. Les ouvriers enrôlés sur place, dont le nombre surpasse annuellement celui de ceux importés des Indes Britanniques, aiment bien de déserter après avoir touché leur salaire mensuel. C'est cependant une consolation, quoiqu'elle soit petite de savoir que leur capacité de travail n'est pas perdue, mais exploitée ailleurs. C'est ainsi que les coulis ne restent ordinairement pas plus d'un an et demi dans la même exploitation, tandis que sur la côte occidentale de Sumatra, ils y restent huit ans, ce qui fait cinq ans de plus que le premier contrat l'exige. Pourtant les planteurs là-bas sont contents de la suppression de la sanction pénale et nous devrions être jaloux, même si c'est

____

(1) Dr H. G. HEYTING, *Ind. Gids*, 1926, pp. 769 et suivantes.
(2) L. C., pp. 478, 473.

un peu flatteur (1), de ce qu'on lit à la page 2 du rapport sur la situation ouvrière et le recrutement de la main-d'œuvre pour les Straits-Settlements, les Etats Fédérés Malais et Ceylan. C'est au sujet d'une enquête que le Gouvernement des Indes a faite spécialement pour examiner les conséquences de l'abolition de la sanction pénale : « Globalement parlant, on peut dire que le traitement des ouvriers était très bienveillant, — conséquence naturelle du travail libre, — que le commandement, d'un ton impérieux, les injures et les brusqueries, pour ne pas parler de coups — qui donnent lieu à une source continuelle d'irritation, si on ne pouvait quitter l'exploitation — furent rares, que les attentats sur les assistants sont inconnus et que les coulis jouissent de beaucoup de liberté. Ils ont, entre autres, celle du travail, du repos et de l'absence. »

Pourtant il faut noter que dans des régions isolées, où le recrutement est difficile, les coulis se présentent au travail très irrégulièrement, que le temqs de travail est fort restreint, que la prestation est trop petite et que le changement d'équipe est trop important. (L. c., p. 4).

Dans les Possessions extérieures néerlandaises, il existe cependant aussi depuis de longues années de grandes industries, entre autres, le Royal Dutch, qui travaille uniquement ou en grande partie avec des coulis libres. Ici aussi, le Gouvernement a donné le bon exemple. C'est exceptionnellement que le Gouvernement admet l'emploi de coulis-contractés pour travaux publics, quoique les ordonnances de coulis le permettent. En outre, il a commencé, cette année, à abolir la sanction pénale pour les ouvriers travaillant dans les mines de l'Etat et comptant plus de cinq ans de service. Ils sont donc habitués à un travail régulier, tandis

---

(1) Je n'avance pas ceci sans raison, car je lis à la p. 20 : « Parfois on tape avec la main, mais jamais très fort et le chef-administrateur dispose dans son bureau d'une canne de jonc avec laquelle il donne des petits coups pour terminer un différend, après avoir entendu les deux partis : « Ce sont vraiment des enfants » dit-il, pour s'expliquer lorsqu'il remarque l'expression de nos visages. » Tout cela donne à réfléchir.

que les ouvriers ayant trois ou cinq ans de service tombent sous l'application des articles du contrat de réengagement. Pour ceux-ci la sanction pénale reste en vigueur, mais elle est seulement appliquée en cas de désertion et de refus de travail, mais pas pour des petites transgressions aux ordonnances de coulis.

Comme les coulis qui ne travaillent pas sans la sanction pénale ne peuvent pas être obligés à se soumettre aux soins médicaux, le Gouvernement se laissant guider par son bon sens, et ne rejetant pas les avantages incontestés de la sanction pénale, a introduit en même temps la réglementation, qui existe déjà dans les ordonnances de coulis, que les ouvriers ne peuvent quitter un hôpital qu'avec la permission du médecin et qu'ils peuvent être forcés *manu militari* d'y retourner.

§ 34. — Le premier pas dans l'abolition de la sanction pénale sera bien l'abolition pour les contractés réengagés. Car, si le couli, à l'expiration de son premier contrat, n'est pas encore habitué à un travail régulier, il ne s'y habituera jamais et la raison pédagogique pour le soumettre à la sanction pénale tombe, tandis que, d'autre part, les frais de recrutement sont plus que couverts par les trois ans de travail du premier contrat, et en outre l'exploitation économise entre autres frais ceux afférents au renvoi. Pourquoi les 70 p. c. qui se réengagent sous la sanction pénale. ne seraient-ils pas mieux formés, s'ils en sont délivrés ? De plus dès maintenant, plusieurs exploitations ont des colonies peuplées de pareils ouvriers libres. A la société Senembah, il y a déjà le tiers de la population javanaise qui travaille sans contrat. Ce ne sont pas seulement des coulis réengagés, mais aussi des gens venus directement de Java comme coulis libres. Les exploitants d'entreprises feront bien de se procurer en temps utile des ouvriers, mais sera-t-il possible d'en trouver toujours en nombre suffisant pour les entreprises des Possessions extérieures ? C'est une question qui mérite d'être examinée. Il est établi, en effet, que dans ces dernières années, la demande a dépassé considérablement l'offre. Par contre, il est à remarquer que sous le régime de l'immigration libre, par conséquent sans sanction pénale, il se présente toujours assez d'amateurs. Cela se produira bien en partie au détriment du recrutement de coulis contractants, mais non pas pour la totalité, car l'expérience a prouvé que beaucoup sont disposés à prendre du service comme coulis libres et à ne pas s'engager sous le régime de la sanction pénale. D'ailleurs, si on veut obtenir réellement le nombre de coulis demandés, il n'y aura rien d'autre à faire que d'améliorer les conditions du travail et surtout d'augmenter les salaires.

Mais alors surgit la question de savoir si les frais ne seront pas trop élevés pour la continuation de beaucoup d'exploitations et la fondation de nouvelles exploitations. Une méthode moins coûteuse serait celle de la colonisation, parce que, en cas de succès, l'ouvrier reste plus longtemps attaché à la même entreprise.

Depuis longtemps, plusieurs sociétés ont fait des essais de colonisation d'ouvriers javanais sur leurs terrains d'exploitation, d'une part pour diminuer les frais énormes du transport des ouvriers et d'autre part afin de disposer d'une main-d'œuvre suffisante en vue de l'abolition probable de la sanction pénale. On cède à des coulis contractants l'usage d'un lopin de terre. L'entreprise prend à sa charge une grande partie des frais de construction de la maison. Elle construit des routes, des canalisations pour l'écoulement des eaux et elle donne des semences pour la culture.

Les coulis libres ou pour la plupart contractants, dont le contrat est terminé, s'engagent à travailler chez l'employeur contre un salaire fixe et perdent leur commodat contre une certaine indemnité, lorsqu'ils sont déchargés de leur service. Le succès de cette initiative privée amena le Gouvernement à étudier une colonisation de grande envergure afin de suppléer tant au manque de main-d'œuvre dans les Possessions extérieures qu'à aider Java dans le surcroît de sa population. Si la réalisation de ce projet donne des résultats, les entrepreneurs pourront difficilement s'opposer à l'abolition de la sanction pénale.

Cette colonisation gouvernementale n'a pris de l'extension qu'au Sud de Sumatra et à Bornéo, précisément dans des contrées où les exploitations sont très rares. Car là, où il y a beaucoup de plantations, il n'y a pas, ou peu de terrains disponibles pour l'établissement de colonies agricoles, tandis qu'on peut réserver assez de terrains libres dans de nouvelles concessions. Les employeurs veulent bien céder des terrains de leurs concessions pour la colonisation, mais ils ne peuvent pas aller au delà de la cession à usage de certains terrains contre des prestations de travail obligatoires. Le Gouvernement, par contre, n'envisage que l'avenir de la colonie, en s'efforçant d'accorder aux ouvriers non pas un usage, mais un droit acquis sur le terrain. C'est ainsi que le Gouvernement, jusqu'à ce jour, n'a pu fonder de colonies dans les régions où la plupart des plantations sont situées, tandis que les essais de colonisation dus à l'initiative privée ont été poursuivis avec plus ou moins de succès. Le succès surtout a été grand à Déli et dans toutes les entreprises de la Société batave de pétrole.

Là, où les efforts ont été couronnés de succès, la population ouvrière a considérablement augmenté. Celle-ci, contre usage de la floraison et du lopin de terre vient travailler un certain nombre de jours et d'heures à côté des coulis contractants. Ces derniers peuvent, à l'expiration de leur terme, se réengager ou devenir colons. Les débours résultant de ce régime pour les planteurs sont largement remboursés par la certitude qu'ils ont de posséder un noyau croissant d'ouvriers. Ils peuvent de la sorte diminuer de beaucoup les frais d'immigration. Le Gouvernement a déclaré qu'il est prêt à subsidier cette colonisation privée, dès que la situation financière le lui permettra, au moyen d'avances gratuites ou non, tandis qu'à chaque cession de terrains domaniaux d'une grande étendue donnés en emphytéose on prêtera l'attention voulue à ce que sur ou à proximité du bien faisant l'objet de l'emphytéose des terrains propres à la colonisation soient réservés.

Le nombre d'ouvriers dans les Campongs (lieux) de colonisation dans les exploitations de la côte occidentale de

Sumatra s'élève à environ 5,640. Les conditions dans lesquelles les ouvriers sont admis dans les Campongs ne sont pas les mêmes partout. Au total, ils disposent d'une maison avec enclos d'une superficie de 700 mètres carrés environ, et, si possible, d'une rizière d'à peu près 7,000 mètres carrés avec l'obligation de céder une partie, à peu près le tiers de la récolte gratuitement à l'employeur et de fournir environ 25 jours de travail par mois à l'entreprise contre le même salaire que celui des contractants réengagés. En outre, ils jouissent des soins médicaux, des distributions de riz et du rapatriement à Java tout comme quand ils travaillaient jadis comme contractants.

Pourtant on a déjà pu constater que la colonisation du Gouvernement n'est pas en état de pourvoir d'ici peu le marché local de main-d'œuvre. Si le choix se porte sur la colonisation agricole, il faudra attendre que le nombre des colons soit si grand qu'ils ne trouveront plus dans l'agriculture un moyen d'existence et qu'une partie d'entre eux soit obligée de pourvoir à son entretien en travaillant dans l'exploitation. Qui dira combien de temps s'écoulera d'ici là vu que le Javanais est un peu enclin à s'établir définitivement hors de Java ?

Si on tâche de former des colonies d'ouvriers avec habitations sur ou autour des plantations, un autre danger apparaît. Celui de voir, après deux générations, s'accroître cette population de telle façon qu'il en naîtrait une situation de subordination ou de soumission aux entreprises environnantes. C'est pourquoi la colonisation doit être favorisée, sans qu'il soit nécessaire de la pousser de telle manière que le succès en soit assuré en peu d'années. En outre, il faut tenir compte que précisément dans les environs des grandes entreprises, il n'y a plus de terrain suffisant disponible. C'est seulement par l'exploration de nouvelles régions qu'on peut promptement venir en aide à la colonisation. C'est pourquoi il serait bon d'aider les planteurs dans le recrutement. Ce n'est pas sans raison que ceux-ci envient leurs collègues des Etats Fédérés Malais.

Les frais de recrutement, d'après le Dr Buffart, dans

l'article précité, s'élèvent à 13 cents par homme et par jour ;
dans les Etats Fédérés Malais, ils sont de 5,6 cents. Cette
différence provient surtout des faits suivants : 1º Là-bas les
ouvriers paient eux-mêmes leur voyage de retour ; 2º L'employeur reçoit une indemnité pour ses ouvriers venus d'au-
trés régions (Indes Anglaises) ; 3º Le Gouvernement intervient en partie dans les frais de recrutement ; 4º Il ne pro-
fite pas, comme celui des Indes Néerlandaises, des taxes
d'enregistrement, qui ont rapporté dans ces dernières
années plus d'un demi-million de florins, qui sont payés
dans l'Inde par les employeurs.

§ 35. — Après l'abolition des contrats de réengagement
viendra certainement à l'ordre du jour la réduction de la
durée des premiers contrats, accompagnée ou non d'une
limitation annuelle et progressive du nombre d'ouvriers
contractants par entreprise. Ainsi disparaîtra la sanction
pénale, quoiqu'elle devra être maintenue le plus longtemps
possible pour certaines exploitations, qui, par leur isolement
auront de la peine à se procurer des ouvriers, car sinon le
défrichement de régions incultes pourrait devenir d'un
trop grand risque. Mais ici aussi, un dernier pas devra être
fait.

Dans l'entretemps, les employeurs feront bien de continuer les améliorations sans attendre que la loi les y oblige.
Cela ne sera guère onéreux, si on considère les revendications de quelques Régents javanais, qui étaient venus à
Déli sur l'invitation d'associations d'employeurs afin de se
convaincre de la manière dont se comportaient là-bas les
coulis javanais. Ils désapprouvaient la non-existence de
demeures familiales. Entretemps on a su combler heureusement cette lacune en exigeant que l'ouvrier, qui a travaillé
cinq ans dans une entreprise, ait droit à une habitation
privée. Ensuite on a constaté qu'on n'avait rien fait pour les
besoins religieux des contractants javanais, par contre on
désapprouve fortement la tolérance des jeux de hasard. On
trouvait aussi que les salaires n'étaient pas assez élevés, surtout ceux des coulis mariés, et on émit un vœu partagé aussi

par l'Inspection du Travail tendant à porter le salaire de 42 cents par jour plus une prime variable, à 47 cents tout court dans les plantations qui ne paient pas encore pareil salaire.

Lorsqu'on augmentera les salaires, la désertion qui est maintenant fréquente, et est une des principales causes du grand nombre des poursuites opérées pour infraction à l'ordonnance des coulis, diminuera également. La désertion est surtout constatée dans les régions où le couli peut gagner un salaire beaucoup plus haut dans les jardins à caoutchouc avoisinants, exploités par les indigènes. Mais le point le plus i mportant de leur conclusion fut que l'amélioration matérielle ne vaut pas le manque de liberté. Peut-on s'attendre dès lors à l'abolition complète de la contrainte ? Cela donne lieu à méditation, surtout quand un ennemi reconnu de la sanction pénale, comme M. Vreede, le directeur du Bureau du Travail, écrit dans son rapport déjà cité pp. 4 et 5 : « La grande avance que les exploitations des Indes Néerlandaises ont au point de vue de l'hygiène et des plantations doit être maintenue, cela ne peut se faire sans dispositions légales, ~~maintenant et~~ comportant une légère contrainte ».

§ 36. — Il résulte de ce qui précède que la législation concernant les indigènes se borne pour ainsi dire aux îles autres que Java.

Dans cette île où se concentrent les deux-tiers de la population indigène, le travail n'est soumis à aucune réglementation spéciale, sauf la loi de sûreté et la loi réglementant le travail des enfants et le travail de nuit des femmes.

Des employeurs ont bien voulu insister sur l'introduction d'une sanction pénale dans une région isolée, où il y avait manque de main-d'œuvre et où l'on peut craindre une désertion fréquente des ouvriers recrutés. D'un autre côté, on a demandé pour Java une législation générale sur le travail, mais jusqu'ici le Gouvernement n'est pas convaincu de sa nécessité urgente et il s'est limité à faire des enquêtes pour explorer et reconnaître le terrain.

En attendant, il préfère l'accord amiable avec les employeurs pour améliorer les conditions de travail à des réglementations coercitives. Il fait cependant examiner par le Bureau du Travail la nécessité d'une réglementation générale du travail pour les différents groupes de la population, ainsi que, comme nous l'avons déjà vu, une réglementation des réparations à payer par les employeurs en cas d'accidents. Ici, une fois de plus, nous n'assistons pas à une poussée du peuple tendant à obtenir une réglementation légale. Cela est dû surtout au fait que le syndicalisme indigène ne dispose pas d'une direction énergique et compétente.

Il y a bien plusieurs syndicats, mais ils ont pour la plupart des visées politiques. Ils ont une tendance ou du moins une influence communiste et s'occupent plus de la propagande et des doctrines communistes que de l'amélioration des conditions du travail. Il en est résulté, depuis des années, de nombreuses grèves provoquées pour des futilités ou bien pour des exigences extrémistes. Souvent on poussa les ouvriers à la grève, simplement parce qu'une grève avait éclaté dans d'autres fabriques. Il y a eu des cas où l'on exigea une hausse de salaire de 100 p. c. immédiatement après qu'une augmentation de salaire avait été accordée ou annoncée. Il y a eu un cas de grève dû à la promotion de quatre ouvriers parce que tous les ouvriers réclamaient la même promotion. On se mit en grève en 1920, par exemple, parce que la démission d'un ouvrier, qui avait des relations avec la femme divorcée d'un collègue, fut refusée; parce qu'on ne réengageait plus un employé, qui avait été congédié pour actes frauduleux alors que les ouvriers connaissaient parfaitement le motif de la révocation. On fit grève parce que, du côté des employeurs, on avait exigé la prise des empreintes digitales, ce qui est nécessaire à Java, pour identifier les ouvriers. On a fait grève dans plusieurs industries sucrières, parce qu'on exigeait, après plusieurs vols, l'abrogation du contrôle sur le remplissage des sacs. Il y a eu grève aussi parce qu'on ne voulait pas qu'un médecin puisse contrôler, si un ouvrier était malade ou non, et on exigea que cet examen médical se fît par une commission d'ouvriers (1). Les ouvriers eux-mêmes ne

(1) H. C. G. J. VAN DER MANDERE, L. C., 1928, pp. 88-89.

trouvaient guère ces grèves très sérieuses, car l'expression usuelle en malais pour se mettre en grève est : « main staking », c'est-à-dire jouer à la grève.

Le résultat de ces grèves n'a donc été pour ainsi dire d'aucune signification. Elles ont eu pour tristes conséquences des renvois d'ouvriers et par conséquent de la misère et de la pauvreté. Parce que la plupart des syndicats existants sont des porte-voix des communistes, une évolution du syndicalisme sain n'a pu se produire et ne s'opérera pas dans un avenir rapproché. Heureusement que ces grèves ont ouvert les yeux aux employeurs, qui ne se bornent pas à refuser catégoriquement les ouvriers communistes, mais ont assez de bon sens pour prendre les mesures nécessaires à l'amélioration des conditions du travail, entre autres, des mesures concernant les pensions et les gratifications, etc.

Malgré l'absence de législation ouvrière, il y a des entrepreneurs à Java, surtout dans les industries sucrières, qui ont fait beaucoup pour les ouvriers. Mais cela n'entre pas dans le cadre de ce rapport qui traite seulement de la réglementation du travail.

Résumant ce qui précède, je conclus ce qui suit quant aux desiderata en matière de législation du travail :

I. — Extension aux Indes de la tâche de l'Inspection du Travail à toutes les entreprises et par conséquent augmentation de son personnel :

a) Pour réaliser une meilleure surveillance de l'application de la législation du travail;

b) Pour procéder à une enquête sur les conditions du travail, afin de connaître si des mesures d'ordre social sont nécessaires et, dans l'affirmative, lesquelles;

II. — Suppression graduelle de la sanction pénale, en tenant compte des intérêts des industries intéressées avec, au besoin, maintien de l'obligation pour les travailleurs de se soumettre à des mesures sanitaires.

III. — Encouragement de la colonisation des Possessions extérieures.

CONCLUSIONS

En résumant en quelques phrases ce qui précède, je puis dire que l'état actuel de la législation du travail aux Indes Néerlandaises est la suivante :

Contrairement à ce qui existe dans quelques autres colonies, le travailleur indigène est complètement libre de s'engager ou non.

Le recrutement d'ouvriers javanais pour des entreprises en dehors de leur île est soumis à une surveillance minutieuse et entouré de garanties sévères.

Sauf quelques exceptions, dont la principale est la limitation du travail des enfants et celle du travail de nuit des femmes, la législation sociale ne s'étend qu'au travail en dehors de Java. Elle ne s'occupe pas non plus des rapports de travail entre indigènes, parce que le besoin ne s'en est pas encore fait sentir et qu'une politique coloniale intelligente prescrit de se mêler le moins possible des conditions internes des indigènes.

La législation du travail relative aux coulis amenés, ainsi qu'à ceux qui travaillent sous la sanction pénale ou qui y échappent, protège ceux-ci par une inspection minutieuse du travail contre les abus éventuels des entrepreneurs. Il y a une législation pour toutes les Indes néerlandaises qui assure la sécurité du travail dans les fabriques et sur les chantiers.

Il est satisfait complètement aux obligations résultant des traités internationaux relatifs au travail.

Ce qui est le plus significatif, c'est que les prescriptions légales sont réellement maintenues et observées.

En ce qui concerne l'avenir prochain, je conclus aux desiderata suivants sur le terrain de la législation du travail :

I. — Extension aux Indes de la mission de l'Inspection du Travail à toutes les entreprises et par conséquent augmentation de son personnel :

a) Pour réaliser une meilleure surveillance de l'application de la législation du travail;

b) Pour procéder à une enquête sur les conditions du travail, afin de connaître si des mesures d'ordre social sont nécessaires et, dans l'affirmative, lesquelles.

II. — Suppression graduelle de la sanction pénale, en tenant compte des intérêts des industries intéressées avec, au besoin, maintien de l'obligation pour les travailleurs de se soumettre à des mesures sanitaires.

III. — Encouragement de la colonisation des Possessions extérieures,

Le Régime

et

l'Organisation du Travail des Indigènes
en Indochine

RAPPORT

présenté à l'Institut Colonial International

par

H. SAMBUC

Avocat-défenseur honoraire, près la Cour d'Appel de Saïgon
Membre de l'Institut.

SOMMAIRE

	Pages
Observation préliminaire	265

CHAPITRE I.

TRAVAIL SERVILE	265

CHAPITRE II.

TRAVAIL FORCÉ	265
a) Cochinchine	265
b) Cambodge	265
c) Annam	266
d) Tonkin	266

CHAPITRE III.

TRAVAIL DES PRESTATAIRES	266

CHAPITRE IV.

TRAVAIL CONTRACTUEL	267
§ 1er. *Main-d'œuvre européenne*	267
§ 2. *Main-d'œuvre indigène*	268
A. Travail non réglementé	268
B. Travail réglementé	268
Caractère de ce régime	269
Personnes auxquelles il est applicable	269
Passation des contrats	269
Mesures médicales au moment de l'engagement ...	270
Transfert des contrats	270
Durée des engagements	270
Durée de la journée de travail	270
Salaires	270
Pécule individuel en faveur des engagés indigènes .	270
Avances sur salaires	271
Remboursement des avances sur salaires	271
Ration	271
Approvisionnement	272
Alimentation en eau	272
Vêtement	273

Pages

Logement 273
Famille des engagés 273
Organisation en villages 273
Jardins, sources, etc. 273
Soins médicaux 274
Protection de la santé des travailleurs. Surveillance — 274
    sanitaire 275
Interruption du travail. — Sanctions civiles 275
Résiliation des contrats 276
Contestations entre engagés et engagistes 276
Inhumations 276
Comptabilité des engagistes ....
Surveillance exercée par l'administration pour la
    protection des travailleurs et l'exécution des obli-
    gations découlant des contrats d'engagement. —
    Inspection générale du travail. — Inspections du
    travail 277
Infractions à la réglementation du travail
    a) En ce qui concerne les engagés 279
       Tribunal de simple police des contrôleurs du
        travail 280
    b) En ce qui concerne les engagistes 281
    c) En ce qui concerne les tiers 282
Mesures fiscales concernant les engagés 282
Champ d'application de l'arrêté du 25 octobre 1927
Réglementation spéciale au Tonkin 282

§ 3. *Main-d'œuvre exotique* 283
Situation des divers pays de l'Indochine au point de
    vue de leurs besoins de main-d'œuvre 283
    a) Laos 283
    b) Annam et Tonkin 283
    c) Cochinchine, Cambodge et Sud de l'Annam 284
      A. Travail non réglementé 284
      B. Travail réglementé 285
        a) Main-d'œuvre étrangère à l'exception de la
          main-d'œuvre javanaise 285
        Personnes pouvant émigrer 285
        Recrutement 286
        Passation des contrats 286
        Mesures à l'arrivée des immigrants 286
        Conditions du travail 287
        Rapatriement 287
        b) Main-d'œuvre javanaise 287

§ 4. *Main-d'œuvre originaire d'un pays de l'Indochine
    autre que celui du travail. — Emigration de cette
    main-d'œuvre* 288
    a) Tonkin 288
    Contrôle de l'émigration 288

Pages

Définition de l'immigrant 288
Recrutement pour des entreprises situées en Indochine mais hors du Tonkin 288
Recrutement pour des entreprises situées hors de l'Indochine 289
Suspension des opérations de recrutement 289
Mesures sanitaires au moment de l'engagement ... 289
Avances sur salaires 290
Passation des contrats 290
Durée des engagements 290
Frais 290
Mise en route 290
Rassemblement au port d'embarquement 290
Mesures sanitaires au port d'embarquement 291
Vérification de la capacité des navires transporteurs 291
Vêtements des émigrants 291
Débarquement des engagés au port de destination 291
Régime du travail 291
Rapatriement des immigrants 292
Infractions 292
Taxe d'immigration 292
b) Annam 292

Conclusions.

Travail forcé 293
Travail des prestataires 294
Travail contractuel 294
A. Main-d'œuvre européenne 294
B. Main-d'œuvre indigène et main-d'œuvre asiatique assimilée 295

Abréviations.

B. A. C.   Bulletin administratif de la Cochinchine.
B. A. T. .... Bulletin administratif du Tonkin.
Cass. .... Cour de cassation.
Cass. civile ..... Cour de cassation, Chambre civile.
D. .... Recueil de Législation, de Doctrine et de Jurisprudence Coloniales, de P. Dareste.
J. O. .... Journal officiel de la République Française.
J. O. I. .... Journal officiel de l'Indochine.

DU REGIME ET DE L'ORGANISATION DU TRAVAIL
DES INDIGENES EN INDOCHINE

OBSERVATION PRELIMINAIRE

Le présent rapport a surtout pour objet le régime et l'organisation du travail contractuel.

Il importe cependant d'examiner aussi les autres genres de travail possibles aux colonies, savoir, le travail servile, le travail forcé et le travail des prestataires.

CHAPITRE Ier

Travail servile.

Le travail servile n'existe pas en Indochine. L'esclavage existait au Cambodge, avant l'occupation française. Il a été supprimé par arrêté du gouverneur général de l'Indochine du 11 juillet 1897 (1).

CHAPITRE II

Travail forcé.

a) *Cochinchine.* — Le travail forcé a été supprimé dans cette colonie par une décision du Président de la République du 10 mai 1881 (2) ayant aboli la corvée.

b) *Cambodge.* — Une ordonnance du roi du Cambodge du 30 décembre 1916 (3) a réglementé les réquisitions

---

(1) J. O. I. 1897, 1re partie, p. 1214.
(2) J. O. 12 mai 1881.
(3) D. 1919, p. 47 et p. 48. J. O. I. 13 janvier 1917.

civiles de main-d'œuvre et de moyens de transport. Ces réquisitions ont principalement pour objet l'exécution de travaux d'utilité publique d'un caractère urgent, en vue de parer à des calamités ou de réparer les dégâts causés par les inondations, crues, etc. Les journées de travail, y compris celles de déplacement, à l'aller et au retour, sont rémunérées selon des tarifs fixés par l'administration locale.

c) *Annam.* — Une ordonnance du roi d'Annam de 1908, encore en vigueur (1), permet à l'administration de requérir la main-d'œuvre prestataire pour l'exécution de travaux de construction et de réparation des digues des fleuves. Ces travaux sont rémunérés.

d) *Tonkin.* — Dans le cas où par suite d'une calamité publique, il devient nécessaire d'effectuer des travaux urgents, en vue de parer à un danger imminent, les chefs de province en avisent immédiatement le président supérieur qui peut, s'il le juge utile, les autoriser à convoquer les prestataires, même si ceux-ci ont déjà acquitté le nombre de journées de prestations qu'ils doivent normalement. Ces journées supplémentaires sont rémunérées d'après le montant des crédits qui ont pu être mis à la disposition des services compétents (2).

CHAPITRE III

Travail des prestataires.

Les prestations en nature sont dues dans tous les pays de l'Indochine par les indigènes et les Asiatiques étrangers assimilés, du sexe masculin, âgés de 18 à 60 ans et valides. Le nombre des journées de travail dues, par an et par individu, varie de 5 à 16. Certaines catégories de fonctionnaires en sont exemptes. Les assujettis peuvent, dans certains cas, se racheter en argent. Parfois le rachat est obligatoire.

---

(1) Deloustal. *Traduction des principales ordonnances royales édictées depuis la promulgation du code annamite*, p. 207.

(2) Art. 4 de l'arrêté du Gouverneur général du 14 juin 1905. (D. 1906, p. 179, J. O. I., 19 juin 1905.)

Dans ce cas l'impôt des prestations est perçu de même que l'impôt personnel. Le taux du rachat est fixé par l'Administration. Il correspond au salaire journalier de la main-d'œuvre locale.

CHAPITRE IV

Travail contractuel.

Il convient d'étudier séparément :

1º La main-d'œuvre européenne;

2º La main-d'œuvre indigène;

3º La main-d'œuvre exotique.

§ 1er. — MAIN-D'ŒUVRE EUROPÉENNE.

Il est d'usage de désigner, dans les colonies françaises, sous le nom de main-d'œuvre européenne : 1º la main-d'œuvre française; 2º la main-d'œuvre étrangère, européenne ou non, assimilée à la main-d'œuvre française.

Les Européens (Français et assimilés) étant presque toujours affectés à des emplois de direction ou de surveillance, il s'agit, en réalité, non pas d'ouvriers, mais d'employés attachés à des entreprises agricoles, industrielles ou commerciales.

Le code métropolitain du travail et de la prévoyance sociale, relatif aux conditions du travail (Livre I) et à la réglementation du travail (Livre II) n a pas été rendu applicable à l'Indochine.

Les rapports contractuels des employés et des employeurs sont, par suite, régis par le droit commun, c'est-à-dire : 1º par les clauses des contrats passés entre les parties, soit en France soit dans la colonie; 2º par les dispositions du Code civil.

Cependant certaines lois sociales, telles que la loi du 9 avril 1898 sur les accidents du travail, bien que non promulguées en Indochine, y sont applicables, en ce qui concerne les employés ou ouvriers engagés en France par un employeur français (1).

§ 2. — MAIN-D'ŒUVRE INDIGÈNE.

Le travail contractuel des indigènes peut être non réglementé ou réglementé (2).

A. — *Travail non réglementé.*

Les travailleurs indigènes peuvent louer leurs services sans se soumettre à aucune réglementation particulière. Les engagements se forment alors par contrats écrits ou par conventions verbales, conformément aux usages locaux.

En cas d'inexécution par l'une ou l'autre des parties de leurs obligations réciproques, les seules sanctions sont les sanctions civiles du droit commun.

B. — *Travail réglementé.*

En Indochine, de même que dans les autres possessions françaises, il a paru nécessaire d'organiser pour la main-d'œuvre indigène engagée à long terme, un régime spécial, facultatif, de travail réglementé. Ce régime est destiné, d'une part, à assurer le bien-être des travailleurs et à les protéger contre les abus possibles de la part de leurs employeurs, d'autre part, à donner aux employeurs des garanties particulières touchant la stabilité de la main-d'œuvre et la complète exécution des obligations contractuelles des travailleurs.

Le régime du travail réglementé résulte en Indochine d'un arrêté du Gouverneur général du 25 octobre 1927 (3).

---

(1) Cass. Civile, 10 mars 1913. (D. 1913, 3e partie, p. 174). Cass. Chambres réunies, 26 mai 1921. (D. 1921, 3e partie, p. 109.) Cour de Paris, 15 mars 1925. (D. 1926, 3e partie, p. 254.).

(2) Le travail non réglementé est parfois appelé « travail libre ». L'expression « travail non réglementé » paraît préférable, étant donné que le travail réglementé est libre également, puisque le travailleur a la faculté de louer ou non ses services et, s'il les loue, de choisir le régime du travail réglementé ou celui du travail non réglementé. Au surplus, il ne s'agit, ici, que d'une question de définition.

(3) D. 1928, p. 358. J. O. I. 9 novembre 1927. Erratum. J. O. I. 3 décembre 1927.

Caractère de ce régime. — Ce régime est facultatif, en ce sens qu'il concerne seulement les travailleurs qui s'y soumettent, en se liant, par contrat, à un employeur.

Personnes auxquelles ce régime est applicable. — Il est applicable aux travailleurs indigènes originaires des divers pays de l'Union Indochinoise (Cochinchine, Cambodge, Annam, Tonkin, Laos) qui louent, par contrat, leurs services, moyennant salaire, à des administrations publiques ou aux propriétaires d'exploitations agricoles, industrielles ou minières. Il est également applicable à leurs engagistes (art. 1er).

Passation des contrats. — Les contrats d'engagement sont passés en présence d'un représentant de l'Administration qui les certifie (art. 8, 10 et 11). Ils sont rédigés en français et dans la langue de l'engagé, en double exemplaire. Ils ont la forme d'un livret, du modèle adopté par l'Administration. Ils doivent obligatoirement contenir les énonciations suivantes : 1o Nom, prénom ou raison sociale de l'employeur; 2o nom et prénom du recruteur; 3o date et lieu de la passation du contrat; 4o nom, âge, filiation, domicile de l'engagé; 5o lieu de l'exécution, durée du contrat, nature de l'exploitation; 6o nombre des heures de travail par journée, ainsi que la substitution éventuelle du travail à la tâche au travail à la journée; 7o nombre des jours de repos avec indication de ceux donnant ou ne donnant pas droit au salaire; 8o quotité, mode de détermination et de payement des salaires; 9o droit au logement et aux soins médicaux pour l'engagé et sa famille; 10o droit à tout ou partie de la nourriture; 11o montant des avances faites et mode de remboursement de ces avances; 12o clause relative au rapatriement de l'engagé et de sa famille; 13o mention, le cas échéant, qu'il sera fait application de la réglementation sur le pécule; 14o mention que la lecture du contrat, dans sa langue, a été faite, avant signature, à l'engagé; 15o indication du numéro du titre d'identité de l'engagé, signature de l'engagé ou empreinte de son index droit, valant signature; 16o s'il y a lieu, nom et numéro du titre d'identité des membres de la famille du travailleur engagé avec lui (art. 5).

Mesures médicales au moment de l'engagement. — Avant la signature du contrat, les engagés subissent une visite médicale. Il est procédé à leur vaccination antivariolique et à toutes autres vaccinations jugées utiles par les services de santé (art. 9).

Transfert des contrats. — Aucun transfert de contrat ne peut être opéré sans le consentement de l'engagé et l'autorisation de l'Administration (art. 89).

Durée des engagements. — Elle est réglée de gré à gré entre les parties. Elle ne peut excéder trois ans, avec faculté indéfinie de rengagement (art. 6).

Durée de la journée de travail. — Dans les exploitations agricoles, la journée de travail ne peut excéder dix heures par 24 heures, y compris le temps nécessaire au travailleur pour se rendre de son logement au lieu du travail et en revenir, avec un repos obligatoire de deux heures (art. 32 et 33). Si le contrat stipule que le travail peut être mis à la tâche, celle-ci peut être imposée. La tâche journalière ne doit pas excéder la somme de travail exécutable dans une journée de travail de dix heures (art. 36). Lorsque, pour des travaux urgents et exceptionnels, il est demandé aux engagés un travail supplémentaire en dehors des heures dues, les heures supplémentaires sont payées au tarif ordinaire de l'heure, majoré de 50 p. c.

Salaires. — Ils doivent être payés, au moins, une fois par mois et dans un délai de dix jours après leur exigibilité (art. 40). Les payements sont faits en présence de l'engagiste ou de son représentant, faute de quoi, si l'engagé conteste le payement, celui-ci est réputé non effectué, sauf preuve contraire incombant à l'engagiste (art. 41). Les engagés jouissent, pour leurs salaires, du privilège de l'article 2101 du Code civil (art. 49).

Pécule individuel en faveur des travailleurs indigènes (1).

(1) Troisième arrêté du Gouverneur général du 25 octobre 1927. (D. 1928, p. 384. J. O. I. 9 novembre 1927.) Arrêté modificatif du 1er août 1928. (J. O. I. 11 août 1928.)

— Ce pécule est organisé en faveur des travailleurs indigènes seulement. Il est obligatoirement constitué : 1º par une retenue de 5 p. c. opérée sur les salaires du travailleur; 2º par une contribution patronale égale; 3º par les versements volontaires du travailleur. Ces diverses sommes doivent être employées par l'engagiste, à l'achat de timbres de pécule qui sont apposés par lui, non oblitérés, sur le livret de l'engagé. En fin de contrat, le compte de pécule du travailleur est arrêté par le contrôleur du travail et le montant en est payable à l'engagé dans tous les bureaux de poste du pays dont cet engagé est originaire, ou sur place, si celui-ci déclare vouloir rester sur place. Un arrêté du gouverneur général du 29 décembre 1927 (1) est relatif à la comptabilité des fonds du pécule ouvrier.

Avances sur salaires. — Les avances en argent peuvent être faites aux engagés avant leur entrée en service ou au cours de leur engagement. Celles consenties en cours d'engagement ne peuvent dépasser deux mois de salaires complets. Ces avances sont interdites au cours des trois derniers mois de la durée des contrats. Lors de l'échéance normale de son contrat, l'engagé ne peut être retenu par son employeur pour cause de dettes (art. 44).

Remboursement des avances sur salaires. — Ce remboursement a lieu au moyen de retenues mensuelles sur les salaires, sans que ces retenues puissent excéder le quart du salaire (art. 46). Aucune dette contractée par un engagé dans une boutique sise sur la propriété de l'engagiste ne doit être prélevée sur les salaires (art. 47).

Ration. — Le contrat de tout engagé indigène doit prévoir, au minimum, outre le salaire, l'allocation gratuite journalière, d'une ration de 700 grammes de riz cru (art. 53). Si le contrat prévoit la fourniture, par l'engagiste, de la totalité de la nourriture, la ration quotidienne doit être clairement indiquée en poids et en nature d'aliments. Elle doit assurer à l'homme adulte, au moins, 3,200 calories et comporter une proportion d'aliments frais (vitamines). Elle

------

(1) J. O. I. 4 janvier 1928.

doit comprendre au moins les aliments suivants, poids indiqué avant cuisson :

Riz sec	700 gr.
ou { riz sec	500 gr.
{ et pain	200 gr.
Viande fraîche ou de conserve ou poisson sec ..	200 gr.
ou poisson frais	400 gr.
Légumes verts	300 gr.
ou à défaut, légumes secs	150 gr.
Sel	20 gr.
Thé	5 gr.
Graisse	20 gr.
Nust-mann ou tuong	15 gr.

Cette ration minima est réduite de moitié pour les enfants en dessous de 14 ans. Les enfants au dessous de 18 mois si la mère ne nourrit pas, doivent recevoir une boîte de lait condensé de 400 grammes tous les deux jours. Les légumes secs et la viande de conserve ne doivent être donnés que lorsque l'alimentation fraîche fait absolument défaut. Tous les aliments doivent être sains, de bonne qualité et dispensés quotidiennement (art. 50).

Approvisionnement. — Dans les régions éloignées ne présentant pas de ressources suffisantes, l'employeur est tenu d'ouvrir ou de faire ouvrir, sur son exploitation, un magasin où doivent être approvisionnés et vendus aux engagés, à des prix qui ne peuvent dépasser ceux pratiqués au chef-lieu de la province la plus voisine, les denrées et articles de première nécessité pour la vie indigène. Les ventes à crédit sont interdites. Les prix de vente sont affichés à l'intérieur et à l'extérieur du magasin, en français et dans la langue des engagés (art. 54 et 55). Sauf le cas ci-dessus, les Européens ou indigènes ayant autorité sur les engagés, les membres de leur famille ou ne peuvent se livrer à aucun commerce avec les engagés travaillant sur l'exploitation (art. 48).

Alimentation en eau. — Le ravitaillement en eau des engagés, pour leur boisson, leur cuisine ou leur toilette, doit être assuré par l'employeur. L'eau potable doit être fournie à raison de cinq litres, au moins, par individu et par jour (art. 71, in fine).

Vêtements. — A la signature du contrat, l'employeur doit remettre gratuitement, à chaque engagé, une couverture, un manteau de pluie en paille, un complet de travail et un chapeau du modèle indigène et conforme aux modèles acceptés par l'Administration (art. 12). Dans les exploitations agricoles en voie de défrichement, les engagés des deux sexes doivent porter des molletières du modèle adopté par l'Administration et fournies gratuitement par l'employeur. Si l'engagé perd ses molletières, il lui en est délivré une nouvelle paire, dont le prix coûtant est retenu sur son salaire (art. 67).

Logement. — Les locaux et installations diverses destinés au logement des travailleurs ne peuvent être édifiés et mis en service que sur l'autorisation de l'Administration (art. 64). Tout engagé a droit, gratuitement, au logement pour lui et sa famille. Le logement doit être sain et convenable et répondre aux règles de l'hygiène. L'engagé doit tenir son logement ainsi que les dépendances et les cours y attenant, dans un état de propreté constante (art. 65 et 34, in fine).

Famille des engagés. — La famille d'un engagé forme un groupe qui ne doit pas être séparé (art. 4).

Organisation en villages. — Sur les exploitations agricoles, dès que les travaux de défrichement et de première installation sont terminés, et chaque fois que cela est possible, sur les exploitations industrielles ou minières, les engagés sont groupés par village où ils ont la liberté de s'organiser comme dans leur propre pays (art. 66 et, pour la Cochinchine, art. 1er à 4 de l'arrêté du gouverneur général du 13 avril 1909 (1) maintenus en vigueur par l'art. 96).

Jardin, sources, etc. — L'employeur doit allouer, à chaque famille, une parcelle de terrain cultivable en jardin (art. 66). Les eaux de source doivent être protégées et celles sus-

_____

(1) D. 1910, p. 353. J. O. I. 29 avril.

pectes, stérilisées (art. 71 et 72). Les lieux d'aisance doivent être installés selon les prescriptions du service de santé. Les ordures ménagères et les détritus doivent être déposés dans des tranchées comblées chaque jour par de la terre ou réunis en des points éloignés des habitations et brûlés (art. 73).

Soins médicaux. — Tout engagé a droit gratuitement, pour lui et sa famille, aux soins médicaux et aux médicaments. Les engagistes doivent assurer le service médical de leur plantation selon les conditions déterminées par les chefs d'administration locale (art. 75). Les engagés exempts de travail sont placés dans une infirmerie isolée des logements, enclose d'une palissade et munie de cuisine et de latrines particulières. L'infirmerie doit être constamment approvisionnée en médicaments. Elle doit être proportionnée au nombre des travailleurs de l'exploitation et comporter un local d'isolement pour les contagieux (art. 76). Les engagés gravement atteints sont évacués sur l'hôpital (art. 77). Ceux reconnus gravement malades, au moment de l'échéance ou de la rupture de leur contrat, sont hospitalisés aux frais de l'employeur qu'ils viennent de quitter (art. 80).

Protection de la santé des travailleurs. Surveillance sanitaire. — Le directeur du service de santé, dans chaque pays de l'Union, exerce un droit de contrôle sur tout ce qui touche à la santé des travailleurs (art. 61). Si ses prescriptions, en la matière, ne sont pas exécutées par l'employeur, l'Administration locale peut en entreprendre elle-même l'exécution, aux frais de l'exploitant (art. 62). Des mesures spéciales doivent être prises contre le paludisme (art. 68 et 69). Un approvisionnement de quinine doit être détenu par chaque employeur, dans les régions paludéennes (art. 70). Des mesures spéciales doivent être prises pour la protection des femmes et des enfants. Les femmes ont un mois de repos payé après accouchement. A la fin de leur grossesse et pendant les deux premiers mois de l'allaitement, elles ne sont astreintes qu'à des travaux légers (art. 83 et 84). Le chef de l'Administration locale peut, après enquête et sur l'avis du service de santé, requérir tout directeur de plantation sur laquelle plus de cinquante femmes sont employées sur contrat, de construire et d'entretenir, à ses frais, une garderie d'enfants et d'approvisionner cette garderie, à ces frais, avec le lait et le riz nécessaire à chaque enfant (art, 85).

Interruption du travail. Sanctions civiles. — Si le chômage de l'engagé a pour cause : 1º une permission de l'employeur; 2º la maladie, sauf le cas d'accident du travail; 3º le refus de travail ou une absence non justifiée; 4º l'abandon de l'exploitation; 5º une condamnation, cet engagé n'a pas droit au salaire (art. 43). Si le chômage de l'engagé résulte du fait de l'engagiste, ou d'un cas de force majeure, cet engagé conserve le droit au salaire et à la nourriture, si elle est prévue au contrat (art. 39, in fine). Si le chômage n'est pas justifié par des raisons de santé ou par une exemption accordée par l'engagiste, l'engagé n'a droit, pendant la durée du chômage, ni au salaire, ni à la nourriture, si elle est prévue au contrat, et la durée du contrat peut être prorogée d'office, au gré de l'employeur, pour une durée égale à celle de l'absence ou du chômage non justifiés. La durée cumulée des séjours de l'engagé à l'infirmerie ou à l'hôpital, de moins de trente jours par an, ne donne pas lieu à prorogation du contrat. Si la durée de l'hospitalisation est égale ou supérieure à trente jours, dans une même année, elle donne lieu à une prorogation de contrat pour une durée égale à celle de l'interruption du travail. Cependant, cette dernière disposition n'est pas applicable si l'engagé a été blessé dans l'exercice de son travail ou à l'occasion de son travail. En pareil cas, il conserve le droit au salaire et à la nourriture si elle est prévue au contrat (art. 38). Le chômage dû au fait de l'engagiste ou à un cas de force majeure ne donne pas lieu à prorogation de contrat (art. 39). Les sanctions pénales de l'interruption du travail sont indiquées ci-après.

Résiliation des contrats. — Les contrats d'engagement peuvent être résiliés : 1º du consentement des parties; 2º pour incapacité physique de l'engagé; 3º sur la demande de l'engagiste, après disparition de l'engagé; 4° sur la demande de chaque partie, lorsque l'autre est dans l'impossibilité d'exécuter les clauses du contrat; 5° par l'engagé ayant un contrat d'une durée égale ou supérieure à deux ans, après dix-huit mois de services, avec trois mois de préavis, en remboursant toutes les sommes dues par lui ainsi que les frais de recrutement et de transport, s'il a été recruté hors du pays où il est engagé et en perdant son droit au rapatriement si ce droit est prévu au contrat; 6° sur la demande de l'engagiste, pour mauvaise conduite, indiscipline, mauvaise volonté de l'engagé ou actes pouvant jeter le trouble dans l'exploitation; 7° sur la demande de l'engagiste, en cas de condamnation de l'engagé; 8° sur la demande de chaque partie, pour cause légalement valable. Le décès du mari ou du chef de famille ouvre à la femme et aux enfants la faculté de résilier leur contrat sans indemnité et de se faire rapatrier (art. 86). Le renvoi d'office d'un engagé dans son pays d'origine, par l'autorité administrative, l'interdiction de séjour dans le lieu où l'engagé devrait servir, entraîne, de plein droit, la résiliation du contrat (art. 87). Lorsqu'un engagiste ou des agents ont été condamnés pour mauvais traitements envers un engagé, le tribunal peut d'office prononcer la résiliation du contrat (art. 88). Le fait de placer un engagé sous la direction ou la surveillance d'une personne ayant été condamnée deux fois par un tribunal criminel ou correctionnel pour sévices envers des indigènes ou des ouvriers, entraîne d'office la résiliation du contrat de cet engagé (art. 37).

Contestations entre engagés et engagistes. — Tout engagé peut porter plainte, par écrit ou verbalement, contre son employeur (art. 93). Il n'y a pas en Indochine de conseils d'arbitrage pour juger les contestations nées entre employés et employeurs, à l'occasion du travail. Les tribunaux ordinaires connaissent de ces contestations.

Inhumations. — L'engagiste doit assurer, à ses frais, une sépulture convenable à l'engagé décédé en cours de contrat (art. 82).

Comptabilité des engagistes. — Les employeurs doivent

tenir un « registre d'incorporation » contenant les noms des engagés et tous renseignements concernant leur travail (art. 29). Ils doivent ouvrir à chaque engagé un compte courant (art. 56). Ils doivent adresser, chaque mois, au service local de la santé, un relevé du nombre de leurs engagés malades, avec indication de la maladie et des décès, s'il y a lieu (art. 63). Avant le 31 janvier de chaque année, ils doivent adresser au chef du Service de l'immigration, une situation générale de leurs engagés au cours de l'année précédente (art. 56). Enfin, les engagistes doivent tenir un registre nominatif des exempts de travail, avec indication de la maladie (art. 76). Les engagistes doivent constamment afficher, d'une façon lisible, dans un lieu public du camp des travailleurs, un exemplaire du contrat d'engagement écrit en français et dans la langue des engagés (art. 15). Ils doivent également afficher dans les principaux locaux habités par les engagés, la réglementation en vigueur sur la main-d'œuvre et notamment les articles concernant les droits et les obligations des travailleurs (art. 98).

Surveillance exercée par l'Administration pour la protection des travailleurs et pour l'exécution des obligations découlant des contrats d'engagement. Inspection générale du travail. Inspections du travail. — Un arrêté du Gouverneur général du 19 juillet 1927 (1) a créé une inspection générale du travail. L'inspecteur général du travail a pour mission : 1° l'organisation d'ensemble de la réglementation de la main-d'œuvre, du travail, de l'épargne et de la prévoyance sociale en Indochine; 2° le contrôle du mouvement de la main-d'œuvre et des opérations qui s'y rattachent; 3° l'inspection des divers services ayant trait à la main-d'œuvre et des exploitations de toute nature où elle est employée. Il a qualité pour procéder, sur place, à toutes enquêtes et pour requérir le concours des agents de tout ordre de l'Administration. L'inspecteur général du travail assure la centralisation des rapports des inspecteurs du travail et

____

(1) J. O. I. 27 juillet 1927.

des rapports et renseignements provenant des divers services concernant la main-d'œuvre.

Des inspections du travail ont été instituées en Cochinchine (1), au Tonkin (2), en Annam (3) et au Cambodge (4). Les inspecteurs du travail des divers pays de l'Indochine sont placés sous la direction et la responsabilité des chefs d'administration locale. Ils ont pour mission d'assurer l'application de la réglementation concernant la main-d'œuvre. Ils sont chargés d'étudier les questions intéressant la colonisation, la main-d'œuvre indigène et étrangère, les conditions du travail, etc. Ils doivent inspecter, environ une fois par an, les plantations, concessions ou exploitations agricoles. Ils peuvent procéder, en outre, à des visites de surveillance, chaque fois qu'ils le jugent utile, après avoir avisé, à l'avance, l'employeur. Ils ont le droit de visiter tous les locaux où les engagés ont accès, à l'exception de ceux spécialement affectés au logement de l'engagiste ou de son représentant. Ils ont le devoir de recevoir les réclamations des engagés et de se faire présenter tous documents concernant ces derniers. Ils peuvent se faire accompagner d'un médecin ou d'un agent technique des cadres administratifs. Les inspecteurs du travail adressent des rapports au chef de l'Administration locale et aux chefs de province intéressés. Un exemplaire de ces rapports est remis à l'employeur. Leurs procès-verbaux font foi jusqu'à preuve contraire. Les inspecteurs du travail ne sont que des agents de contrôle. Ils ne peuvent donner des ordres directs. Ils ne peuvent que constater et rendre compte, en

---

(1) Art. 50 à 57 de l'arrêté du Gouverneur général du 11 novembre 1918. (D. 1919, p. 434. J. O. I. 20 novembre 1918.) Arrêté du Gouverneur général du 28 novembre 1918. (D. 1919, p. 454. J. O. I. 31 novembre 1918.) Art. 97 de l'arrêté du Gouverneur général du 25 octobre 1927. Arrêté du Gouverneur de la Cochinchine du 5 janvier 1928. (B. A. C. 2 février 1928, p. 364.).

(2) Arrêté du Gouverneur général du 30 avril 1926. (D. 1927, p. 650. J. O. I. 5 mai 1926.

(3) Arrêté du Gouverneur général du 10 juin 1927. J. O. I. 15 juin 1927.

(4) Arrêté du Gouverneur général du 19 octobre 1927. (D. 1928, p. 357. J. O. I. 22 octobre 1927.).

proposant les mesures nécessaires. En cas d'urgence ou de flagrant délit, ils saisissent le chef de province ou le parquet.

La surveillance exercée par l'Administration pour la protection des travailleurs et pour l'exécution des obligations découlant des contrats d'engagement est assurée dans chaque pays de l'Indochine, sous la direction du chef de l'Administration locale, par les inspecteurs du travail, les administrateurs chefs de province, les contrôleurs du travail et d'une façon générale par l'inspecteur général du travail. Les inspecteurs du travail sont accompagnés, au cours de leurs inspections, d'un fonctionnaire indigène désigné par le chef de l'Administration locale (art. 25 de l'arrêté du 25 octobre 1927). Les contrôleurs du travail adressent, trimestriellement, à l'administrateur, chef de la circonscription un rapport sur la marche de leur service (art. 31).

Infractions à la réglementation du travail (1).

a) *En ce qui concerne les engagés*. — Sont punis de peines de simple police, les faits suivants : 1º réclamation mal fondée; 2º absence de plus de 24 heures non autorisée par l'engagiste ou non justifiée; 3º plaies ou blessures volontaires entraînant une incapacité de travail; 4º refus, sans excuse valable, d'obéir à un ordre légitime de l'engagiste; 5º détérioration volontaire des immeubles de l'engagiste, en dehors des cas prévus par le Code pénal, mauvais traitements aux animaux dont ils ont la garde; 7º obtention d'un emploi à l'aide de faux certificats; 8º tapage et scandale sur l'exploitation; 9º absence injustifiée au travail; 10º refus de présenter son livret à l'autorité; 11º refus ou omission de se rendre à l'infirmerie, sortie de l'infirmerie sans auto-

-----

(1) Art. 61 à 67 de l'arrêté du Gouverneur général du 11 novembre 1918. (D. 1919, p. 434, J. O. I. 20 novembre 1918), maintenus en vigueur et rendu applicables à tous les pays de l'Indochine par l'art. 95 de l'arrêté du 25 octobre 1927. Ces dispositions ont été approuvées en ce qui concerne la Cochinchine, par le décret du 25 décembre 1919. (D. 1920, p. 282. J. O. 1er janvier 1920), et pour le surplus de l'Indochine, par le décret du 18 février 1928. (D. 1928, p. 375. J. O. 21 février 1928.).

risation; 12° omission, sans excuse valable, d'exécuter le travail; 13° vente, achat ou échange de rations fournies par l'employeur en exécution du contrat (Art. 61 de l'arrêté du 11 novembre 1918).

Sont punis de peines correctionnelles, les faits suivants : 1° abandon de l'exploitation, en cours de contrat, sans motif légitime, soit individuellement, soit à la suite d'un plan concerté. Il y a abandon lorsque l'engagé a quitté l'exploitation depuis plus de deux jours (Ibid., art. 65 et 67); 2° mutilation ou détérioration volontaires de plants, arbustes, arbres, etc.; 3° dégradation ou dévastation de récoltes (Ibid., art. 66). L'abandon définitif du travail avec emport d'avances sur salaire est assimilé à l'abus de confiance et puni des mêmes peines (1). Toutes autres infractions des engagés sont punies de peines de simple police (Ibid., art. 63).

Tribunal de simple police des contrôleurs du travail. — Le décret du 30 janvier 1929 (2) a créé une juridiction spéciale pour la répression des infractions commises par les engagés et énumérées à l'article 61 de l'arrêté du 11 novembre 1918. Pour ces infractions, les contrôleurs du travail sont investis de pouvoirs de juridiction de simple police. A cet effet, ils prêtent serment avant d'entrer en fonction. (Décret du 30 janvier 1919, art. 1er). Leurs jugements sont prononcés, soit au siège de leur secteur, soit en audience foraine, soit au cours de leurs transports immédiats, dans les cas urgents. Ces jugements sont rendus dans la forme ordinaire des jugements de simple police (Ibid. art. 2). Ils sont sans appel. Ils sont exécutoires immédiatement s'ils prononcent une peine d'amende et après approbation du chef du parquet du ressort, s'ils prononcent une peine d'emprisonnement. En cas de non-approbation, le chef du parquet renvoie le jugement devant le tribunal de première instance qui juge définitivement (Ibid. art. 3). Les peines

---

(1) Décret du 20 janvier 1910. (D. 1910, p. 246. J. O. 27 janvier 1910).

(2) J. O. 2 février 1929.

d'emprisonnement ne sont pas inscrites au casier judiciaire. Elles sont transformées en journées de travail d'utilité publique (Ibid., art. 4). La présence devant le tribunal de simple police des contrôleurs du travail est gratuite. Les actes sont dispensés du droit de timbre et d'enregistrement. (Ibid., art. 5). Les contrôleurs du travail, concurremment avec les officiers de police judiciaire sont spécialement habilités pour rechercher et constater les infractions prévues par les articles 64 et 65 de l'arrêté du 11 novembre 1918, concernant le débauchage et l'abandon du travail et pour en livrer les auteurs aux tribunaux chargés de les punir. (Ibid., art. 7.) Les procès-verbaux des contrôleurs du travail font foi jusqu'à preuve contraire. En ce qui concerne les amendes de simple police, le contrevenant a la faculté de se libérer, avant poursuites, conformément à l'article 129 du décret du 16 février 1921 (1), modifié par le décret du 15 juin 1923 (2).

b) *En ce qui concerne les engagistes et leurs représentants ou employés.* — Sont punis d'amende, les faits suivants : 1º réclamation non fondée; 2º refus ou omission de laisser un engagé déposer une plainte ou de transmettre cette plainte; 3º refus de se conformer à un ordre administratif; 4º non-fourniture de rations dues à un engagé; 5º passation de contrats fictifs, trafic de tels contrats; 6º refus de soumettre les contrats ou renouvellement de contrats au visa de l'autorité administrative; 7º contraindre l'engagé à une durée de travail ou à une tâche supérieures à celles légalement fixées; 8º retenue opérée sur les salaires sans motif valable; 9º maintien de l'engagé sur l'exploitation sans motif justifié ou contre la volonté de celui-ci, après expiration ou résiliation de son engagement; 10º emploi sur l'exploitation de travailleurs devant et n'ayant pas payé l'impôt ou de travailleurs dépourvus de pièces d'identité. (Art. 62 du décret du 11 novembre 1918.) Toutes autres infractions des engagistes ou de leurs représentants ou employés sont punies de peines de simple police. (Ibid., art. 63.)

____

(1) D. 1921, p. 676. J. O. 24 février 1921.
(2) D. 1923, p. 815, J. O. 2 juillet 1923.

c) *En ce qui concerne les tiers.* — Sont passibles de peines correctionnelles : 1º quiconque, sciemment, recrute des engagés déjà liés par un contrat de travail, corrompt, détourne de son travail ou prend et garde à son service, ou donne asile, ou cache un engagé lié par un contrat, sans préjudice de tous dommages-intérêts envers l'employeur. (Ibid., art. 64 et 90 de l'arrêté du 25 octobre 1927); 2e Quiconque, à l'aide de menaces, voies de fait, persuasion, manœuvres frauduleuses, dons ou promesses, cherche à amener un engagé à contrevenir à la réglementation du travail. (Ibid., art. 65.)

Mesures fiscales concernant les engagés. — Les engagés sont exempts, pendant la durée de leur engagement, d'impôt personnel, de prestations de toute nature, de gardes, de veilles et généralement de toutes charges dues à la colonie, à la province ou au village. (Art. 5 et 6 de l'arrêté du 11 novembre 1918, maintenus en vigueur par l'article 97 de l'arrêté du 25 octobre 1927.)

Champ d'application de l'arrêté du 25 octobre 1927. — Cet arrêté est applicable : 1º en totalité, aux travailleurs employés sur contrat, dans les exploitations agricoles et à leurs engagistes; 2º en ce qui concerne les articles 1 à 31 inclus, 37 à 62 inclus, 64 à 67 inclus, 69 à 74 inclus, 76 à 85 inclus, 87 à 102 inclus, aux travailleurs employés, sur contrat, dans les exploitations industrielles et minières et à leurs engagistes; 3º en ce qui concerne les articles 62, 64 à 67 inclus, 69, 70, 72, 73 et 74, aux travailleurs libres (1) résidant sur les exploitations et à leurs engagistes. (Art. 98 de l'arrêté du 25 octobre 1927.) Il n'est pas applicable aux contrats de fermage et de métayage (art. 1er, 2e alinéa).

Réglementation spéciale au Tonkin. — Un arrêté du résident supérieur du 17 novembre 1925 (2) est relatif à la protection sanitaire au Tonkin, de la main-d'œuvre em-

____

(1) Ainsi qu'il a été dit plus haut, les engagés soumis au régime de l'arrêté du 25 octobre 1927 sont aussi des travailleurs libres. L'expression « travailleurs libres » vise ici la main-d'œuvre non réglementée.

(2) B. A. T. 19 décembre 1925.

ployée dans les chantiers industriels, miniers et autres. Cet arrêté prévoit l'organisation de centres de recrutement pour les indigènes devant être employés au Tonkin, hors de leur province d'origine ou hors du Tonkin (art. 1 à 6). Il réglemente : l'habitation des travailleurs (art. 7 à 12), leur ravitaillement (art. 13 et 14), les soins médicaux qui leur sont dus par l'employeur (art. 15 à 22), le mode de constatation des accidents du travail, l'hospitalisation des malades ou blessés, la constatation des incapacités de travail, le rapatriement des travailleurs devenus inaptes au travail et la responsabilité de l'employeur selon le droit commun (art. 23 à 26), les inhumations (art. 27 et 28), le contrôle et la surveillance des chantiers (art. 31 et 32).

Cet arrêté doit être considéré comme demeuré en vigueur pour toutes celles de ses dispositions qui ne sont pas contraires au premier et au deuxième arrêtés du gouverneur général du 25 octobre 1927 sur la protection de la main-d'œuvre (1) et sur l'émigration de la main-d'œuvre tonkinoise (2).

§ 3. — Main-d'œuvre exotique.

*Situation des divers pays de l'Indochine
au point de vue de leurs besoins de main-d'œuvre exotique.*

Au point de vue de leurs besoins de main-d'œuvre, la situation des divers pays de l'Indochine est différente.

a) *Laos.* — L'agriculture est encore peu développée. Les grandes exploitations sont rares. La culture est surtout pratiquée d'une façon familiale et sur de faibles superficies. L'industrie n'est que naissante. Par suite, la main-d'œuvre indigène, augmentée d'un certain nombre d'immigrants venus du Siam ou de l'Annam, voisins du Laos, suffit à tous les besoins et l'appel à la main-d'œuvre exotique n'est pas nécessaire.

b) *Annam et Tonkin.* — La densité de la population, très considérable dans les parties basses, permet aux exploita-

---

(1) et (2). D. 1918, p. 358 et p. 375. J. O. I. 9 novembre 1927.

tions agricoles, industrielles ou minières de recruter sur place tous les travailleurs dont elles ont besoin. Cette densité de la population indigène provoque, d'autre part, principalement au Tonkin, un mouvement important d'émigration, soit à destination du Sud-Indochinois, soit à destination d'autres colonies françaises (Nouvelle-Calédonie et condominion des Nouvelles-Hébrides). Le besoin de main-d'œuvre étrangère ne se fait pas sentir, excepté cependant dans le Sud de l'Annam où la population est moins dense et où la colonisation s'est fortement développée, au cours des dernières années.

c) *Cochinchine, Cambodge et Sud de l'Annam.* — Par suite du développement de l'agriculture et de la grande colonisation, la main-d'œuvre indigène locale est insuffisante. Les planteurs ont, en conséquence, recours : 1º à des travailleurs asiatiques étrangers (Chinois et Javanais), recrutés dans leur pays d'origine; 2º à des travailleurs indigènes recrutés en Annam et au Tonkin. Ces derniers, quoique Indochinois, peuvent être considérés en Cochinchine et au Cambodge, comme des immigrants, puisqu'ils passent d'un pays de l'Indochine dans un autre pays de l'Union indochinoise.

Le travail de la main-d'œuvre asiatique, de même que celui de la main-d'œuvre indigène, est non réglementé ou réglementé.

A. — *Travail non réglementé.*

L'immigration non réglementée, en provenance des pays étrangers, n'est soumise à aucune formalité autre que celles résultant de la réglementation générale.

Les travailleurs immigrants ne sont soumis à aucun régime spécial de travail. Leurs droits et leurs obligations découlent seulement des conventions écrites ou verbales intervenues entre eux et leurs employeurs et ces conventions ne sont sanctionnées que par les règles ordinaires du droit commun.

Cependant, la colonie a organisé, au moyen de règlements généraux de police ou autres, le contrôle et la surveillance de l'immigration étrangère et chargé de ce contrôle et de

cette surveillance, un service spécial, le service de l'immigration.

Mais les dispositions ainsi prises sont étrangères à la
réglementation du travail.

Les travailleurs étrangers immigrant en Indochine sans
se soumettre au régime de l'immigration réglementée sont
surtout des Chinois qui louent leurs services à des négociants
ou des industriels également chinois, installés dans la colonie. Les contrats de travail intervenant entre les parties
sont passés selon les us et coutumes de la Chine et échappent
complètement au contrôle de l'Administration locale.

B. — *Travail réglementé.*

L'organisation du régime de l'immigration étrangère
réglementée a eu pour but de favoriser l'introduction dans
la colonie de travailleurs étrangers, engagés à long terme,
en assurant leur bien-être et leur protection. Elle a eu aussi
pour objet d'assurer la stabilité de cette main-d'œuvre et
de sanctionner plus efficacement que par le droit commun,
les obligations des travailleurs étrangers liés par un contrat
de travail.

a) *Main-d'œuvre étrangère à l'exception de la main-d'œuvre
javanaise.*

La réglementation résulte de l'arrêté du gouverneur général du 25 octobre 1927 (1) déjà étudié à propos de la main-
d'œuvre indigène. Cet arrêté est applicable : 1º aux Asiatiques étrangers, recrutés en Indochine ou dans leur pays
d'origine, qui louent leurs services, moyennant salaire, à
des administrations publiques ou aux propriétaires d'exploitations agricoles, industrielles ou minières; 2º à leurs
engagistes.

Personnes pouvant émigrer. — Peuvent émigrer de leur

____

(1) D. 1928, p. 358. J. O. I. 9 novembre 1927. Erratum,
J. O. I. 3 décembre 1927. Arrêté modificatif du 6 décembre 1927.
(J. O. I. 10 décembre 1927).

pays d'origine, à destination de l'Indochine, en se plaçant sous le régime de l'immigration réglementée en vigueur : 1º les hommes mariés ou célibataires âgés de plus de 18 ans; les femmes mariées, âgées de plus de 18 ans, accompagnant ou rejoignant leur mari engagé; 3º les femmes célibataires, veuves ou divorcées, avec l'autorisation de leurs parents si elles ont moins de 21 ans; 4º les adolescents des deux sexes, âgés de 14 à 18 ans, accompagnant ou rejoignant leurs parents et devant travailler sur la même exploitation. (Art. 2) Peuvent émigrer, sans contrat, mais à la charge des recruteurs, pour les frais de voyage d'aller et de retour et de nourriture pendant la durée de ces voyages : 1º les femmes mariées de tout âge, accompagnant ou rejoignant leur mari engagé par contrat; 2º les enfants des deux sexes, jusqu'à l'âge de 18 ans, accompagnant leurs parents engagés par contrat (art. 3). La famille d'un engagé forme un tout qui ne peut être séparé sans le consentement de cet engagé. (Art. 4).

Recrutement. — Tout propriétaire d'exploitation, désireux d'introduire dans un des pays de l'Union Indochinoise la main-d'œuvre étrangère recrutée hors de l'Indochine, doit en obtenir l'autorisation du chef de l'Administration locale. La demande d'autorisation doit indiquer : 1º les nom et qualité de l'employeur ainsi que le nom du recruteur; 2º le lieu où les travailleurs seront envoyés; 3º le but du recrutement, la nature de l'exploitation ou des cultures; 4º l'importance du contingent dont le recrutement est demandé; 5º les conditions offertes aux engagés avec le texte du contrat envisagé. La demande est visée par l'inspecteur du travail du pays de l'employeur (art. 20 et 18).

Passation des contrats. — Si le contrat d'engagement est établi dans le pays d'origine de l'engagé, il est passé selon les formes prescrites par la réglementation de ce pays (art. 21). Si le contrat est établi en Indochine, il est passé dans les mêmes formes que celles prescrites pour les contrats d'engagement des indigènes (art. 5).

Mesures à l'arrivée des immigrants. — A leur débarquement dans la colonie, les immigrants sont soumis aux obligations de la réglementation locale sur l'admission et la circulation des Asiatiques étrangers. Leurs empreintes digitales sont recueillies pour l'établissement de leur fiche d'identité (art. 22.) Les immigrants sont, en outre, soumis à une visite médicale (art. 23).

Conditions du travail. — En ce qui concerne les conditions du travail et le surplus de la réglementation, la main-d'œuvre étrangère est soumise aux mêmes dispositions que celles applicables à la main-d'œuvre indigène (art. 1er) et examinées plus haut.

Rapatriement. — Les contrats d'engagement doivent contenir une clause relative au rapatriement de l'engagé et de sa famille, en fin d'engagement (art. 5, 12º). Tout engagé ayant droit au rapatriement qui, au cours de son engagement, est reconnu incapable d'exécuter son contrat, est rapatrié, ainsi que sa famille, aux frais de l'employeur (art. 79).

En fin de contrat, l'engagé est libre, soit de contracter un nouvel engagement, avec le même ou avec un autre employeur, soit d'user de son droit au rapatriement, soit de se fixer dans la colonie, sans engagement.

b) *Main-d'œuvre javanaise.* — La main-d'œuvre javanaise est soumise aux dispositions combinées des arrêtés du gouverneur général du 8 mars 1910 (1) et du 20 mai 1913 (2), (art. 1er in fine, art. 24 et art. 96, in fine). Ces textes ont été maintenus en vigueur parce qu'ils ont été édictés après entente avec le gouvernement des Indes Néerlandaises. Les contrats d'engagement sont passés dans le pays d'origine des engagés, dans les formes et conditions prescrites par la réglementation en vigueur dans ce pays (art.2 de l'arrêté du 8 mars 1910). Les clauses de ces contrats varient selon les exploitations tout en contenant les dispositions essentielles imposées par les arrêtés de 1910 et de 1913.

---

(1) D. 1911, p. 197. J. O. I., 14 mars 1910.
(2) D. 1915, p. 713. J. O. I., 23 mai 1913.

§ 4. — MAIN-D'ŒUVRE ORIGINAIRE D'UN PAYS DE L'INDOCHINE
AUTRE QUE CELUI DU TRAVAIL.
EMIGRATION DE CETTE MAIN-D'ŒUVRE.

A. — *Tonkin* (1).

Contrôle de l'émigration. — Ce contrôle est assuré :
1º Au service de l'inspection du travail au Tonkin, par la
section du contrôle de l'émigration ouvrière; 2º Au port
d'embarquement de Haïphong, par le bureau du contrôle
de l'émigration ouvrière (art. 2 et 3 du deuxième arrêté du
25 octobre 1927, art. 2 de l'arrêté du 29 août 1928).

Définition de l'immigrant. — Sont considérés comme
soumis aux dispositions du deuxième arrêté du 25 octobre
1927 et de l'arrêté du 29 août 1928, les travailleurs manuels
des deux sexes émigrant individuellement ou en groupe,
qui louent, par contrat, leurs services moyennant salaire,
à une entreprise ou exploitation de toute nature, située
dans un autre pays de l'Indochine où à l'extérieur de
l'Indochine (art. 4 du deuxième arrêté du 25 octobre 1927,
art. 3 de l'arrêté du 29 août 1928.

*Recrutement pour des entreprises situées en Indochine,
mais hors du Tonkin.* — L'autorisation du résident supérieur au Tonkin est nécessaire. Les demandes d'autorisation
de recrutement doivent être accompagnées du texte du
contrat d'engagement proposé aux ouvriers. Elles doivent
indiquer : les nom et qualité de l'employeur, le nom du
recruteur; le lieu du travail; le but du recrutement; la nature
de l'exploitation ou des cultures, la nature du travail à
fournir; l'importance du contingent dont le recrutement
est demandé; le nombre, l'importance et la nature des installations qui seront réservées aux travailleurs, ainsi que
les moyens d'approvisionnement qui seront mis à leur disposition; les conditions aux travailleurs, tant comme salaires

____

(1) Deuxième arrêté du Gouverneur général du 25 octobre 1927.
(D. 1928, p. 375. J. O. I. 9 novembre 1927). Arrêté du Gouverneur général du 29 août 1928 modifiant et complétant le précédent. (J. O. I. 5 septembre 1928). Arrêté du Résident supérieur
du Tonkin du 3 août 1928, approuvé par le Gouverneur général,
le même jour. (J. O. I .5 septembre 1928.).

qu'en avantages matériels supplémentaires. La demande doit être visée par l'inspecteur du travail du pays de l'employeur qui certifie l'exactitude des renseignements fournis et donne son appréciation sur les conditions de l'hygiène morale et matérielle réservées aux engagés. La demande est transmise par le chef de l'Administration du pays de l'employeur, avec son avis, au résident supérieur au Tonkin qui statue sur la suite à y donner. Les autorisations accordées sont valables pour une durée de six mois, sauf prorogation (art. 6 du deuxième arrêté du 25 octobre 1927, art. 5 de l'arrêté du 29 août 1928). Le recrutement a lieu dans les provinces désignées par le résident supérieur qui, dans l'autorisation, peut préciser le nombre d'immigrants à recruter dans chaque province ou la limite maxima imposée pour certaines d'entre elles (art. 11 du deuxième arrêté du 25 octobre 1927, art. 6 de l'arrêté du 29 août 1928).

Recrutement pour des entreprises situées hors de l'Indochine. — Une autorisation du Gouverneur général est nécessaire. Celui-ci fixe le maximum du contingent recrutable. Le résident supérieur, dans les limites de ce maximum, autorise les recrutements partiels et en fixe les modalités. Les employeurs ou recruteurs doivent, pour le recrutement, l'embarquement et le transport, se conformer à la réglementation locale (art. 5 du deuxième arrêté du 25 octobre 1927).

Suspension des opérations de recrutement. — Pour des raisons d'intérêt général ou d'hygiène, le gouverneur général peut, sur la proposition du résident supérieur, suspendre, par arrêté, les opérations de recrutement. Dans ce cas, les autorisations accordées sont suspendues, sans que, de ce chef, les recruteurs aient droit à des dommages et intérêts (art. 7 du deuxième arrêté du 25 octobre 1927).

Mesures sanitaires au moment de l'engagement. — Avant la signature des contrats, les émigrants subissent, au chef-lieu de la province d'origine, une visite médicale dite de « recrutement ». Le médecin constate que l'émigrant est sain et apte au travail à fournir. Il élimine les sujets ne remplissant pas ces conditions. Il procède pour les sujets admis et les membres de leur famille les accompagnant, à toutes vaccinations préventives : obligatoirement contre la variole, éventuellement contre la fièvre typhoïde, la peste, le choléra, etc. (Ibid., art. 22). Cette visite a lieu aux frais du recruteur (Ibid., art. 23).

Avances sur salaires. — Au moment de l'engagement, une avance en espèces, mentionnée au contrat, est faite par le recruteur, en présence du résident de la province (Ibid., art. 21).

Passation des contrats. — Chaque engagement donne lieu à la signature d'un contrat. Les contrats sont rédigés en français et en quôt-ngu (1). Ils ont la forme d'un livret individuel, d'un modèle réglementaire et sont établis en double exemplaire, l'un pour l'engagé, l'autre pour l'engagiste (Ibid., art. 13 et 16). Ils doivent obligatoirement contenir certaines énonciations (Ibid., art. 1 à 14). Les résidents, chefs de province, certifient les contrats des indigènes originaires de leur province après s'être assurés de la régularité de ces contrats (Ibid., art. 15).

Durée des engagements. — Elle est de cinq ans au maximum pour l'extérieur et de trois ans au maximum pour l'Indochine (Ibid., art. 12).

Frais. — L'engagiste supporte tous les frais d'impression et d'établissement des livrets individuels, des contrats d'engagement et de tous documents devant être fournis aux divers services administratifs (Ibid., art. 17).

Mise en route. — La nourriture des engagés et des membres de leur famille les accompagnant est à la charge de l'employeur, à partir du rassemblement au chef-lieu de la province d'origine jusqu'à l'arrivée au lieu du travail. La ration est celle fixée par l'article 50 du premier arrêté du 25 octobre 1927 (Ibid., art. 19). Dès le rassemblement au chef-lieu de la province d'origine, jusqu'à l'arrivée sur le lieu du travail, l'employeur doit assurer le logement des engagés (Ibid., art. 20).

Rassemblement au port d'embarquement. — Ce rassem-

---

(1) Transcription de la langue annamite en caractères latins.

blement doit être effectué au moins trois jours pleins avant
le départ du navire, en ce qui concerne les engagés dirigés
sur un autre pays de l'Union et au moins cinq jours pleins,
avant le départ du navire, pour les convois destinés à
l'extérieur de l'Indochine (Ibid., art. 24).

Mesures sanitaires au port d'embarquement. — Les enga
gés subissent à Haïphong une contre-visite médicale qui
constitue un contrôle attentif de la visite de recrutement.
Elle est suivie de la répétition des vaccinations qui n'auraient pas donné de résultat et de la deuxième injection pour
les vaccinations comportant deux injections (Ibid., art. 25).
Pour les convois destinés à l'extérieur de l'Indochine, les
engagés subissent, en outre, une « inspection sanitaire »
passée par l'agent principal du service de santé à Haïphong
(Ibid., art. 27). Les recruteurs doivent disposer, à Haïphong,
d'un camp d'isolement destiné à assurer le logement des
engagés et muni d'une infirmerie (art. 7 de l'arrêté du
29 août 1928).

Vérification de la capacité des navires transporteurs. —
Le chef de la section de l'immigration s'assure que le
navire désigné est autorisé à transporter le nombre d'émigrants prévu. La commission permanente, instituée à Haïphong par arrêté du Gouverneur général du 13 mars 1925(1)
exerce son contrôle sur les navires devant embarquer des
travailleurs (art. 30 du deuxième arrêté du 25 octobre 1927).

Vêtement des émigrants. — Après la contre-visite médicale et avant l'embarquement, chaque engagé reçoit, 'aux
frais de l'employeur, une couverture, un complet annamite,
un manteau de paille et un chapeau de modèle indigène
(Ibid., art. 32).

Débarquement des engagés au port de destination. — A
leur débarquement, les engagés sont soumis aux mesures
prescrites par le premier arrêté du 25 octobre 1927 et par
la réglementation locale (Ibid., art. 35).

Régime du travail. — Pendant la durée de leur engage-

---

(1) J. O. I. 18 mars 1925.

ment, les émigrants sont régis par la réglementation locale sur la main-d'œuvre indigène, c'est-à-dire par le premier arrêté du 25 octobre 1927, étudié plus haut.

Rapatriement des émigrants. — Lors de leur retour à Haïphong, les travailleurs subissent une visite médicale. Ceux qui sont en bonne santé sont dirigés sur leur province d'origine. Les malades sont hospitalisés (art. 37, 38, 39 et 40 du deuxième arrêté du 25 octobre 1927, art. 12 de l'arrêté du 28 août 1928).

Infractions. — Les infractions à la réglementation sur l'émigration commises, soit par des Français ou assimilés, soit par des indigènes, sont punies de peines de simple police (art. 44 du deuxième arrêté du 25 octobre 1927).

Taxe d'émigration. — Il est perçu, au profit du budget local du Tonkin, une taxe dite d'émigration. Cette taxe est de vingt piastres par coolie à destination d'un pays étranger et de dix piastres par coolie à destination d'une autre colonie française. Pour les coolies à destination d'un des pays de l'Union Indochinoise, le pays intéressé doit opérer chaque année, au profit du budget local du Tonkin, une ristourne égale à l'impôt personnel que ces coolies auraient payé s'ils étaient demeurés dans leur village d'origine (1).

B. — *Annam.*

L'émigration des travailleurs indigènes, louant leurs services par contrat, pour être employés soit dans un autre pays de l'Union Indochinoise, soit hors de l'Indochine, est réglementée de la même manière qu'au Tonkin (2). Les mêmes taxes d'émigration sont perçues (3).

---

(1) Arrêté du Gouverneur général du 1er octobre 1926. (J. O.I. 20 octobre 1926.). Arrêté du Gouverneur général du 18 décembre 1926. (J. O. I. 25 décembre 1926.)

(2) Arrêté du Gouverneur général du 31 mars 1928. (J. O. I. 4 avril 1926.)

(3) Deuxième arrêté du Gouverneur général du 31 mars 1928. (J. O. I. 4 avril 1928).

Travail forcé.

Le problème du travail forcé aux colonies a donné lieu et donne lieu, actuellement encore, à de vives controverses.

La suppression de ce genre de travail est généralement considérée comme désirable lorsqu'il est organisé au profit d'entreprises privées ou de particuliers.

Il est, généralement aussi, considéré comme admissible pour des fins publiques d'intérêt général ou d'intérêt local, mais à titre exceptionnel, avec toutes garanties propres à en rendre la charge supportable pour les populations indigènes et moyennant une équitable rémunération.

C'est dans de telles conditions que l'Administration y a recours, en Indochine.

Au problème du travail forcé se rattache celui des cultures obligatoires dont il n'a pas été parlé jusqu'ici parce qu'en Indochine ce problème ne se pose pas.

L'indigène, sans contrainte, travaille suffisamment pour assurer son alimentation et pour fournir au commerce des produits d'exportation. A la culture du riz qui constitue la base de son alimentation, il a su, spontanément ou à l'imitation de la colonisation européenne, ajouter les autres cultures vivrières et toutes les cultures industrielles possibles dans le pays.

Le principe de l'entière liberté des cultures indigènes paraît donc devoir être observé en Indochine, le rôle de l'Administration devant se borner à encourager l'indigène à développer ses cultures et à améliorer ses productions, par tous les moyens de persuasion appropriés : enseignement agricole, propagande, instituts scientifiques, laboratoires, stations expérimentales de culture, stations d'essai de machines, concours agricoles, délivrance de semences sélectionnées, etc., etc.

Travail des prestataires.

Ce genre de travail est usité non seulement en Indochine, mais dans toutes les colonies françaises. Les prestations en nature constituent un impôt direct auquel sont applicables les règles relatives à l'assiette, à la liquidation et à la perception des impôts directs. Cet impôt est, par suite, perçu sur rôles nominatifs, établis, approuvés et apurés dans les mêmes formes que les autres contributions directes. En Indochine, les prestations en nature ont pour objet l'exécution de travaux d'intérêt communal ou régional, tels que travaux de vicinalité, d'hygiène, etc. Elles ont pour effet d'éviter d'autres impôts qui seraient perçus en nature.

L'impôt des prestations existe dans la métropole. Les recettes ordinaires des communes comprennent, en effet : 1º la taxe des prestations pour l'entretien des chemins vicinaux, autorisée par l'article 2 de la loi du 21 mai 1836; 2º la taxe des prestations pour l'entretien des chemins ruraux reconnus, autorisée par l'article 10 de la loi du 20 août 1881 (art. 133, § 14, de la loi du 5 avril 1884).

Il n'est donc pas anormal que des prestations analogues soient exigées des indigènes, lesquels en sont, du reste, les bénéficiaires et en comprennent parfaitement l'utilité.

Travail contractuel.

A. — *Main-d'œuvre européenne.*

Le code métropolitain du travail et de la prévoyance sociale n'étant pas applicable à l'Indochine, aucune réglementation spéciale ne concerne les employés européens et leurs rapports contractuels avec les employeurs.

Il y a peut-être, dans ce domaine, une lacune à combler.

L'inspection générale du travail de l'Indochine étudie actuellement ce problème, notamment la question des accidents du travail, celle des conflits du travail entre

employés et employeurs et celle de la protection des femmes
européennes salariées.

B. — *Main-d'œuvre indigène et main-d'œuvre asiatique assimilée.*

La coexistence du travail non réglementé et du travail
réglementé apparaît comme une conception heureuse et
libérale, le travail étant libre dans les deux cas et le travailleur ayant la faculté de louer ses services en se plaçant sous
l'un ou l'autre de ces deux régimes.

Pour les travailleurs recrutés sur place, c'est généralement
le régime du travail non réglementé qui sera adopté. Les
contrats seront à court terme et conclus verbalement ou
par écrit, conformément aux usages locaux. Une réglementation n'est pas nécessaire. Le travailleur sait se protéger
lui-même et s'il n'est pas satisfait des conditions de travail
qui lui sont faites. il quitte son employeur.

Lorsqu'au contraire, le travailleur est recruté hors du
lieu du travail, soit dans un autre pays de l'Indochine, soit
à l'étranger, la situation change. L'employeur doit engager
des dépenses élevées pour le transport du travailleur qu'il
a recruté. Il désire, par suite, obtenir les garanties particulières touchant la stabilité de la main-d'œuvre qu'il a
engagée et il a recours, dans ce but, au contrat à long terme.
L'engagé se trouvant lié pour une longue durée, le contrôle
de l'Administration se justifie et une réglementation s'impose
tant en vue de la protection du travailleur qu'en vue de la
complète exécution de ses obligations contractuelles.

Au point de vue de la protection des travailleurs, les
dispositions de l'arrêté du 25 octobre 1927 constituent
manifestement un progrès par rapport à la réglementation
antérieure. Les mesures prises sont surtout humanitaires.
Ainsi qu'il a été indiqué, elles concernent les conditions
d'âge et d'aptitude physique exigées pour l'engagement des
travailleurs, la liberté de leur consentement au moment de
l'engagement, leur transport du lieu de recrutement au
lieu du travail, les avances au moment de l'engagement, la
durée de l'engagement, la durée de la journée de travail,
les heures et les jours de repos, les salaires, le pécule, la

nourriture, les approvisionnements, le logement, le vêtement, l'hygiène générale, les soins médicaux en cas de maladie ou d'accident du travail, la protection des femmes et des enfants, la facilité et la liberté de déposer des plaintes contre l'engagiste, la stricte exécution par l'employeur de ses obligations vis-à-vis de l'engagé, le rapatriement, etc.

Les mesures ainsi prises, en vue du bien-être des engagés, sont onéreuses pour les employeurs dont les charges se sont trouvées considérablement aggravées. Elles se justifient cependant parce qu'elles correspondent à des considérations d'humanité et aussi parce qu'elles sont de nature à faciliter le recrutement de la main-d'œuvre et à attacher celle-ci aux entreprises qui l'emploient.

Cependant les employeurs redoutent les conséquences économiques de ces mesures. Ils font remarquer, en outre, que tous les progrès devant résulter de l'arrêté de 1927 seront réalisés à leurs frais, sans aucune participation de la colonie.

En ce qui concerne les sanctions de la réglementation du travail et des obligations contractuelles des travailleurs, il est juste qu'à tous les avantages matériels assurés à ces derniers, correspondent des mesures particulières, plus efficaces que celles du droit commun, pour assurer la stabilité de la main-d'œuvre et la stricte exécution de ses engagements. Obligés à des dépenses élevées pour l'introduction de cette main-d'œuvre, les employeurs se trouveraient sans défense s'ils n'avaient que les moyens du droit commun pour sanctionner les manquements ou la désertion des engagés. Des instances purement civiles contre des travailleurs insolvables seraient absolument illusoires.

H. Sambuc.

Le Régime

et

l'Organisation du Travail des Indigènes en Erythrée

RAPPORT

présenté à l'Institut Colonial International

par

M. ROLLINI

Ancien Directeur au Ministère des Colonies
Attaché au Gouvernement de l'Erythrée.

LE REGIME ET L'ORGANISATION DU TRAVAIL
DES INDIGENES EN ERYTHREE

---

1. — Les phases successives de la réglementation du travail en Erythrée.

La réglementation du régime de la main-d'œuvre indigène au triple point de vue de l'ordre social intérieur, de la protection de l'indigène et du développement des entreprises commerciales et industrielles, a été l'une des principales préoccupations du Gouvernement depuis les premières années de l'occupation de la colonie de l'Erythrée. Lorsque disparut l'armature militaire que les guerres avec l'Ethiopie avaient rendue nécessaire, le Commissaire civil de l'époque (fonctionnaire auquel a succédé dans la suite un Gouverneur) S. E. Ferdinando Martini, s'occupa de réglementer la matière : il en résulta un décret en date du 25 mars 1903, n° 181.

Ce premier décret, bien qu'efficace sous de nombreux rapports, devait inévitablement donner lieu, au cours des années, à bon nombre d'inconvénients et ne pouvait manquer de présenter des lacunes. Le simple fait que chaque ouvrier devait, de sa propre initiative et par ses propres soins, se munir d'un livret de travail, faisait que cette disposition n'était pas observée, étant donné l'indolence naturelle de l'indigène et souvent son incapacité. L'article 2 du décret spécifiait bien que l'employeur ne pouvait engager d'ouvrier non muni de livret et prévoyait des peines sévères pour l'indigène comme pour l'employeur : en présence des exigences de fait, l'obligation n'était pas respectée ni l'amende appliquée.

Même lorsque l'ouvrier était régulièrement muni d'un livret, il pouvait l'égarer facilement, étant tenu de l'avoir toujours sur lui. La chose était surtout fréquente dans les vastes et torrides régions du Barca et du *Sahel où les ouvriers* sont contraints de vivre dans des campements provisoires et de parcóurir de grandes distances pour se rendre d'un lieu de travail à un autre. Ce qui était malaisé également, c'était la remise du livret aux ouvriers et aux ouvrières (des enfants bien souvent) que, principalement de la grande récolte du coton et des fruits dum, les employeurs sont obligés de recruter pour un temps très limité et parfois pour quelques jours seulement, parmi les *populations les plus voisines de leurs établissements.*

Pour ces raisons et pour d'autres, qui se résument dans la tendance commune aux employeurs et aux ouvriers à éluder les dispositions du décret, celui-ci, peu à peu, tomba en désuétude, si bien que le Gouvernement dut se remettre à étudier la question pour la réglementer à nouveau.

Après un examen attentif, le Gouverneur Cerrina Feroni prit un nouveau décret en date du 1er septembre 1916, n° 9631, qui apporta de nombreuses innovations par rapport aux dispositions précédentes.

Ce décret est toujours en vigueur, et bien que, lui aussi, présente de nombreuses et de graves imperfections, il constitue un remarquable pas en avant.

La réglementation de toute cette matière est de la compétence exclusive du gouverneur, qui a la faculté de modifier et d'abroger les dispositions en vigueur et d'en décréter de nouvelles.

2. — Recrutement.

a) *Régions et méthodes de recrutement.*

Le règlement ne détermine expressément ni les régions, ni les méthodes de recrutement de la main-d'œuvre en Erythrée. La main-d'œuvre afflue surtout des régions du haut-plateau (Seraé, Acchelé Guzai et Hamasien) particulièrement peuplées et dont la population s'adonne aux travaux agricoles, à l'élevage et au commerce, les branches principales de l'activité du pays.

Une contribution sérieuse est fournie aussi par les populations limitrophes (Tigré) et même celles des régions plus éloignées de l'Ethiopie, surtout pendant les années où l'insuffisance des pluies ou les invasions de sauterelles réduisent la production.

Un courant migratoire important provenant de la rive arabe opposée se produit également.

L'offre de travail de la part de ces populations est spontanée et souvent abondante, ce qui permet de choisir les individus les meilleurs et les plus résistants.

Les ouvriers soudanais immigrés sont particulièrement appréciés dans les travaux agricoles de la région des bas plateaux occidentaux de la colonie. Les Cunama, noyau ethnique de race chamitique, qui vivaient encore pour ainsi dire à l'état sauvage lors de l'occupation italienne, commencent, eux aussi, à s'exercer utilement au travail.

L'enrôlement ne se fait pas suivant des systèmes bien définis. Il a lieu, soit directement entre employeurs et intéressés, soit par l'intermédiaire des Offices régionaux. Il importe avant tout de faire ressortir la profonde différence existant entre la main-d'œuvre immigrée et la main-d'œuvre locale.

La première est constituée généralement par des éléments appartenant au bas peuple qui se refusent à contracter un engagement volontaire qui les lie pour un temps déterminé, différant les uns des autres, par le salaire et le genre de travail et qui ont une tendance à retourner régulièrement dans leur pays d'origine dès qu'ils ont fait des économies, même minimes. C'est une masse confuse, composée d'individus hétérogènes originaires des régions les plus diverses et appartenant aux populations les plus variées, indigènes du Tigré mêlés d'Amharas, de Gallas, de Barias, de Soudanais, d'Arabes et de Somalis. Ils arrivent dans la colonie généralement par petits groupes et sont enrôlés au fur et à mesure qu'ils se présentent chez les employeurs.

L'enrôlement des ouvriers originaires de l'Erythrée est tout autre. Il s'agit généralement de groupes provenant des mêmes régions, souvent du même district ou du même village, parlant la même langue, ayant la même religion, organisés déjà par leurs chefs, car, dans la plupart des cas, ils se sont choisi un chef (chef manœuvre) qui se fait leur interprète en vue de leur engagement dans une entreprise industrielle. Le Commissiare régional, suivant les exigences du travail qui lui ont été signalées par les principaux employeurs, spécialement les entrepreneurs de travaux publics, ou bien suivant les informations que ceux-ci lui ont fournis sur son invitation, consent ou non au départ des ouvriers, selon qu'il existe ou non des demandes de main-d'œuvre. Naturellement, il n'est fait, dans la négative, nulle violence, le refus de laisser partir les ouvriers étant interprété comme un acte de sollicitude de la part de l'autorité.

Les autorités régionales et, à plus forte raison, les entreprises privées, s'abstiennent de la façon la plus absolue de toute espèce de pression : elles se bornent à signaler, par l'intermédiaire des chefs, les demandes de main-d'œuvre.

Ces groupes indigènes, transportés dans d'autres régions de la colonie, sont plus stables, soit parce qu'ils trouvent, au moins d'une façon générale, une organisation analogue à celle qu'ils viennent de quitter, soit parce que le transfert est rendu moins sensible grâce à l'uniformité des éléments qui les composent.

b) *Liberté et efficacité du recrutement.*

Il résulte de ce qui précède que ce sont les engagements volontaires qui dominent.

Les autorités politiques et administratives veillent à ce qu'aucun acte de coercition ne se produise.

L'efficacité du recrutement n'est pas garantie, tant qu'il n'a pas été conclu de contrat de travail avec période facultative d'essai.

On ne peut dire, dans ces conditions, qu'il existe à proprement parler de statut de l'ouvrier avant l'engagement définitif : les conditions convenues dans chaque cas constituent la base qui permettra à l'autorité compétente de juger les contestations éventuelles.

Avant l'engagement définitif, les dispositions en vigueur sont plutôt sommaires et se réduisent à la détermination du temps (sept jours) et du salaire qui doit être payé dans une mesure proportionnelle au salaire que l'ouvrier toucherait après son engagement définitif.

c) *Mesures sanitaires pour les ouvriers.*

Il n'existe pas de dispositions spéciales destinées à garantir la santé de l'ouvrier ou des ouvriers employés, la sauvegarde de la main-d'œuvre rentrant dans l'activité ordinaire des autorités administratives et sanitaires des diverses régions.

Au surplus, il n'a jamais été nécessaire de recourir à des mesures de caractère exceptionnel, étant donné la facilité des transports et des communications, les distances peu importantes et la salubrité du climat.

Lorsqu'une main-d'œuvre très importante se trouve réunie en un même endroit, le Gouvernement met à la disposition des employeurs, un personnel sanitaire qui est payé par ceux-ci mensuellement et à forfait, suivant le nombre d'ouvriers employés.

En ce qui concerne les maladies contagieuses comme la variole, une vigilance particulière est exercée et des mesures prophylactiques rigoureuses sont prises.

3. — Contrat de travail.

a) *Nature de l'engagement.*

L'engagement est absolument et rigoureusement fondé sur le libre consentement des parties et donne naissance, sans modifications essentielles, au *contrat* ordinaire prévu par la législation italienne; c'est l'expression de deux volontés concordantes, sans prédominance de l'une ou de l'autre partie.

Ce libre consentement est garanti par décret et permet à l'ouvrier, ainsi qu'à l'employeur, le choix du travail et de la main-d'œuvre, de même que la stipulation des clauses.

Etant donné l'état de civilisation des ouvriers, il peut paraître excessif peut-être de baser le contrat sur le libre consentement et la chose peut être préjudiciable aux indigènes eux-mêmes. Aussi des propositions isolées ont-elles été faites tendantes à une réforme du décret, réforme qui, bien que nullement inspirée par le désir d'introduire le travail forcé, aurait eu pour conséquence de donner moins d'ampleur et de rigidité à la clause du libre consentement lequel est compréhensible seulement dans un pays civilisé comme le nôtre. En réalité, pareille restriction des dispositions actuelles n'a pas été reconnue comme répondant à un besoin général et véritable, et les employeurs eux-mêmes ne manifestent pas de désir dans ce sens.

De même que l'acte initial qui constitue le rapport contractuel est libre, de même sont libres les stipulations du rapport lui-même.

Ces stipulations, déterminées par la volonté concordante des parties sont, d'une part, soumises aux obligations générales que la loi italienne prévoit pour les contrats de l'espèce; et, d'autre part, sont réglées par les dispositions particulières qui forment l'objet du décret du gouverneur, nº 9631, en date du 1er septembre 1916, déjà cité.

Ainsi qu'il a été dit, le décret du 1er septembre 1916 est l'acte fondamental qui règle les relations entre ouvrier et employeur.

Ce décret, basé implicitement sur la législation italienne, établit que, en vertu du contrat de travail, employeur et ouvrier sont réciproquement tenus d'exécuter complètement ce contrat (art. 8).

Du fait de cette égalité de traitement, le décret garantit pleinement la liberté des parties, en stipulant que la dénonciation du contrat doit être précédée d'un dédit prononcé sept jours auparavant, à défaut de quoi le contrat est considéré comme tacitement renouvelé pour un terme égal à celui qui avait été primitivement convenu.

On ne peut s'empêcher de constater que la liberté laissée à l'ouvrier en vertu de cette disposition a quelque chose d'excessif : l'égalité de traitement établie entre l'employeur et l'ouvrier en ce qui concerne le dédit qui peut être prononcé dans un délai notablement court (7 jours), n'est certainement pas pour l'employeur une garantie de sécurité au point de vue du travail; et si, dans la pratique, la chose ne donne pas lieu à des inconvénients, cela est dû à l'importance relative de la demande par rapport à l'offre.

Le contrat devient définitif après une période d'essai de sept jours durant laquelle le salaire doit être payé.

Avant de procéder à un examen détaillé des diverses dispositions relatives au contrat de travail, un petit éclaircissement est nécessaire.

Dans l'état actuel de la réglementation, une distinction générale mais importante est faite à l'article premier du décret du gouverneur en date du 1er septembre 1916 : la main-d'œuvre est tenue d'observer le règlement pour autant que l'emploi ait un *caractère permanent.*

L'article 7 considère comme travail permanent, le travail d'un mois au moins sauf pour les entreprises importantes, telles que les constructions de chemins de fer, les travaux publics, les établissements industriels, etc., pour lesquelles le contrat ne peut être conclu pour une durée inférieure à trois mois.

La réglementation générale et la protection spéciale ne sont donc pas applicables à toute autre forme de contrat n'ayant pas le caractère de permanence, c'est-à-dire dont la durée est inférieure à un mois.

Ce régime, qui, certes, peut prêter à discussion, dans la pratique, présente cependant l'avantage de simplifier les rapports entre employeurs et main-d'œuvre pour tous les travaux (spécialement agricoles) qui, pour une durée de quelques semaines ou de quelques jours, nécessitent l'emploi d'un grand nombre de personnes des deux sexes et de tout âge.

Un inconvénient toutefois se présente : il arrive que les

employeurs, avec le consentement tacite des ouvriers, donnent à cette disposition une interprétation extrêmement élastique, transgressant ainsi très souvent le décret.

b) Contenu du contrat de travail.

Les obligations principales incombant aux employeurs du fait de l'emploi de la main-d'œuvre indigène peuvent être résumées en ces quelques points, qui sont les plus importants et qui caractérisent le mieux le contrat permanent :

a) Déclaration à la Sûreté publique des ouvriers engagés, avec indication de leur identité et des changements survenus dans le personnel employé (article premier);

b) Remise d'un livret personnel portant les indications prescrites par l'article 2 dudit règlement, avec obligation d'y mentionner les modifications survenues et prévues aux articles (4 et 9);

c) Payement, après travail effectué et en espèces, du salaire convenu (art. 7);

d) Responsabilité du payement intégral et ponctuel (art. 10);

e) Inscription dans un registre des amendes infligées;

f) Assistance médicale.

L'employeur qui omet de faire à l'autorité les déclarations prescrites est puni conformément à l'article 434 du Code pénal italien qui stipule :

« Quiconque transgresse un ordre légalement donné par l'autorité compétente ou n'observe pas une mesure légalement prise par cette autorité, sera puni d'un emprisonnement d'un mois ou moins ou d'une amende de vingt à trois cents lires ».

L'article premier du Règlement rend plus facile la surveillance exercée par l'autorité régionale sur les ouvriers; cependant, la mesure est plutôt exceptionnelle et, lorsqu'elle a été prise, elle était dictée par la situation politique : en 1916, en effet, la guerre et la tension des rapports avec l'Ethiopie rendaient nécessaire une surveillance plus rigoureuse des personnes employées, surtout de celles qui n'étaient pas originaires de la colonie.

Les autres dispositions ont trait davantage au contrôle à exercer sur le travail : la remise du livret personnel peut être considérée comme la principale formalité du contrat, puisque celui-ci mentionne la nature de la convention et toutes les modifications successives.

Le livret de travail est remis avec les garanties nécessaires par le commissariat régional (art. 3). Les dispositions du contrat y sont consignées en présence d'un fonctionnaire italien appartenant à l'autorité civile ou militaire, afin de donner à l'ouvrier une assurance plus grande contre tout abus de la part de l'employeur. Et, toujours dans le but d'éviter tout arbitraire de la part de l'employeur, les modifications qui surviennent (les amendes comprises) doivent être annotées en présence de l'ouvrier et, si celui-ci est illettré, en présence de deux témoins, lorsque l'intéressé en fait la demande.

L'obligation pour l'employeur de payer le salaire en espèces a été prescrite pour éviter les rétributions en nature parce que les denrées remises en payement, même si elles ne sont pas avariées, ou bien ne plaisent pas à l'ouvrier, ou bien sont pour lui une chose dont il n'a pas besoin. Une autre disposition qui mérite de retenir spécialement l'attention, c'est celle qui oblige l'employeur à *ne pas* payer le salaire pour une période excédant huit jours : mesure très opportune qui s'inspire de l'imprévoyance bien connue de l'ouvrier.

L'article 5, cependant, n'a pas prétendu exclure absolument le payement en nature. Il subordonne toutefois ce payement à des conditions telles que toute tentative de porter préjudice aux ouvriers est exclue. Le payement en nature peut se faire :

a) A la demande de l'ouvrier;

b) Suivant le cours officiel de vente établi par l'autorité régionale, l'employeur étant tenu, bien que la chose ne soit pas explicitement prescrite, de ne remettre à l'ouvrier que des denrées de bonne qualité.

Cette faculté exceptionnelle a été accordée dans le but de favoriser les ouvriers. On y a effectivement recours dans les régions où il n'y a pas de commerce libre ou bien où il se fait à des prix prohibitifs, et où les employeurs, ayant une main-d'œuvre nombreuse, peuvent facilement assurer le transport des vivres nécessaires. La mesure est particulièrement utile dans les campements provisoires établis, par exemple, lors des constructions de chemins de fer.

L'ouvrier est évidemment tenu de fournir son travail dans les limites prévues par le contrat. S'il ne remplit pas les obligations auxquelles il a souscrit ou s'il commet de graves manquements dans l'exercice de son travail ou des actes d'indiscipline, il peut se voir infliger une amende ou être congédié (art. 11) ou être puni suivant la coutume du pays. Des sanctions plus graves, prévues au Code pénal italien, seront appliquées en cas d'abandon collectif du travail ou dans les cas prévus aux articles 166 et 167. L'article 166 stipule :

« Quiconque, par la violence ou la menace, provoque ou fait perdurer une suspension de travail, pour imposer soit aux ouvriers, soit aux patrons ou employeurs, une diminution ou augmentation de salaire ou bien des conditions autres que celles qui ont été précédemment convenues, sera puni de détention pouvant atteindre vingt mois. » Quant à l'article 167, il stipule :

« Si les faits prévus aux articles précédents ont été provoqués par des chefs ou meneurs, ceux-ci seront punis d'une détention de trois mois à trois ans et d'une amende de cinq cents à cinq mille lires. »

Dans l'état actuel de la législation de l'Erythrée, il ne peut être question d'appliquer à l'abandon collectif du travail de la part des indigènes, des sanctions plus sévères telles que celles qui sont prévues par les lois introduites récemment dans la métropole.

4. — Sanctions. — Procédure.

a) *Sanctions.*

Principe fondamental : les sanctions sont infligées par les personnes et les autorités compétentes et dans la mesure prévue par les règlements.

En vertu de ce principe, le décret du gouverneur établit à l'article 11, le droit d'infliger des amendes dans le cas où l'ouvrier ne remplirait pas les obligations auxquelles il a souscrit ou bien se rendrait coupable de manquements graves dans l'exercice de son travail, ou d'actes d'indiscipline. Dans ce cas, il peut être retenu à l'ouvrier, sur la garantie versée par lui, une somme correspondant à la moitié du salaire de la première quinzaine (art. 9) et il peut lui être infligé une amende, fixée (art. 11) pour le premier manquement, à une somme non inférieure au salaire d'une demi-journée de travail, mais n'excédant pas celui de deux journées; et, en cas de récidive, une amende égale au moins au salaire de deux journées de travail, mais n'excédant pas celui de quatre journées.

Le même article 11 prévoit en outre que l'ouvrier sera passible des peines établies par la coutume de la région et qui consistent, en dehors de celles qui restreignent la liberté personnelle, en cinquante coups de fouet maximum.

Une garantie pour l'ouvrier est constituée par l'obligation pour l'employeur d'inscrire les amendes dans le livret personnel ainsi que dans un registre spécial qui est visé trimestriellement par le Commissaire régional (art. 12). Une autre garantie quant à la faculté de punir est due au fait que le montant des amendes n'est pas porté au crédit de l'employeur, mais est versé à la Caisse de l'Office régional destinée à secourir les ouvriers.

Il appartient en outre à la compétence générale de l'autorité régionale d'administrer la justice pour les indigènes suivant la coutume du pays (excepté dans les cas spéciaux où l'application des lois italiennes est expressément prescrite). L'application de la loi italienne (Code pénal) a lieu pour l'abandon collectif du travail avec les sanctions déjà indiquées au chapitre traitant des obligations de l'ouvrier

L'application des autres sanctions, ainsi qu'il a été dit, se réduit à la fustigation dans les cas exceptionnels et à l'application des peines restreignant la liberté personnelle, à moins d'une proposition éventuelle de relégation (décision irrévocable du gouverneur) dans les cas où, par rapport au contrat de travail, des raisons d'ordre social plus graves et plus sévères militent en faveur de cette mesure.

D'autre part, par rapport aux employeurs, les sanctions sont exclusivement celles qui sont prévues par l'article 434 du Code pénal italien pour la transgression des diverses dispositions du décret.

Les condamnations sont prononcées par la magistrature ordinaire.

Cependant, la transgression des dispositions citées, en ce qui concerne les domestiques est considérée comme contravention municipale et punie comme telle.

Pour ces contraventions, l'article 3 du décret du gouverneur du 30 mai 1903, n° 213 établit que :

« Quand il s'agit de contraventions de caractère municipal le commissaire ou le résident, vis-à-vis des Européens, se conformera aux formalités adoptées en Italie par les maires (art. 201 et 203 de la loi communale et provinciale du 4 mai 1898, n° 164). Vis-à-vis des indigènes, la procédure traditionnelle en usage dans les diverses régions sera appliquée. »

b) *Procédure pour l'instruction des différends.*

Une faculté assez grande est laissée aux autorités administratives en ce qui concerne l'instruction des contestations, afin d'éviter les inconvénients que l'application rigide de la loi italienne pourrait susciter et ce, au préjudice de la main-d'œuvre.

Les difficultés résultant de l'instruction des différends par la magistrature italienne ordinaire peuvent être résumées brièvement de la manière suivante :

a) Un accroissement considérable des dépenses, dont le montant doit être avancé, pour le jugement et son exécution, suivant la procédure italienne, spécialement lorsque la personne citée réside en dehors des centres habités, dans lequel cas toute assignation donne lieu à d'importants droits kilométriques;

b) Les retards considérables que cette procédure entraîne, même lorsqu'elle est sommaire;

c) La production difficile des preuves;

d) L'ignorance absolue dans laquelle se trouvent les indigènes de la procédure italienne.

Ces inconvénients sont supprimés en partie grâce aux dispositions prises en ce qui concerne les différends les plus fréquents, lesquels sont réglés par la voie administrative.

1º Dans les contrats d'adjudication pour travaux et fournitures publics, contrats qui donnent lieu à la plus grande partie de l'activité industrielle de la colonie, il doit être inséré une clause en vertu de laquelle les adjudicataires sont responsables du payement ponctuel et intégral des salaires et qui réserve en cas de transgression, à l'administration, la faculté de prélever directement les sommes dues sur l'avoir de l'adjudicataire, conformément aux indications du livret, et de frapper en outre le coupable d'une amende (art. 10).

2º De plus, l'employeur qui néglige habituellement les devoirs qui lui incombent vis-à-vis des ouvriers, qui maltraite ceux-ci ou provoque un mécontentement justifié, outre qu'il est passible des peines prévues par la loi (compétence de la magistrature ordinaire) peut être exclu des adjudications pour fournitures publiques (art. 11, 2ᵉ alinéa).

De ces deux dispositions il résulte donc, dans le second cas, qu'une pression indirecte est exercée sur l'employeur, pression que l'on pourrait appeler préventive, et dans le premier cas, que l'administration a la faculté véritable d'intervenir dans les cas où les salaires n'ont pas été régulièrement payés.

Une autre circonstance mérite particulièrement de retenir l'attention : si, effectivement, le recours à la magistrature ordinaire présente des inconvénients à cause de la distance (le siège du tribunal de la colonie se trouve *exclusivement* dans la capitale), on peut recourir à la *conciliation* — pour laquelle les autorités politico-administratives régionales sont compétentes — ce qui a l'avantage de simplifier considérablement la procédure. Il appartient au juge conciliateur d'aplanir les différends quand il y est invité et de juger les litiges lorsque la valeur de l'objet en cause n'excède pas 1,500 lires. Les jugements rendus lorsque la valeur de l'objet en cause n'excède pas 500 lires sont irrévocables.

L'ordonnance judiciaire, articles 22, 23 et 24, 1er alinéa, s'exprime comme suit :

« Art. 22. — Dans chaque chef-lieu de commissariat ou de résidence, il y a un juge conciliateur. Le Gouvernement a la faculté d'en établir aussi dans d'autres centres habités, si les circonstances l'exigent. »

« Art. 23. — Les fonctions du conciliateur sont les suivantes :

» 1º Régler les controverses quand il y est invité;

» 2º Juger les litiges lorsque la valeur de l'objet en cause n'excède pas 1,500 lires et exercer ses attributions dans les limites fixées par les lois en vigueur et par celles qui seront publiées dans la colonie. »

« Art. 24. — Les jugements rendus par le conciliateur lorsque la valeur des objets en cause n'excède pas 500 lires sont irrévocables. »

Grâce à cette mesure, un grand nombre de différends, la majorité peut-on dire, tout en demeurant de la compétence de l'autorité judiciaire ordinaire, sont en réalité réglés par l'autorité administrative, dont le facile accès réduit beaucoup les frais.

Pour l'instruction des plaintes des ouvriers à charge de l'employeur européen, le décret du gouverneur, encore qu'il ne puisse modifier les dispositions des ordonnances en vigueur en ce qui concerne la compétence, appartenant à la magistrature ordinaire, de juger les Européens, s'est néanmoins efforcé de sauvegarder les intérêts des ouvriers et de veiller à ce que ceux-ci ne soient pas lésés, en stipulant des règles de sauvegarde de caractère général :

1º En imposant à l'entrepreneur de travaux publics des obligations qu'il accepte du fait qu'il participe à l'adjudication, obligations en vertu desquelles les différends relatifs au non-payement des salaires sont de la compétence de l'administration.

2º En prévoyant de sévères sanctions pour les employeurs qui négligent les devoirs précis auxquels les astreint le décret du gouverneur, l'une des raisons de la disposition relative à la tenue régulière du livret de travail étant d'assurer la plus grande facilité en matière de preuves lors de contestations éventuelles.

3º En excluant des adjudications les employeurs qui se rendent habituellement coupables de transgressions des dispositions en matière de travail.

Grâce à ces dispositions, on est parvenu pratiquement à réduire au minimum, les inconvénients inhérents à la procédure ordinaire et à empêcher sérieusement la naissance de différends.

En ce qui concerne ces mesures préventives, il importe de mettre en relief un élément politique très important : les intérêts qui lient les employeurs aux autorités régionales auxquelles ils doivent recourir en de nombreuses circonstances, pour obtenir des autorisations de toute espèce, etc., font que les employeurs, en présence des représentations qui leur sont faites par les autorités administratives au sujet de réclamations formulées par les indigènes, cèdent facilement et volontiers ; si bien que, dans la pratique, le recours à l'autorité judiciaire est devenu l'exception.

5. — Conditions du travail.

On n'a pas senti le besoin d'édicter des règles spéciales pour la sécurité des ouvriers, l'hygiène des habitations et des usines : la matière a été réglementée déjà d'une façon générale par les dispositions relatives à l'hygiène et aux attributions des commissaires régionaux, lesquels y pourvoient dans chaque cas, par des ordonnances, suivant les circonstances, la nature du travail, etc.

Le Régime

et

l'Organisation du Travail des Indigènes

dans les Colonies Portugaises

RAPPORT

présenté à l'Institut Colonial International

par

l'Amiral Ernest de VASCONCELLOS

Secrétaire perpétuel à la Société de Géographie
de Lisbonne
Membre de l'Institut.

LE REGIME ET L'ORGANISATION DU TRAVAIL
DES INDIGENES DANS LES COLONIES PORTUGAISES

Le Portugal, que l'on a parfois accusé d'être inhumain pour les populations autochtones de ses colonies, est au contraire un pays qui, depuis longtemps, traite les indigènes avec correction et bienveillance. Sa législation, en effet, ne fait aucune distinction entre les naturels des colonies et les sujets de la métropole. C'est ainsi que dans les services publics de la métropole et des colonies on trouve indifféremment des fonctionnaires originaires de n'importe quelle possession, qui jouissent des mêmes droits que les fonctionnaires portugais.

Ce fait et beaucoup d'autres témoignent en faveur de notre manière d'agir, à telle enseigne que les peuplades indigènes sont les premières à reconnaître le caractère tutélaire de l'administration portugaise. On en trouve la preuve dans la législation en vigueur, que tout le monde peut connaître.

La législation relative au travail des indigènes est continuellement perfectionnée bien qu'elle soit très indulgente. Elle vient même de subir des modifications, non seulement afin d'être mise en concordance avec le développement de la colonisation, mais aussi afin d'être mise en conformité avec le protocole de lord Cecil et de la rendre, en certain cas, supérieure aux exigences de ce protocole. On pourra s'en rendre compte par les considérations sommaires développées ci-après.

La législation portugaise ne perd pas de vue l'action tutélaire qu'elle doit exercer sur les travailleurs indigènes, notamment en ce qui concerne la liberté du contrat de travail et le travail forcé ou correctionnel.

Les agents et les sociétés de recrutement sont soumis au contrôle des autorités, dont l'attention est spécialement attirée sur le transport des travailleurs indigènes afin d'éviter des abus qui sont punis avec rigueur.

Il y existe aussi une grande surveillance en ce qui concerne le paiement des salaires, la distribution des aliments, des vêtements, le logement des travailleurs, ainsi que l'assistance médicale. Le législateur n'a pas non plus perdu de vue les accidents du travail, ce qui est humain.

Des Commissions coloniales de travail et de l'émigration ont été créées, des pénalités ont été édictées.

On considère comme travailleurs indigènes tous ceux qui s'engagent à travailler par contrat légal comportant le payement d'un salaire.

Un contrôleur général, « curador » ou des agents de celui-ci exercent une action gouvernementale tutélaire sur les travailleurs indigènes. Ces fonctionnaires sont placés sous les ordres du Gouverneur.

Les « Curadores » sont les protecteurs naturels des travailleurs indigènes qui ont un contrat de travail, ils surveillent l'exécution de ces contrats.

Les indigènes ont le droit de s'engager à travailler « ad libitum », soit dans la colonie même ou dans une autre colonie.

Les contrats peuvent stipuler la rémunération du travail comme suit : *a)* un salaire; *b)* un salaire et des aliments; *c)* un salaire, des aliments et des vêtements.

Le salaire est payé en argent.

Les employeurs sont tenus de verser aux travailleurs le salaire se rapportant aux dimanches et aux jours fériés ainsi qu'aux jours pendant lesquels ils ne travaillent pas pour une cause indépendante de leur volonté; il est toutefois fait exception à cette règle en cas de maladie dépassant cinq jours.

Les travailleurs peuvent remettre au « curador » ou à ses agents toute somme d'argent provenant de leurs économies, pour être déposée jusqu'à l'expiration de leur contrat ou pour être envoyée à des membres de leur famille.

Les travailleurs travaillant dans une circonscription administrative autre que la leur doivent déposer à l'ordre du « curador » la moitié du salaire qu'ils reçoivent comme indemnité de rapatriement au moment de leur départ pour leur circonscription propre. En cas de décès cette indemnité appartient à la famille de l'ayant-droit.

En cas de décès d'un travailleur, la partie de son salaire qui aura été déposée sera remise à sa famille. Si elle n'est pas réclamée dans les trois ans du décès elle sera remise à la disposition du gouvernement du district indigène pour être employée à des œuvres profitables aux indigènes.

La nourriture des travailleurs indigènes doit être de bonne qualité et se composer autant que possible d'aliments que l'indigène est habitué à consommer sur ses terres. Elle comportera de 800 à 1,000 grammes de produits végétaux, 250 grammes de viande ou de poisson séché ainsi que des rations suffisantes de sel et d'huile de palme. On la distribuera trois fois par jour : le matin avant le travail, à midi et à l'expiration du travail.

Le temps accordé au second repas et au repos ne peut être inférieur à une heure.

Les employeurs doivent fournir aux travailleurs une couverture et pour chaque semestre de travail ou fraction de semestre un pagne ou un caleçon, une chemise et un gilet ou une camisole — s'il s'agit d'hommes — et deux pagnes, une chemise et une casaque quand il s'agit de femmes.

Les employeurs occupant des travailleurs dans l'industrie de la pêche muniront ceux-ci d'un nombre suffisant de gilets de laine. Ceux-ci sont conservés par les soins de l'employeur.

Les travailleurs engagés pour un terme de plus d'un an recevront lors de leur départ de la colonie les vêtements spécifiés ci-dessus.

Les employeurs sont tenus de fournir un logement séparé à chaque famille de travailleurs et à leur procurer l'assistance médicale. Dans certains cas, ils sont obligés d'entretenir un poste sanitaire; s'ils occupent plus de cinq cents travailleurs, ils auront un hôpital ou une infirmerie.

Les femmes enceintes cesseront de travailler trente jours avant leur délivrance et ne reprendront le travail que trente jours après celle-ci.

L'action gouvernementale se borne uniquement à un contrôle, laissant aux indigènes la liberté de louer leurs services, mais l'Etat veille, étant donné les conditions arriérées dans lesquelles se trouvent les indigènes, que leurs intérêts soient légalement sauvegardés.

Les personnes qui engagent des travailleurs sont tenues d'exécuter les clauses des contrats souscrits et de s'efforcer d'améliorer la situation des travailleurs et de faire leur éducation.

Il est interdit d'engager des indigènes âgés de moins de 14 ans dans des exploitations agricoles ou des entreprises industrielles.

C'est tout au plus si les enfants peuvent accompagner leurs parents.

Les « curadores » et leurs agents ne peuvent autoriser la conclusion de contrats contenant des clauses injustes ou contraires à l'ordre moral. En général ils sont faits au mois et conformes aux dispositions du Code civil applicables aux domestiques. Le produit des taxes grevant les contrats sont employés à des œuvres profitables aux indigènes.

La durée des contrats ne peut jamais dépasser un terme de trois ans. Ils doivent clairement indiquer la nature du travail, le salaire payé en argent et le lieu où le travaill doit être effectué.

Les contrats faits en contradiction avec les règlements en vigueur sont sans valeur. Ils doivent stipuler qu'à leur expiration le travailleur touchera une indemnité de voyage lui permettant de regagner l'endroit où il s'est engagé.

Le travailleur a le droit de recevoir des aliments, l'assistance médicale, le logement qu'il peut construire lui-même s'il le désire, etc. Il ne peut être contraint de faire des achats chez celui qui l'a engagé, et il doit pouvoir disposer librement de son salaire.

Toute personne ayant à son service des travailleurs est obligée de les garder pour la durée du contrat et ne pourra les renvoyer contre leur gré, ni les empêcher de garder leur famille auprès d'eux. Enfin elle doit faire tout ce qui est nécessaire pour conserver les travailleurs en bonne santé et défendre la vente et la distribution de boissons alcooliques sur son bien. Il ne peut pas non plus imposer aux travailleurs des tâches dépassant leurs forces.

Le travail des femmes et des enfants est réglementé par la coutume locale.

Les travailleurs ne peuvent en aucun cas être obligés de travailler plus de neuf heures par jour et ils devront jouir de quatre jours de repos par mois.

Après un terme de trois ans, le travailleur indigène a le droit d'être rapatrié. En cas de prolongation de contrat, l'indigène devra toucher un salaire qui sera augmenté de 10 p. c. au moins.

Dans le cas où l'indigène ne désire pas prolonger son contrat, il sera mis à la disposition du « curador » qui le fera conduire, aux frais du propriétaire, à l'endroit où il s'est engagé.

Ceux qui se sont engagés à travailler dans une autre colonie ont le droit de recevoir le montant de leur voyage de retour. Celui-ci doit être payé par celui à qui il a loué ses services. En cas de mariage entre un travailleur indigène et une femme de la colonie où il travaille, la femme aura le droit d'accompagner le mari aux frais de l'employeur. Les femmes accompagnant leurs maris, ainsi que les enfants mineurs de 14 à 17 ans accompagnant leurs parents, ont droit à la moitié du salaire fixé pour les hommes.

Les fils âgés de plus de 18 ans qui auront séjourné plus de deux ans dans la colonie auront le droit d'y rester, s'ils en manifestent le désir devant le « curador ». En cas de déclaration contraire, les fils devront suivre leur mère.

Les gouverneurs des colonies ont le devoir de faire comprendre aux indigènes que dans l'intérêt de la communauté, ils doivent cultiver leurs biens, ou s'engager à travailler contre paiement d'un salaire.

L'indigène a la liberté de choisir son patron ainsi que le genre de travail qui lui convient.

Le travail forcé n'existe que pour des fins d'utilité publique, en général il est rémunéré. Toutefois, s'il s'agit de combattre quelque fléau ou de travailler à l'assainissement de villages indigènes ou s'il existe une obligation de pratiquer des cultures alimentaires nécessaires à l'entretien de la famille de l'indigène, l'autorité publique peut imposer des travaux.

Les travaux forcés sont toujours dirigés par les chefs indigènes, de façon à ce qu'ils n'aillent pas à l'encontre des us et coutumes indigènes. Les autorités publiques doivent toujours faire comprendre aux indigènes les avantages qui résultent de l'exécution de travaux d'utilité publique. Dans aucun cas, ils ne pourront recourir à des moyens violents et devront avoir le respect des forces physiques des indigènes. Il est absolument défendu d'imposer des travaux forcés à des particuliers ou à des grands chefs indigènes.

Les contrats de travail doivent toujours être passés devant l'autorité compétente et respecter les conditions imposées par les règlements.

Les indigènes engagés se rendant au lieu de leur travail devront disposer le long de la route qu'ils ont à suivre, de campements dûment organisés pour y séjourner la nuit et ils devront y trouver la nourriture dont ils ont besoin. S'ils doivent attendre leur embarquement, ils devront pouvoir disposer d'un bâtiment approprié à les abriter pendant le temps voulu. C'est pendant ce temps qu'ils seront soumis à l'inspection médicale et vaccinés contre la variole.

On veille toujours à ce que les travailleurs engagés ne soient pas exposés à des changements de climat soudains; à cet effet, on tient compte de leur pays d'origine. S'ils ont été recrutés dans des régions formées de plateaux ils doivent être envoyés dans des entreprises se trouvant dans des contrées élevées.

Si le transport des travailleurs s'effectue par mer, les autorités maritimes vérifient si tout est convenablement disposé à bord pour les recevoir et s'ils disposent de couvertures propres qui seront désinfectées au terme du voyage. Enfin, elles se rendront compte si toutes les installations sont bien disposées quant à la séparation éventuelle à faire quant à l'âge et au sexe des travailleurs transportés. A bord des vaisseaux transportant plus de 50 travailleurs, il devra obligatoirement se trouver un médecin. Le commandant du bateau est judiciairement responsable de l'aménagement convenable du bord et du bon traitement des travailleurs.

Au cours de leur transport, les indigènes ont le droit de recevoir une indemnité ne dépassant pas 50 p. c. de leur salaire calculé en fonction des jours de voyage.

En cas de transport par chemin de fer, chaque indigène a le droit d'avoir une place assise et de transporter 15 kilos de bagages.

Les frais de nourriture des travailleurs pendant le voyage sont à charge de l'employeur. Le conducteur du train est responsable du bon traitement des indigènes.

Les patrons sont obligés à fournir une habitation pour chaque famille de travailleurs et à leur donner l'assistance médicale. En certains cas ils sont obligés d'entretenir un poste sanitaire. Si le nombre de travailleurs dépasse 500, ils doivent posséder un hôpital ou une infirmerie.

L'assistance médicale est contrôlée semestriellement par des médecins officiels.

Les employeurs occupant mille ou plus de mille travailleurs les soumettront à une visite médicale tous les quinze jours; ceux qui en occupent de cent à mille les feront visiter une fois par mois. Ceci en dehors des cas urgents ou graves où ils devront les faire visiter immédiatement.

En plus d'un hôpital et d'un médecin non officiel, tout employeur doit entretenir une crèche pour les enfants de moins de sept ans.

Les travailleurs peuvent envoyer leurs fils à l'école officielle s'il y en a une à une distance de moins de quatre kilomètres.

Les employeurs doivent faire enseigner la langue portugaise et faire donner une instruction professionnelle aux enfants des travailleurs. Ils doivent fournir à cet effet le local et le matériel scolaire nécessaire, s'il y a plus de 10 enfants de travailleurs. L'instituteur de pareille école est nommé par le gouvernement.

Les accidents de travail donnant lieu à une incapacité de travailler de moins de trois mois sont indemnisés au moyen du paiement total du salaire. Si l'incapacité est supérieure à trois mois l'indemnité comportera 50 p. c. du salaire. En cas d'incapacité permanente, le travailleur recevra un subside équivalent à un tiers de son salaire. Si l'accident entraîne la mort du travailleur l'indemnité est fixée par le « curador ». En dehors de cela, les travailleurs ont droit à leur nourriture et à l'assistance médicale.

Tels sont les principes fondamentaux de la législation du travail indigène dans presque toutes les colonies portugaises. Il n'y a d'exception que pour les établissements portugais de l'Inde, Macao et Timor. En Afrique ces prescriptions sont tout à fait nécessaires.

L'exposé qui vient d'être fait englobe les trois aspects envisagés par l'enquête de notre Institut, à savoir : le recrutement, le contrat de travail et la sécurité des travailleurs.

TABLE DES MATIÈRES

Pages

Rapport général par M. SCHUMANN, rapporteur général   I

I. Le Régime et l'Organisation du travail des indigènes dans l'Afrique du Sud, par M. Erik RUDSTONE GARTHORNE   3

     1° Le Régime et l'Organisation du travail des indigènes dans l'Afrique du Sud   3

     2° Mémoire sur le recrutement de la main-d'œuvre indigène dans le Basutoland   31

     3° Mémoire relatif au recrutement de la main-d'œuvre indigène dans le protectorat du Bechuanaland ...   43

     4° Mémoire sur le recrutement de la main-d'œuvre indigène dans le Zwaziland   53

     5° Recrutement de la main-d'œuvre indigène dans la Rhodésie du Nord, par M. E. S. B. TAGART ...   65

     6° Recrutement de la main-d'œuvre indigène dans la Rhodésie du Sud, par Sir Herbert TAYLOR   75

II. Le Régime et l'Organisation du travail des indigènes au Congo Belge, par M. Ch. DE LANNOY..   85

     Introduction   89

     1° Recrutement   93

     2° Le Contrat de travail   102

     3° Mesures prises pour assurer la sécurité et l'hygiène des travailleurs   113

     Conclusions   115

Pages

III. LE RÉGIME ET L'ORGANISATION DU TRAVAIL DES INDI-
GÈNES DANS LES COLONIES FRANÇAISES DE L'AFRIQUE,
PAR M. HENRY SOLUS 117

 Observations préliminaires 121
 Recrutement 131
 Le contrat de travail .... 14[
 Les conditions du travail 153

IV. LE RÉGIME ET L'ORGANISATION DU TRAVAIL DES INDI-
GÈNES DANS LES INDES NÉERLANDAISES, PAR W. M. G.
SCHUMANN 177

 Introduction 179
 Recrutement des ouvriers 185
 Les Réglementations du travail 199
 L'Evolution du droit de travail dans un avenir prochain 231
 Conclusions 257

V. LE RÉGIME ET L'ORGANISATION DU TRAVAIL DES INDI-
GÈNES EN INDOCHINE, PAR M. H. SAMBUC 259

 Observation préliminaire 265
 Travail servile 265
 Travail forcé 265
 Travail des prestataires 266
 Travail contractuel 267
 Conclusions 293

VI. LE RÉGIME ET L'ORGANISATION DU TRAVAIL DES INDI-
GÈNES EN ERYTHRÉE, PAR M. ROLLINI 297

 Les phases successives de la réglementation du travail
  en Erythrée 299
 Recrutement 300
 Contrat de travail 303
 Sanctions, Procédure 309
 Conditions du travail 313

VII. LE RÉGIME ET L'ORGANISATION DU TRAVAIL DES INDI-
GÈNES DANS LES COLONIES PORTUGAISES, par l'Amiral
ERNEST DE VASCONCELLOS 315